安徽职业教育规划教材
新时代职教"领读"系列

领悟
经典品析读本

主　编◎王秀江　周　波
副主编◎王　丽　田　亚　田春林

图书在版编目(CIP)数据

领悟:经典品析读本/王秀江,周波主编. —合肥:安徽大学出版社,2021.8(2023.8重印)

ISBN 978-7-5664-2172-2

Ⅰ.①领… Ⅱ.①王…②周… Ⅲ.①素质教育—中等专业学校—教材 Ⅳ.①G711

中国版本图书馆 CIP 数据核字(2020)第 260299 号

领悟 经典品析读本
Lingwu jingdian pinxi duben

王秀江 周 波 主编

出版发行:	北京师范大学出版集团 安 徽 大 学 出 版 社 (安徽省合肥市肥西路 3 号 邮编 230039) www.bnupg.com www.ahupress.com.cn
印　　刷:	合肥远东印务有限责任公司
经　　销:	全国新华书店
开　　本:	710mm×1000mm　1/16
印　　张:	15
字　　数:	306 千字
版　　次:	2021 年 8 月第 1 版
印　　次:	2023 年 8 月第 3 次印刷
定　　价:	39.00 元

ISBN 978-7-5664-2172-2

策划编辑:马晓波　王　黎　龚静瑶	装帧设计:李伯骥　孟献辉
责任编辑:马晓波　王　黎	美术编辑:李　军
责任校对:刘婷婷	责任印制:陈　如　孟献辉

版权所有　侵权必究

反盗版、侵权举报电话:0551—65106311
外埠邮购电话:0551—65107716
本书如有印装质量问题,请与印制管理部联系调换。
印制管理部电话:0551—65106311

《领悟 经典品析读本》编委会

编委会主任 苗德广 蔡 健 王学宏

编委会副主任 任远省 颜 佳 高 阳

编委会成员单位(以单位首字母为序)

安徽蚌埠技师学院	安徽材料工程学校
安徽电子工程学校	安徽省霍邱师范学校
霍山职业学校	安徽六安技师学校
安徽金寨职业学校	安徽能源技术学校
安庆大别山科技学校	亳州幼儿师范学校
滁州市机械工业学校	滁州市旅游商贸学校
凤阳科技学校	阜阳工业经济学校
阜阳经贸旅游学校	阜阳科技工程学校
阜阳理工学校	定远化工学校
合肥市工程技术学校	合肥市经贸旅游学校
合肥铁路工程学校	合肥市通用技术学校
淮北工业与艺术学校	淮南现代经济技术中等专业学校
黄山旅游管理学校	霍邱工业学校
灵璧县高级职业技术学校	灵璧师范学校
舒城职业学校	宿州环保工程学校
宿州应用技术学校	太湖职业技术学校
天长市工业学校	铜陵理工学校
皖西经济技术学校	皖北经济技术学校
芜湖高级职业技术学校	颍上县职业技术学校
宣城市工业学校	宣城市机械电子工程学校

总序

职业教育从发轫之初,就担负着"为个人谋生之准备""为个人服务社会之准备""为国家及世界增进生产力之准备"的使命,包含着"在劳力上劳心,以教人者教己"的思想精髓。它一头连着教育,一头连着民生和经济,决定着产业素质,代表着民族品牌,体现着民本温度,更关系着人生出彩。党的十九大报告指出,我国要实现"两个一百年"的奋斗目标,实现中华民族伟大复兴的中国梦,就必须要努力培养数以亿计的高素质知识型、技能型、创新型劳动者大军作为人才智力支撑,就必须"完善职业教育和培训体系,深化产教融合、校企合作"。《国家职业教育改革实施方案》进一步明确"职业教育与普通教育是两种不同教育类型,具有同等重要地位"。

全国、全省职教工作会议以来,安徽职业教育在全国的影响、地位明显提升,呈现出稳中有进、持续向好、后来居上的良好态势。先后实施了创建国家级示范职业院校、职教大省和技工大省建设、皖江城市带承接产业转移职业教育国家试验区改革、皖北职教园区建设等重大政策措施。出台了《关于加强职业教育市级统筹的指导意见》,进一步明确市级人民政府在发展职业教育中的主体作用,扩大市级人民政府在区域内职业教育发展规划、资源配置、条件保障和政策措施等方面的统筹权。依托主管部门成立覆盖全省主要产业的9个行业教学指导委员会,充分发挥行业指导作用。连续举办9届皖江城市带职业教育校企对接会,搭建校企合作平台。围绕区域主导产业、支柱产业组建了41个职教集团,遴选124个校企合作省级示范基地(企业)、56个校企合作示范学校,密切校企之间、校际之间合作。职业教育资源整合力度不断加大,实施职业教育质量提升工程,提升职业院校整体办学水平,与国家现代职业教育质量提升计划、产教融合工程相衔接,整合各级各类职业教育专项资金和项目,重点建设省级示范特色学校、示范专业、示范实训基地、名师工作坊、现代学徒制试点、技能大赛赛点6大类957个项目等,为我省社会经济加快转型升级与实现高质量发展提供了重要的技术技能人才支撑。

为练好新时代我省职业教育的基本功,着力破解职教"体量大而不强,产教合而不深,体系建而未全"等难题,安徽省中职优秀校长工作室成员学校的同行们认真学习、贯彻全国教育大会精神，积极落实《国家职业教育改革实施方案》，主动对标"长三角"一体化发展战略，不断深化对本地市职教改革、现代治理、质量提升、内涵建设、特色发展的整体思考，不忘初心使命，强化责任担当意识，坚持以习近平新时代中国特色社会主义思想为指导，坚持以立德树人为根本，促进就业为导向，按照"领路——类型办学、中高接力，领航——生命至上、安全为重，领悟——情怀培植、经典品析，领教——文化引领、品牌塑造，领军——校企合作、双元育人，领雁——现代治理、团队建设，领衔——徽派特色、对外交流"的思考共识与行动方案，立足安徽实际，结合办学实践，组编新时代职教"领读"系列教材（专集），以期在职教深化改革与创新发展的新征程上识途引线，躬行探路；旨在既"埋头拉车"，又"抬头看路"，以便对表对标、风雨兼程，知行合一、同舟共济；更快地适应社会经济发展新常态和市场需求，加快完善职业教育和培训体系，更好地满足建设现代化经济体系和实现更高质量更充分就业的需要，合力培养高素质劳动者和技术技能人才，为建设现代化五大发展美好安徽作出新的贡献。

新时代职教"领读"系列教材（专集）编委会

前言

国与国之间的竞争说到底是生产力的竞争,是人才和劳动者素质的竞争,所以劳动者素质对一个国家、一个民族的发展至关重要。

职业教育是一种让受教育者获得从事某种职业或生产劳动所需要的职业知识、技能和素养的教育。作为国民教育体系不可或缺的重要组成部分,它担负着为国家培养高素质劳动者和技能型人才,并促进全体劳动者可持续职业发展的重要任务。中等职业教育作为职业教育的一种,主要负责培养在生产、服务一线工作的中级技能型人才和高素质劳动者。

当前,我国制造业和服务业正迈向中高端水平,对生产、服务一线工作的劳动者素质和技能提出了更高要求。高技能劳动者短缺;技术工人的能力和水平跟不上科技进步和产业升级的快速变化;技术工人的供给与企业、市场的最新需求还不完全匹配。

为解决这一深层次、结构性矛盾,党的十八大以来,以习近平同志为核心的党中央高度重视提升劳动者素质和职业技能工作。从加快发展现代职业教育,到大规模开展职业技能培训,再到积极举办职业技能大赛等,为广大技术工人提供了广阔的自我提升空间、技能展示舞台和交流切磋平台。

广大技术工人要想把握这次机遇,奋勇拼搏,成为新时代高技能、高素质劳动者和大国工匠,不仅要锻造精湛的职业技能,还要厚植精深的文化素养。而要厚植精深的文化素养,最好的途径之一就是研读领悟经典。

为满足引导帮助中等职业学校学生和新时代产业技术工人阅读领悟经典、提升职业文化素养的需要,我们组织编写了这本《领悟 经典品析读本》。

由于中等职业学校学生和广大技术工人的阅读兴趣和习惯与经典有一定的距离,所以他们对经典的阅读领悟,主要着眼于开阔视野、拓展知识面。

针对中职学校学生和新时代产业技术工人阅读经典的这一特点,并呈现该书的系统性、丰富性、知识性、趣味性、指导性,我们编选时,精选了文学篇、艺术篇、人物篇、职业篇、生活篇等五大部分内容。每一部分精选一些经典作品代表,先以通俗易懂的语言对经典进行简明扼要的介绍,然后再有重点地进行赏析,赏析部分着重对学生进行职业素养方面的引导,力求言简意赅,生动活泼,图文并茂，通俗易懂，使该书既可以作为中职学校的教材使用，又可以作为学生课外助学读物，也可以作为语文老师、班主任和德育工作者等的参考用书。

  本书由王秀江、周波任主编，王丽、田亚、田春林任副主编，文学篇由唐国勇、黄贞俊、陈士同编写，艺术篇由朱从军、田春林编写，人物篇由赵德志、张绪玲、黄贞俊编写，职业篇由韩家友、田亚、赵玮玮、陈辉编写，生活篇由王丽、何晓娟、朱亚编写。

  本书在编写过程中参考了部分论著和课程资源，并得到了安徽省中华职业教育社和部分兄弟院校的领导、同仁的大力指导帮助，在此一并致谢！由于编写时间和水平有限，书中难免存在不足之处，恳请方家和广大师生批评指正，以便修订时改进。

目录

文 学 篇

名文 ·· 2
散文 ·· 2
烛之武退秦师 ·· 2
永某氏之鼠 ·· 4
匆匆 ·· 6
永远的憧憬和追求 ·· 7
冬夜情思 ·· 9
小说 ·· 10
鲧盗息壤 ·· 11
神农尝百草 ·· 11
泥古不化 ·· 13
差不多先生传 ·· 15

名诗 ·· 16
古代诗 ·· 17
淇奥 ·· 17
橘颂 ·· 18
行行重行行 ·· 20

陌上桑 ………………………………………… 21
　　春江花月夜 ……………………………………… 23
　　五绝四首 ………………………………………… 25
　　　　蝉 ……………………………………………… 25
　　　　江雪 …………………………………………… 26
　　　　宿建德江 ……………………………………… 27
　　　　逢雪宿芙蓉山主人 …………………………… 28
　　七言绝句二首 …………………………………… 29
　　　　送元二使安西 ………………………………… 29
　　　　别董大 ………………………………………… 30
　　五言律诗二首 …………………………………… 31
　　　　送友人 ………………………………………… 31
　　　　望月怀远 ……………………………………… 32
　　七言律诗二首 …………………………………… 33
　　　　阁夜 …………………………………………… 33
　　　　西塞山怀古 …………………………………… 34
　现代诗 ……………………………………………… 36
　　错误 ……………………………………………… 36

词曲 …………………………………………………… 37
　名词 ………………………………………………… 37
　　梦江南·千万恨 …………………………………… 37
　　苏幕遮 ……………………………………………… 38
　　踏莎行·雨霁风光 ………………………………… 39
　　定风波·莫听穿林打叶声 ………………………… 40
　　摸鱼儿·更能消几番风雨 ………………………… 41
　　扬州慢·淮左名都 ………………………………… 43

虞美人·听雨 ··· 44
长相思·山一程 ··· 45

名曲 ·· 46
南吕一枝花　不伏老 ································ 46
双调夜行船·秋思 ····································· 48
卖花声·怀古 ·· 49

名言 ·· 50
《吕氏春秋》名言 ······································ 50
"千古第一等人"王阳明名言 ······················ 55
冯梦龙"三言"名言 ···································· 57
戏剧《哈姆雷特》名言 ································ 60

歌舞 ·· 63
国标舞 ·· 63
民族舞 ·· 64
现代舞 ·· 65
街舞 ·· 66
芭蕾舞 ·· 67
踢踏舞 ·· 68

书画 ·· 69
金文 ·· 69
篆书 ·· 70

隶书 ································ 71
　　楷书 ································ 72
　　行书 ································ 73
　　中国画 ······························ 73
　　西方名画 ··························· 78

影视 ································ 86
　　渔光曲 ······························ 86
　　一江春水向东流 ·················· 87
　　小城之春 ··························· 88
　　城南旧事 ··························· 89
　　红高粱 ······························ 90
　　天堂电影院(意大利) ············· 91
　　辛德勒的名单(美国) ············· 93
　　肖申克的救赎(美国) ············· 94
　　阿甘正传(美国) ··················· 95
　　放牛班的春天(法国) ············· 96

建筑 ································ 97
　　粤派——乐平镇大旗头古村古建筑群 ··· 97
　　皖派——西递、宏村皖南古村落 ···· 98
　　闽派——永定土楼 ················ 99
　　京派——老北京四合院 ·········· 100
　　苏派——拙政园 ··················· 101
　　晋派——延安窑洞 ················ 102
　　川派——增冲鼓楼 ················ 103
　　比萨斜塔(意大利) ················ 104
　　罗马竞技场(意大利) ············· 105

埃菲尔铁塔(法国) ………………………………………… 106

金门大桥(美国) …………………………………………… 107

泰姬陵(印度) ……………………………………………… 108

科隆大教堂(德国) ………………………………………… 109

圣巴西利亚大教堂(俄罗斯) ……………………………… 110

发明家 ……………………………………………………… 112

    蔡伦 ………………………………………………………… 112

    张衡 ………………………………………………………… 114

    袁隆平 ……………………………………………………… 115

    爱迪生(美国) ……………………………………………… 117

    瓦特(英国) ………………………………………………… 118

    西门子(德国) ……………………………………………… 120

教育家 ……………………………………………………… 121

    孔子 ………………………………………………………… 122

    黄炎培 ……………………………………………………… 124

    陶行知 ……………………………………………………… 126

    柏拉图(古希腊) …………………………………………… 127

    苏霍姆林斯基(苏联) ……………………………………… 130

    约翰·杜威(美国) ………………………………………… 132

艺术家 ·· 133
    王羲之 ·· 134
    老舍 ·· 135
    梅兰芳 ·· 136
    达·芬奇（意大利） ·· 138
    贝多芬（德国） ·· 140

名企 ·· 143
    全聚德 ·· 143
    同仁堂 ·· 145
    华为 ·· 147
    福特（美国） ·· 149
    亚马逊（美国） ·· 150

名匠 ·· 153
    百工圣祖——鲁班 ·· 153
    大国重器、民族脊梁——黄旭华 ·· 155
    航空手艺人——胡双钱 ·· 157
    QQ帝国创始人——马化腾 ·· 159
    软件帝国缔造者——比尔·盖茨（美国） ··· 161

名训 ·· 163
    经营理念——"顾客就是上帝" ·· 163
    企业愿景——万达：共创财富，公益社会 ·· 165

企业使命——联想:为客户利益而努力创新 ·············· 168

服务理念——海尔:真诚到永远 ·············· 169

企业名训——丰田广告:车到山前必有路,有路必有丰田车 ·············· 171

名牌 ·············· 173

中国高铁 ·············· 173

格力电器 ·············· 175

老乡鸡 ·············· 176

瑞士手表(瑞士) ·············· 178

阿斯麦尔EUV光刻机(荷兰) ·············· 179

特斯拉新能源汽车(美国) ·············· 181

生活篇

名茶 ·············· 184

饮茶的起源 ·············· 184

茶叶的分类 ·············· 185

中国十大名茶 ·············· 188

健康饮茶 ·············· 190

世界茶区 ·············· 191

国外饮茶大观 ·············· 192

名吃 ·············· 194

八大菜系 ·············· 194

地方小吃 ·············· 200

国外美食 ·············· 204

名酒 ········ 206
- 酒的起源 ········ 206
- 酒的分类 ········ 207
- 中国名酒 ········ 211
- 国外名酒 ········ 213

名车 ········ 216
- 中国汽车发展概况 ········ 216
- 国外汽车发展概况 ········ 217
- 解放 ········ 218
- 红旗 ········ 219
- 吉利 ········ 220
- 奇瑞 ········ 221
- 劳斯莱斯（英国） ········ 221
- 法拉利（意大利） ········ 222
- 凯迪拉克（美国） ········ 223
- 路虎（英国） ········ 223

文学篇

习近平总书记指出:"优秀传统文化书籍,是一种以一当十、含金量高的文化阅读。"有学者曾言,如果今天不读经典疏远了灵魂,未来就会为此付出沉重代价。经典作品具有益智增识、正心修身的重要作用,优秀的传统文化书籍中"蕴含着大量的做人做事、治国理政的大道理"。

我们从浩如烟海的经典作品中选取了极小一部分,重在引导学生:

(1)增识。学习不同时代不同风格的经典作品,了解相关的文化常识,扩大知识面。读名家名作,要联系现实,超越时空,与高人对话,习得经验,获得真知。

(2)益智。过度依赖电脑、手机阅读,会导致文字写作、语言表达、逻辑思维、想象创新等诸多能力的退化。经常品读一些经典作品,诸般能力均可提升。

(3)正心。处在青春期的学生,承受着学习、情感、就业等诸多压力,时常感到迷惘、焦躁和不安。以书为友,可纯化情感、净化心灵、陶冶情操、深化思想。

(4)修身。中国传统文化强调"修身齐家治国平天下"。品读经典,不仅能学习知识,还能修身养性、提升素养。"马不伏枥,不可以趋道;士不素养,不可以重国。"品读经典,学习的是一种植根于内心的素养,一种无须他人提醒的自觉,一种能设身处地为他人着想的善良。这种素养既有正直、宽容、爱国、敬业、诚信、友善的优秀品质,又有自由、平等、公正、法治的价值理念。

本篇主要分为四大板块,分别是名文、名诗、词曲、名言。选文以中华传统文化为主,兼顾外国文学文化。各板块均按照中外古今的顺序编排,注重精神内涵,兼顾写作风格手法。

名 文

散文

  作为一种文学体裁,散文具有形散神聚、意境深邃、语言优美、抒情真挚、写作灵活的特点。中国散文的发展经历了先秦、西汉、唐宋、明代、清代和现当代几个阶段,先秦:包括诸子散文和历史散文,诸子散文以论说为主,如《论语》《孟子》《庄子》;历史散文以历史题材为主,如《左传》。两汉:西汉时期司马迁的《史记》把传记散文的成就推到了前所未有的高峰,司马相如、扬雄、班固、张衡四人被后世誉为"汉赋四大家";东汉以后,开始出现书、记、碑、铭、论、序等个体单篇散文形式。唐宋:在古文运动的推动下,出现了文学散文,产生了山水游记、传记、杂文等,著名的作家有"唐宋八大家"。明代:先有"七子"以拟古为主,后有唐宋派,主张作品"皆自胸中流出",代表作家有归有光等。清代:散文以安徽桐城派为代表,注重"义理"的体现,代表作家有姚鼐等。现当代:指与诗歌、小说、戏剧等并称的文学样式。

  本部分选取了古今散文作品5篇。《烛之武退秦师》赞扬了烛之武维护国家安全的爱国主义精神。《永某氏之鼠》暗喻小人得志虽能嚣张一时,但不能长久,依仗权势的小人会彻底被消灭。《永远的憧憬和追求》抒发了作者在不如意的生活中向着"温暖"和"爱"的方面怀着永久的憧憬和怀念。《匆匆》流露出作者对时光流逝感到无奈和惋惜。《冬夜情思》是作者对那些在大西北默默奉献的普通劳动者的礼赞。

烛之武退秦师[①]

选自《左传·僖公三十年》

  晋侯、秦伯围郑,以其无礼于晋,且贰于楚也。晋军函陵,秦军氾(fán)南。

  佚之狐言于郑伯曰:"国危矣,若使烛之武见秦君,师必退。"公从之。辞曰:"臣之壮也,犹不如人;今老矣,无能为也已。"公曰:"吾不能早用子,今急而求子,是寡人之过也。然郑亡,子亦有不利焉。"许之。

---

① 选自刘飞滨、解姗编注《古文观止》,成都:四川文艺出版社,2019年,第29~30页。

夜缒（zhuì）而出。见秦伯曰："秦晋围郑，郑既知亡矣。若亡郑而有益于君，敢以烦执事。越国以鄙远，君知其难也，焉用亡郑以陪邻？邻之厚，君之薄也。若舍郑以为东道主，行李之往来，共（gōng）其乏困，君亦无所害。且君尝为晋君赐矣，许君焦、瑕，朝济而夕设版焉，君之所知也。夫晋，何厌之有？既东封郑，又欲肆其西封。若不阙（quē）秦，将焉取之？阙秦以利晋，唯君图之。"秦伯说（yuè），与郑人盟。使杞子、逢（páng）孙、扬孙戍（shù）之，乃还（huán）。

子犯请击之。公曰："不可！微夫人之力不及此。因人之力而敝之，不仁；失其所与，不知（zhì）；以乱易整，不武。吾其还也。"亦去之。

僖公三十年晋文公和秦穆公联合围攻郑国，因为郑国曾对晋文公无礼，并且在从属于晋的同时又从属于楚。晋军驻扎在函陵，秦军驻扎在氾水的南面。

佚之狐对郑文公说："国家危险了，假如派烛之武去见秦穆公，秦国的军队一定会撤退。"郑文公同意了。烛之武推辞说："我壮年的时候，尚且不如别人，现在老了，也不能有什么作为了。"郑文公说："我没有及早重用您，现在由于情况危急因而求您，这是我的过错。然而郑国灭亡了，对您也不利啊！"烛之武就答应了这件事。

在夜晚，有人用绳子将烛之武从城楼放下去。见到秦穆公，烛之武说："秦、晋两国围攻郑国，郑国已经知道要灭亡了。假如灭掉郑国对您有好处，怎敢冒昧地拿这件事情来麻烦您。然而越过别国把远方的郑国作为秦国的东部边邑，您知道这是困难的，为什么要灭掉郑国而给邻国增加土地呢？邻国的势力雄厚了，您秦国的势力也就相对削弱了。如果您放弃围攻郑国而把它当作东方道路上招待过客的主人，出使的人来来往往，郑国可以随时供给他们缺乏的东西，对您也没有什么坏处。您曾经给予晋惠公恩惠，惠公曾经答应给您焦、瑕二座城池，然而惠公早上渡过黄河回国，晚上就在那里筑城防御，这是您所知道的。晋国，怎么会有满足的时候呢？现在它已经在东边使郑国成为它的边境，又想要向西扩大边界。如果不使秦国土地亏损，它到哪里去夺取土地？削弱秦国对晋国有利，希望您还是多多考虑这件事。"秦伯非常高兴，就与郑国签订了盟约。派遣杞子、逢孙、扬孙戍守郑国，秦伯就回国了。

晋大夫子犯请求出兵攻击秦军。晋文公说："不行！如不是秦国国君的力量，就没有我的今天。依靠别人的力量而又反过来损害他，这是不仁义的；失掉自己的同盟者，这是不明智的；用混乱相攻取代联合一致，是不符合武德的。我们还是回去吧。"晋军也就离开了郑国。

经典品析

《烛之武退秦师》是非常著名的通过谈判说服、消弭战争、争取和平的成功范例，赞扬了烛之武在国家危难之际，能够临危受命，不避险阻，说服秦君，维护国家安全的爱国主义精神。同时也反映了春秋时代各诸侯国之间斗争的复杂性。

本文的艺术特色：一是伏笔照应，组织严密，该文处处注意伏笔与照应。二是波澜起伏，生动活泼。三是详略得当，说理透彻。一个面临亡国之危的小国使臣，面对大国的君主，能够不亢不卑，从容辞令，既不刺激对方，又不失本国尊严，语言的分寸掌握得恰到好处。全部说辞只有短短的125个字，却说了五层意思，说得委婉曲折，面面俱到。在国家危难之时，仁人志士能够摒弃个人恩怨、个人利益，不顾个人安危，这是中华民族的优良传统。

【相关链接】

《左传》亦称《左氏春秋传》或《左氏春秋》，儒家经典之一。是中国第一部叙事详细的编年史，相传是春秋末年鲁国史官左丘明根据鲁国国史《春秋》编成，记叙范围起自鲁隐公元年（前722），讫于鲁哀公二十七年（前468）。清代经今文学家认为系西汉刘歆改编，近人认为是战国初年人据各国史料编成。多用事实解释《春秋》，同《公羊传》《谷梁传》合称"《春秋》三传"。每与《春秋》合刊，作为"十三经"之一。

永某氏之鼠①

柳宗元

永有某氏者，畏日，拘忌异甚。以为己生岁直子，鼠，子神也。因爱鼠，不畜猫犬，禁僮勿击鼠。仓廪庖厨，悉以恣鼠不问。

由是鼠相告，皆来某氏，饱食而无祸。某氏室无完器，椸无完衣，饮食大率鼠之馀也。昼累累与人兼行，夜则窃啮斗暴，其声万状，不可以寝。终不厌。

数岁，某氏徙居他州。后人来居，鼠为态如故。其人曰："是阴类恶物也，盗暴尤甚，且何以至是乎哉！"假五六猫，阖门撤瓦灌穴，购僮罗捕之。杀鼠如丘，弃之隐处，臭数月乃已。

呜呼！彼以其饱食无祸为可恒也哉！

---

① 选自高文、屈光选注《柳宗元选集》，上海：上海古籍出版社，2016年，第214页。

永州有一个人,做什么事都害怕时辰不好,禁忌得非常厉害。认为自己出生正当子年,而老鼠又是子年的生肖。因此十分爱护老鼠,家中不养猫狗,也不准仆人伤害它们。他家的粮仓和厨房都任凭老鼠横行,从不过问。

因此老鼠就相互转告,都跑到那个人家里,既能吃饱肚子,又很安全。那个人家中没有一件完好无损的器物,笼筐箱架中没有一件完整的衣服,吃的大都是老鼠吃剩下的东西。白天老鼠成群结队地与人同行,夜里则偷咬东西,争斗打闹,各种各样的叫声吵得人无法睡觉。但那个人始终不觉得老鼠讨厌。

过了几年,那个人搬到了别的地方。后面的人住进来后,老鼠的猖獗仍和过去一样。后面的人就说:"老鼠是在阴暗角落活动的可恶动物,这里的老鼠偷咬吵闹如此厉害,为什么会达到这样严重的程度呢?"于是借来了五六只猫,关上屋门,翻开瓦片,用水灌洞,奖励仆人四面围捕。捕杀到的老鼠,堆得像座小山,都丢弃在隐蔽无人的地方,臭气散发了数月才停止。

唉!那些老鼠以为吃得饱饱的而又没有灾祸的日子可以永远过下去吗!

经典品析

这篇文章把那些自以为"饱食而无祸"的人比作老鼠,深刻有力地讽刺了封建剥削阶级丑恶的人情世态,讽刺了纵恶逞凶的官僚和猖獗一时的丑类,暗喻小人得志虽能嚣张一时,却不能长久,依仗权势的小人会遭到彻底被消灭的下场。全文主旨突出,文笔精粹,叙事生动,形象鲜明。此文的警示意义在于:依仗外力保护所获得的安全和威福是不能持久的。当今社会上有极少部分家长,爱子心切,娇惯放纵子女,造成子女任性妄为,终究成为家长与社会的负担、个人人生的输家,不能不引起深思!

【相关链接】

柳宗元(773~819),字子厚,河东(现在山西芮城、运城一带)人,世称"柳河东""河东先生",唐代文学家、哲学家、散文家和思想家,因官终柳州刺史,又称"柳柳州"。其散文论说性强,笔锋犀利,讽刺辛辣。游记写景状物,多所寄托。

匆　匆[①]

朱自清

燕子去了,有再来的时候;杨柳枯了,有再青的时候;桃花谢了,有再开的时候。但是,聪明的,你告诉我,我们的日子为什么一去不复返呢?——是有人偷了他们罢:那是谁?又藏在何处呢?是他们自己逃走了罢:现在又到了哪里呢?

我不知道他们给了我多少日子;但我的手确乎是渐渐空虚了。在默默里算着,八千多日子已经从我手中溜去;像针尖上一滴水滴在大海里,我的日子滴在时间的流里,没有声音,也没有影子。我不禁头涔涔而泪潸潸了。

去的尽管去了,来的尽管来着;去来的中间,又怎样地匆匆呢?早上我起来的时候,小屋里射进两三方斜斜的太阳。太阳他有脚啊,轻轻悄悄地挪移了;我也茫茫然跟着旋转。于是——洗手的时候,日子从水盆里过去;吃饭的时候,日子从饭碗里过去;默默时,便从凝然的双眼前过去。我觉察他去的匆匆了,伸出手遮挽时,他又从遮挽着的手边过去。天黑时,我躺在床上,他便伶伶俐俐地从我身上跨过,从我脚边飞去了。等我睁开眼和太阳再见,这算又溜走了一日。我掩着面叹息。但是新来的日子的影儿又开始在叹息里闪过了。

在逃去如飞的日子里,在千门万户的世界里的我能做些什么呢?只有徘徊罢了,只有匆匆罢了;在八千多日的匆匆里,除徘徊外,又剩些什么呢?过去的日子如轻烟,被微风吹散了,如薄雾,被初阳蒸融了;我留着些什么痕迹呢?我何曾留着像游丝样的痕迹呢?我赤裸裸来到这世界,转眼间也将赤裸裸的回去罢?但不能平的,为什么偏要白白走这一遭啊?

你聪明的,告诉我,我们的日子为什么一去不复返呢?

经典品析

文章紧扣"匆匆"二字,细腻地刻画了时间流逝的踪迹。从哲学意味层面读《匆匆》,饱含时间流逝的思辨,表达了作者对时光流逝的无奈和惋惜;从历史内

[①] 选自朱自清《背影》,长沙:湖南文艺出版社,2019年,第23～24页。

容层面读《匆匆》,掠过"五四"知识青年忙于追求进步的匆匆身影;从审美意蕴层面读《匆匆》,感受情景交融的意境、丰富的意象。

本文的特点:一是结构精巧,十一个问句是情绪起伏的线索,层次清楚,转承自然,首尾呼应。二是文字清秀隽永、纯朴简练,全篇格调统一在"轻俏"上,节奏疏隐绵运、轻快流利。《匆匆》叠字和复沓的运用也使它的语言具有节奏美。三是情景交融,无论是写燕子、杨柳、桃花,还是写太阳,都与"我们的日子为什么一去不复返呢"的感叹融为一体,处处流露出作者对时光流逝感到无奈和惋惜。"我们总以为生活稀松平常,总在把挥霍当成常态。其实生命极其有限,每一个不曾努力的日子,都是对自己的一种辜负。"

【相关链接】

朱自清(1898~1948),原名自华,号实秋,原籍浙江绍兴,出生于江苏省东海县,现代杰出的散文家、诗人、学者、民主战士。主要作品有《背影》《春》《梅雨潭的绿》《荷塘月色》等。

永远的憧憬和追求[①]

萧红

一九一一年,在一个小县城里边,我生在一个小地主的家里。那县城差不多就是中国的最东最北部——黑龙江省——所以一年之中,倒有四个月飘着白雪。

父亲常常为着贪婪而失掉了人性。他对待仆人,对待自己的儿女,以及对待我的祖父都是同样的吝啬而疏远,甚至于无情。

有一次,为着房屋租金的事情,父亲把房客的全套的马车赶了过来。房客的家属们哭着诉说着,向我的祖父跪了下来,于是祖父把两匹棕色的马从车上解下来还了回去。

为着这两匹马,父亲向祖父起着整夜的争吵。"两匹马,咱们是算不了什么的,穷人,这两匹马就是命根。"祖父这样说着,而父亲还是争吵。

九岁时,母亲死去。父亲也就更变了样,偶然打碎一只杯子,他就要骂到使人发抖的程度。后来就连父亲的眼睛也转了弯,每从他身边经过,我就像自己的

[①] 选自萧红《萧红经典》,南京:江苏凤凰文艺出版社,2018年,第89~90页。

身上生了针刺一样；他斜视着你，他那高傲的眼光从鼻梁经过嘴角而后往下流着。

所以每每在大雪中的黄昏里，围着暖炉，围着祖父，听着祖父读着诗篇，看着祖父读着诗篇时微红的嘴唇。

父亲打了我的时候，我就在祖父的房里，一直面向着窗子，从黄昏到深夜——窗外的白雪，好像白棉花一样飘着；而暖炉上水壶的盖子，则像伴奏的乐器似的振动着。

祖父时时把多纹的两手放在我的肩上，而后又放在我的头上，我的耳边便响着这样的声音：

"快快长大吧！长大了就好了。"

二十岁那年，我就逃出了父亲的家庭。直到现在还是过着流浪的生活。

"长大"是"长大"了，而没有"好"。

可是从祖父那里，知道了人生除掉了冰冷和憎恶而外，还有温暖和爱。

所以我就向这"温暖"和"爱"的方面，怀着永久的憧憬和追求。

经典品析

本文语言自然、率真、朴实无华，作者以简洁、优美的文笔叙述了家乡家事；有触人心魄的故事情节，有鲜明的人物性格，有浓郁的生活色彩；细节鲜明，描写祖父的笔调活泼温婉，充满无限的眷念。结尾抒发了作者的理想抱负：向着这"温暖"和"爱"的方面怀着永久的憧憬和怀念。她追求的不仅是祖父的温暖和爱，更是人间大爱：没有贫穷和苦难，没有冷酷和欺压，相互信任，有着真挚的情谊。虽然作者的生活和生命之路是坎坷的，但她的内心仍然阳光，不失大爱。

【相关链接】

萧红(1911~1942)，"民国四大才女"(吕碧城、萧红、石评梅、张爱玲)之一，乳名荣华，学名张秀环，后由外祖父改名为张乃莹。笔名萧红、悄吟、玲玲、田娣等。被誉为"20世纪30年代文学洛神"，现代文学史上一位极具个人特色的作家。萧红的散文在中国现代散文史上独树一帜，她的作品刻下了坎坷30年人生的斑驳辙迹，深厚，质朴，然而细致、柔弱如水，却又富有火的热情和骨骼的硬度；用象征、隐喻、营造氛围等手法，形成萧红式的诗性风格。以无限的深情，形成人道主义的"弱势文学"。

冬 夜 情 思[①]

李若冰

冬夜。冬夜深了。

我在桌旁坐了许久,又在房内走动了许久。房内是安静的,可是我的心是这样怅惘。在这漫长的冬夜里,是什么扰乱着我的心,而使我这样不安呢?窗外,传来了树枝摇晃的声音,一阵冷飕飕的风,拍打着我的房门;我觉得,什么呼唤着我似的。房内是多么闷热,我推开门走出去了。

我一走出房门,严寒的风就袭来了。可是,我反而得到了舒畅、愉快。我迎着风浪,眺望着冬夜。呵,冬夜,冬夜的天空湛蓝,深沉,笼罩着一层淡淡的银色的薄雾。那遥远的天边,挂着无数晶亮的星星,它们在眨眼,在微笑,满含着动人的光芒!

这时候,我又突然发现了什么,清醒了似的,心里感到一阵强烈的颤动。风浪催促着我的回忆,把我的思绪引向了远方。呵,不正是这样的冬夜,在祖国西北的大戈壁滩上,我们可爱的勘探者,拔着骆驼草,燃起了篝火,在烧烤着干馍馍吃吗?不正是这样的冬夜,在柴达木盆地的大沙漠里,我们可敬的钻探工人们,紧张地接换着钻杆,又开动了钻机,在探寻着地下油海吗?这时候,勘探朋友们在做着什么呢?或者,那些搭在荒滩的篷帐里,仍然闪着光亮,勘探者正在用细巧的笔,勾画着一年的工作成果?或者,他们正在为图幅上的一个点一条线,在争吵,在苦恼?或者,他们已经画完了最后一笔,在快乐,在歌唱吧?或者,他们又在举行篷帐舞会,欢度除夕?而有的伙伴们,相挽着手,还在冬夜里谈笑,漫步?呵,我不也曾经和他们一起,站在嘉峪关的城楼上,眺望过这冬夜的晶亮的星群;我不也曾经和他们一起,漫步在尕斯库勒湖畔,探索过这笼罩着淡淡的银色薄雾的夜空吗?

可是,现在,我只有怅惘不安。冷飕飕的风,仍然扑打着我。然而,我觉得,这风对我不是陌生的,我在呼吸里能够尝出来那种亲切的甜蜜的滋味。这已经很久了,我远离了朋友们。虽然,我并没有放慢自己的步子;可是,我的每一步都

[①] 选自李若冰《柴达木手记》,北京:作家出版社,1959年,第1~2页。

留下了怀念的印记。一年过去了,新的一年又来到了,我却迟迟地没有走回来。

呵,冬夜,冬夜黑暗而深广。可是,我能够清楚地看见被风吹得摇晃的玉兰树;不知什么时候,它就生长在我的窗外。我喜欢它,因为它是知春的花树。春天来了,它开的花是那么洁白、香甜。那时候,它将激励着我,使我走上西北的大戈壁滩,走到勘探朋友们的身边。

我在冬夜里走着,走了许久许久。我不再回顾什么,想着什么;只是我的心呵,被怀念咬嚼得疼痛。我觉得,怀念像海……

1958年除夕,于西安

经典品析

  本文是作者对那些在大西北默默奉献的劳动者的礼赞,也表达了自己要重新回到他们之中的渴望。作品通过作者自己的真切感受,反映了中华人民共和国成立初期社会主义建设者的精神面貌,讴歌了那个时代背景下中国人民奋发图强的伟大精神。

  与朱自清的散文《荷塘月色》开头相似,"我"都是被一种情绪影响而走出房门去寻求解脱。与朱自清勾勒荷塘近景不同的是,李若冰所展现的是远方的场面;兼具革命的现实主义的真实和浪漫主义的激情,蕴含着思想的锐气和审美的活力。

【相关链接】

  李若冰(1926～2005),陕西泾阳人,当代著名作家,被誉为"中国西部文学的拓荒者",是最早发现西部美、歌颂西部美的作家之一,为祖国石油文学树起了一座丰碑。主要作品有《柴达木手记》《酒泉盆地巡礼》《勘探者的足迹》等。

小说

  小说,是以刻画人物形象为中心,通过完整的故事情节和环境描写来反映社会生活的文学体裁。神话传说、寓言故事、史传文学成为古典小说叙事的萌芽源头;魏晋南北朝时期出现的志怪(干宝的《搜神记》)、志人(刘义庆的《世说新语》)小说是小说的雏形;唐朝传奇体小说标志着我国古代小说的发展趋于成熟;宋代白话短篇小说"话本"、元代章回小说(长篇小说)、元末明初历史小说《三国演义》(罗贯中)与《水浒传》(施耐庵,为章回小说之祖),使小说逐渐走向繁荣;明清时期小说开始走上文人独立创作之路,这一时期,小说作家主体意识增强,《红楼梦》的出现把中国古代小说发展推向了高峰,达到前所未有的成就。

所选《鲧(gǔn)盗息壤》《神农尝百草》可以让我们感受到深入我们骨髓的献身抗争的民族精神,《泥古不化》和《差不多先生传》则批判了部分人的人性弱点。

鲧盗息壤[①]

《山海经·海内经》:"洪水滔天,鲧窃帝之息壤(能自生自长的土壤。息,生长)以堙(堵塞)洪水,不待帝命(不等天帝允许)。帝令祝融(火神)杀鲧于羽郊(羽山的郊野)。"又《全上古三代秦汉三国六朝文》辑《归藏·启筮》云:"鲧殛(杀戮)死,三岁不腐,副(pì,剖开)之以吴刀,是用(因此)出禹。"

相传在尧的时代发生了一场大洪水,鲧不等天帝允许,(排除万难)盗出"息壤"堵塞洪水。天帝派火神祝融将鲧杀死在羽山的郊野。鲧死不瞑目,尸体三年不烂,天帝知道后怕鲧变成精怪,再次派祝融拿着天下最锋利的"吴刀"剖开鲧的肚子,从鲧的肚子里跳出禹。

神农尝百草

民有疾,未知药石。炎帝(神农氏)始草木之滋,察其寒、温、平、热之性,辨其君、臣、佐、使之义。尝一日而遇七十毒,神而化之,遂作文书上以疗民族,而医道自此始矣。

——《纲鉴易知录》

上古先民有病,但还没有发明医药。神农氏开始尝遍百草的滋味,体察百草寒、温、平、热的药性,辨别百草之间像君、臣、佐、使般的相互关系。曾经一天就遇到了70种剧毒,他神奇地化解了这些剧毒,于是就用文字记下药性用来治疗

---

① 选自栗静云主编《中国神话故事》,延吉:延边大学出版社,2005年,第84页。

百姓的疾病,我国的医药事业从此诞生了。

经典品析

　　这两篇神话表现了一个共同的主题——中华民族的不计个人得失、死而不已(鲧死后"出禹"治水、神农试药作书)的献身精神。古今的岁月静好,都是有人在负重前行。

【相关链接】

　　网上有篇出处不详的文章,撰写了下面这个故事,故事虽然是虚拟的,但文中表达的观点值得我们思考:

　　美国哈佛大学神学院教授大卫·查普曼,曾向学生分享、解读中国神话故事,总结中国神话故事的内核:中华民族特征。

　　他说:"我们的神话里,火是上帝赐予的;希腊神话里,火是普罗米修斯偷来的;而在中国的神话里,火是他们钻木取火坚韧不拔摩擦出来的!这就是区别,他们用这样的故事告诫后代,与自然作斗争!"(钻木取火)

　　"面对末日洪水,我们在诺亚方舟里躲避,但中国人的神话里,他们的祖先战胜了洪水。看吧,仍然是斗争,与灾难作斗争!"(大禹治水)

　　"如果你们去读一下中国神话,你会觉得他们的故事很不可思议。抛开故事情节,找到神话里表现的文化核心,你就会发现,只有两个字:抗争!假如有一座山挡在你的门前,你是选择搬家还是挖隧道?显而易见,搬家是最好的选择。然而在中国的故事里,他们却把山搬走了!(愚公移山)可惜,这样的精神内核,我们的神话里却不存在,我们的神话是听从神的安排。"

　　"每个国家都有太阳神的传说,在部落时代,太阳神有着绝对的权威。纵览所有太阳神的神话你会发现,只有中国人的神话里有敢于挑战太阳神的故事:有一个人因为太阳太热,就去追太阳,想要把太阳摘下来。(夸父追日)当然,最后他累死了——我听到很多人在笑,这太遗憾了,因为你们笑这个人不自量力,正是证明了你们没有挑战困难的意识。但是中国的神话里,人们把他当作英雄来传颂,因为他敢于和看起来难以战胜的力量作斗争。在另一个故事里,他们终于把太阳射下来了。(后羿射日)中国人的祖先用这样的故事告诉后代:可以输,但不能屈服。中国人听着这样的神话故事长大,勇于抗争的精神已经成为遗传基因,他们虽然自己意识不到,但会像祖先一样坚强。因此你们现在再想到中国人倔强的不服输精神,就容易理解了,这是他们屹立至今的原因。"

　　"很多民族和文化都消失或者改变了,但中国还是中国。"

　　"中国人很勤奋,有危机意识,他们才不相信神会拯救世人,他们相信的是自己的力量。你们看看,曾经很落后的中国,现在又变得强大了。因为中国人从生下来就知道面对困难时最靠得住的是自己的双手和信念。"

"我们经常说中华民族几千年来是靠着为着民族集体牺牲个人的利益甚至生命,不断与自然、灾难、环境作斗争一直延续到现在的。"

泥古不化①

纪昀

刘羽冲,佚其名,沧州人。先高祖厚斋公多与唱和。性孤僻,好讲古制,实迂阔不可行。尝倩董天士作画,倩厚斋公题。内《秋林读书》一幅云:"兀坐秋树根,块然无与伍。不知读何书,但见须眉古。只愁手所持,或是井田谱。"盖规之也。

偶得古兵书,伏读经年,自谓可将十万。会有土寇,自练乡兵与之角,全队溃覆,几为所擒。又得古水利书,伏读经年,自谓可使千里成沃壤。绘图列说于州官。州官亦好事,使试于一村。沟洫甫成,水大至,顺渠灌入,人几为鱼。

由是抑郁不自得,恒独步庭阶,摇首自语曰:"古人岂欺我哉!"如是日千百遍,惟此六字。不久,发病死。后风清月白之夕,每见其魂在墓前松柏下,摇首独步。侧耳听之,所诵仍此六字也。或笑之,则敛隐。次日伺之,复然。泥古者愚,何愚乃至是欤!

阿文勤公尝教昀曰:"满腹皆书能害事,腹中竟无一卷书,亦能害事。国弈不废旧谱,而不执旧谱;国医不泥古方,而不离古方。故曰:'神而明之,存乎其人。'又曰:'能与人规矩,不能使人巧。'"

卷三《滦阳消夏录》三

刘羽冲,他的正名到现在已没人记得了,是沧州人。我家先太祖父厚斋公当年经常与他诗词唱和。他的性格孤僻,喜欢讲究古制,但实际上都是迂腐而行不通的。他曾经请董天士替他画画,让厚斋公在画上题诗。其中有一幅《秋林读书》图,题的诗是:"兀坐秋树根,块然无与伍。不知读何书,但见须眉古。只愁手所持,或是井田谱。"这是厚斋公用诗句给予他的规劝。

他偶然得过一部古兵书,伏案熟读,自己感觉可以统领十万军兵冲锋陷阵了。正巧当时乡里出现土匪,刘羽冲就自己训练乡兵与土匪们打仗,然而全队溃

① 选自黄国声译注《阅微草堂笔记选译》,南京:凤凰出版社,2011年,第33~35页。

败,自己也差点被土匪捉去。又偶然得到一部古代水利书,伏案熟读数年,自己认为可以有能力使千里荒地成为肥沃之地。绘制了地图去州官那里游说进言,州官也是个好事者,就让他用一个村落来尝试改造。水渠刚造好,洪水就来了,顺着水渠灌进来,全村的人几乎全成了鱼。

于是他从此抑郁不乐,总是独自在庭阶前散步,一边走一边摇着头自言自语:"古人怎么可能会欺骗我呢!"就这样每天喃喃自语千百遍,就是说这六个字。不久就病死了。后来每逢风清月白的夜晚,经常会有人看到他的魂魄在墓前的松柏树下,一边摇头一边漫步。侧耳细听,鬼魂说的仍然是这六个字。有时候听到的人笑他,鬼魂就会马上隐没。第二天再去那里看,还是看到鬼魂那样踱着步喃喃自语。虽然拘泥于古籍的人都有点呆气,但怎么会呆到这个地步呢!

阿文勤大人曾经教导我说:"满腹都是经书会对事情的判断造成危害,但是一本书也不看,也会对事情的判断造成危害。下棋的大国手不会废弃古代流传下来的棋谱,但是不会很执着于旧谱;高明的医生不会拘泥于古代流传下来的药方,但是经验里也不会偏离古方。所以说:'能够把什么事做得出神入化,主要是看做事的人罢了。'"又说:"能够教会人做任何事的规范步骤,但不可能教得会人巧妙。"

经典品析

《泥古不化》写了一个不能学以致用、拘泥古书的读书人。文中写了他照搬古书闹出乱子的两个事例,又写他死后仍执迷不悟,让人觉得他可笑又可怜。文末的议论对于我们今天的读书学习、做事做人仍具有警诫意义。"泥古不化"现在是一个成语,比喻拘泥于古代的成规或说法,不会根据具体情况加以变通。

【相关链接】

纪昀(1724～1805),字晓岚,别字春帆,晚号石云,道号观弈道人、孤石老人,清朝直隶献县(今河北省献县)人。清代文学家,官至礼部尚书、协办大学士,曾任《四库全书》总纂修官,撰写了《四库全书总目提要》。

《阅微草堂笔记》原名《阅微笔记》,是纪昀于乾隆五十四年(1789)至嘉庆三年(1798)间以笔记形式所写成的文言短篇志怪小说集。《阅微草堂笔记》主要搜集各种狐鬼神仙、因果报应、劝善惩恶等当时代前后流传的乡野怪谭,或亲身所听闻的奇情轶事,其涵盖的范围则遍及全中国,远至乌鲁木齐、伊宁、滇黔等地。《阅微草堂笔记》有意模仿宋代笔记小说质朴简淡的文风,曾在历史上一时享有同《红楼梦》《聊斋志异》并行海内的盛誉。

差不多先生传[①]

胡适

你知道中国最有名的人是谁?

提起此人,人人皆晓,处处闻名。他姓差,名不多,是各省各县各村人氏。你一定见过他,一定听过别人谈起他。差不多先生的名字天天挂在大家的口头,因为他是中国全国人的代表。

差不多先生的相貌和你和我都差不多。他有一双眼睛,但看不很清楚;有两只耳朵,但听不很分明;有鼻子和嘴,但他对于气味和口味都不很讲究。他的脑子也不小,但他的记性却不很精明,他的思想也不很细密。

他常常说:"凡事只要差不多,就好了。何必太精明呢?"

他小的时候,他妈叫他去买红糖,他买了白糖回来。他妈骂他,他摇摇头说:"红糖白糖不是差不多吗?"

他在学堂的时候,先生问他:"直隶省的西边是哪一省?"他说是陕西。先生说:"错了。是山西,不是陕西。"他说:"陕西同山西,不是差不多吗?"

后来他在一个钱铺里做伙计;他也会写,也会算,只是总不会精细。十字常常写成千字,千字常常写成十字。掌柜的生气了,常常骂他。他只是笑嘻嘻地赔小心道:"千字比十字只多一小撇,不是差不多吗?"

有一天,他为了一件要紧的事,要搭火车到上海去。他从从容容地走到火车站,迟了两分钟,火车已开走了。他白瞪着眼,望着远远的火车上的煤烟,摇摇头道:"只好明天再走了,今天走同明天走,也还差不多。可是火车公司未免太认真了。八点三十分开,同八点三十二分开,不是差不多吗?"他一面说,一面慢慢地走回家,心里总不明白为什么火车不肯等他两分钟。

有一天,他忽然得了急病,赶快叫家人去请东街的汪医生。那家人急急忙忙地跑去,一时寻不着东街的汪大夫,却把西街牛医王大夫请来了。差不多先生病在床上,知道寻错了人;但病急了,身上痛苦,心里焦急,等不得了,心里想道:"好在王大夫同汪大夫也差不多,让他试试看吧。"于是这位牛医王大夫走近床前,用医牛的法子给差不多先生治病。不上一点钟,差不多先生就一命呜呼了。

差不多先生差不多要死的时候,一口气断断续续地说道:"活人同死人也差……差……差不多,……凡事只要……差……差……不多……就……好了,……何……何……必……太……太认真呢?"他说完了这句格言,方才绝

[①] 选自胡适《胡适散文·新生活》,杭州:浙江文艺出版社,2015年,第116~118页。

气了。

他死后,大家都很称赞差不多先生样样事情看得破,想得通;大家都说他一生不肯认真,不肯算账,不肯计较,真是一位有德行的人。于是大家给他取个死后的法号,叫他做圆通大师。

他的名誉越传越远,越久越大。无数无数的人都学他的榜样。于是人人都成了一个差不多先生。——然而中国从此就成为一个懒人国了。

经典品析

《差不多先生传》是一篇传记体裁的讽刺寓言,嘲讽那些处事不认真的人,一方面针砭国人敷衍苟且的态度,一方面也可见作者弘扬科学精神的用心。鲁迅也曾经说过:"中国四万万的民众害着一种毛病。病源就是那个马马虎虎,就是那随它怎么都行的不认真态度。"

文章以切近生活的事例作为佐证,构成一篇趣味盎然、含义深远的寓言。而在笔法上,则巧妙地运用夸饰、排比、映衬、反讽等修辞法,以浅显生动的语言、因事见理的方式,让人在荒谬好笑的文字背后,领略到作者的用心。

【相关链接】

胡适(1891～1962),曾用名嗣穈,学名洪骍,字希疆,后改名适,字适之,安徽绩溪人,著名思想家、文学家、哲学家,以倡导"白话文"、领导新文化运动闻名于世。主要著作有《中国哲学史大纲》《尝试集》(中国现代文学史上的第一部白话诗集)、《白话文学史》和《胡适文存》(四集)等。

名 诗

诗歌是一种抒情言志的文学体裁。《毛诗·大序》载:"诗者,志之所之也。在心为志,发言为诗。"南宋严羽《沧浪诗话》云:"诗者,吟咏性情也。"诗歌饱含着作者的思想感情与丰富的想象,语言凝练而形象性强,具有鲜明的节奏、和谐的音韵,富于音乐美,语句一般分行排列,注重结构形式的美。

中国诗歌按音律分类,可分为古体诗和近体诗。古体诗和近体诗是唐代形成的概念,是从诗的音律角度来划分的。按内容分类,可分为叙事诗、抒情诗、送别诗、边塞诗、山水田园诗、怀古诗（咏史诗）、咏物诗、悼亡诗、讽喻诗等。现代新诗按照作品语言的音韵格律和结构形式分为格律诗、自由诗、散文诗和韵脚诗等。外国诗歌内容上一般分为史诗、戏剧诗和抒情诗。

　　本书所选的诗歌以古诗为主，选编的顺序以诗歌发展史为依据，尽可能兼顾古诗（《诗经》、楚辞、乐府、唐诗、宋词）和现代新诗各个时期较典型的诗体。内容上涉及社会生活和个人生活，情感上涉及友情、爱情、乡情、爱国情。读者通过诵读这些诗歌，可以了解中国诗的发展脉络和各种诗体的特点，感受诗人丰富的情感。

古代诗

淇　奥[①]

《诗经》

　　瞻彼淇奥(yù)，绿竹猗(yī)猗。有匪君子，如切如磋，如琢如磨。瑟兮僴(xiàn)兮，赫兮咺(xuān)兮！有匪君子，终不可谖(xuān)兮。

　　瞻彼淇奥，绿竹青青。有匪君子，充耳琇莹，会弁(kuài biàn)如星。瑟兮僴兮，赫兮咺兮！有匪君子，终不可谖兮。

　　瞻彼淇奥，绿竹如箦(zé)。有匪君子，如金如锡，如圭如璧。宽兮绰兮，猗(倚)重较兮。善戏谑兮，不为虐兮。

　　看那淇水弯弯岸，碧绿竹林片片连。高雅先生是君子，学问切磋更精湛，品德琢磨更良善。神态庄重胸怀广，地位显赫很威严。高雅先生真君子，一见难忘记心田。

　　看那淇水弯弯岸，绿竹袅娜连一片。高雅先生真君子，美丽良玉垂耳边，宝石镶帽如星闪。神态庄重胸怀广，地位显赫更威严。高雅先生真君子，一见难忘

[①] 选自陈成国校注《诗经全书·上》，长沙：岳麓书社，2019年，第66页。

记心田。

看那淇水弯弯岸,绿竹葱茏连一片。高雅先生真君子,青铜器般见精坚,玉礼器般见庄严。宽宏大量真旷达,倚靠车耳驰向前。谈吐幽默真风趣,开个玩笑人不怨。

经典品析

先秦时期,中华民族正在不断凝聚走向统一,人们希望过上和平、富裕的生活。人们把希望寄托在圣君贤相、能臣良将身上,赞美他们是表达一种生活的向往。《淇奥》便是这样的一首诗,它反复吟诵了君子几个方面的优秀品质:形象高雅,品德高尚,意志坚定,忠贞纯厚,心胸宽广,平易近人,有处理内政和外事的杰出能力。

本诗首开先河,以竹喻人,借绿竹的挺拔青翠赞美君子的高风亮节。

【相关链接】

《诗经》是中国最早的一部诗歌总集。它收集了从西周初期至春秋中叶大约500年间的诗歌305篇。它反映了当时的社会面貌,是我国现实主义文学的源头。先秦称为《诗》,或取其整数称《诗三百》。西汉时被尊为儒家经典,始称《诗经》,并沿用至今。《诗经》在内容上分为"风""雅""颂"三个部分。《诗经》的艺术技法被总结为"赋、比、兴",与"风、雅、颂"合称"六义"。语言以四言为主,兼有杂言。在结构上多采用重章叠句的形式加强抒情效果。每一章虽只变换几个字,却能收到回旋跌宕的艺术效果。

橘 颂①

屈原

后皇嘉树,橘徕服兮。受命不迁,生南国兮。
深固难徙,更壹志兮。绿叶素荣,纷其可喜兮。
曾枝剡(yǎn)棘,圆果抟(tuán)兮。青黄杂糅,文章烂兮。

---

① 选自吴广平导读注译《楚辞》,长沙:岳麓出版社,2019年,第197~200页。

精色内白,类任道兮。纷缊宜修,姱(kuā)而不丑兮。
嗟尔幼志,有以异兮。独立不迁,岂不可喜兮?
深固难徙,廓其无求兮。苏世独立,横而不流兮。
闭心自慎,终不失过兮。秉德无私,参天地兮。
愿岁并谢,与长友兮。淑离不淫,梗其有理兮。
年岁虽少,可师长兮。行比伯夷,置以为像兮。

橘啊,你这天地间的佳树,生下来就适应当地的水土。你的品质坚贞不变,生长在江南的国度。

根深难以迁移,那是由于你专一的意志。绿叶衬着白花,繁茂得让人欢喜。

枝儿层层,刺儿锋利,果实饱满。青中闪黄,黄里带青,色彩多么绚丽。

外观精美,内心洁净,类似有道德的君子啊。长得繁茂又美观,婀娜多姿,毫无瑕疵。

啊,你幼年的志向,就与众不同。特立独行,永不改变,怎不使人敬重。

品质坚定,心胸开阔,无所私求。你远离世俗,独来独往,敢于横渡而不随波逐流。

小心谨慎,从不轻率,自始至终不犯过失。道德高尚,毫无私心,真可与天地相比。

愿在万物凋零的季节,我与你结成知己。内善外美而不放荡,多么正直而富有文理。

你的年纪虽然不大,却可作人们的良师。品行好比古代的伯夷,种在这里作我为人的榜样。

经典品析

《橘颂》是中国第一首托物言志的咏物诗,表面上歌颂橘树,实际是诗人对自己理想和人格的表白。诗人以橘树为喻,表达了自己追求美好品质和理想的坚定意志。全诗可分为两个部分,前半部分缘情咏物,重在描述橘树俊逸动人的外在美,以描写为主;后半部分缘物抒情,转入对橘树内在精神的热情讴歌,以抒情为主。两部分既各有侧重,又互相勾连,融为一体。

【相关链接】

屈原(约前340~前278),芈姓,屈氏,名平,字原,又自云名正则,字灵均。战国末期楚国归乡乐平里(今湖北省秭归县屈原乡屈原村)人,诗人、政治家。屈原是中国历史上第一位伟大的爱国诗人,中国浪漫主义文学的奠基人,被誉为"中华诗祖""辞赋之祖"。主要作品有《离骚》《九歌》《九章》《天问》等。

《楚辞》是中国文学史上第一部浪漫主义诗歌总集,相传是屈原创作的一种新诗体。"楚辞"的名称,西汉初期已有,至刘向乃编辑成集。东汉王逸作章句,原收战国楚人屈原、宋玉及汉代淮南小山、东方朔、王褒、刘向等人辞赋共十六篇。后王逸增入己作《九思》,成十七篇。全书以屈原作品为主,其余各篇也是承袭屈赋的形式。以其运用楚地(今湖南、湖北一带)的文学样式、方言声韵和风土物产等,具有浓厚的地方色彩,故名《楚辞》,对后世诗歌产生深远影响。

行行重行行[①]

《古诗十九首》

行行重行行,与君生别离。相去万余里,各在天一涯。

道路阻且长,会面安可知?胡马依北风,越鸟巢南枝。

相去日已远,衣带日已缓。浮云蔽白日,游子不顾返。

思君令人老,岁月忽已晚。弃捐勿复道,努力加餐饭。

走啊!走啊!一直在不停地走,与你生生地分离。你我之间相隔千万里,分别各自在天涯。

路途艰险又遥远,哪里知道何时才能见面?北方的马依恋北风,南方的鸟巢于向南的树枝。

彼此分离的时间越长越久,衣服越发宽大。浮云遮住了太阳,他乡的游子不

---

① 选自程千帆、沈祖棻选注《古诗今选》,西安:陕西师范大学出版总社,2019年,第36~37页。

想再次回还。

思念你使我身心憔悴,又是一年你还未归来。这些都丢开不必再说,只愿你莫受饥寒。

经典品析

《行行重行行》是一首在东汉末年动荡岁月中的相思离乱之歌,写的是一个妇女怀念离家远行的丈夫。她咏叹别离的痛苦、相隔的遥远和见面的艰难,把自己刻骨的相思和丈夫的一去不复返相对照,但还是自我宽解,只希望远行的人自己保重。这首诗"情真、景真、事真、意真",让人为女主人公真挚痛苦的爱情呼唤所感动。

诗歌淳朴清新,节奏重叠反复,同一相思别离用或显、或寓、或直、或曲、或托物比兴的方法层层深入,语言优美。而首叙初别之情—次叙路远会难—再叙相思之苦—末以宽慰期待作结,离合奇正,现转换变化之妙。不迫不露、句意平远的艺术风格,表现出东方女性热恋相思的心理特点。

【相关链接】

《古诗十九首》是在汉代汉族民歌基础上发展起来的,是中国古代文人五言诗选辑,由南朝萧统从传世无名氏古诗中选录十九首编入《文选》而成。这十九首诗习惯上以句首标题,内容多写离愁别恨和彷徨失意,深刻地再现了文人在汉末社会思想大转变时期,追求的幻灭与沉沦、心灵的觉醒与痛苦。它的艺术成就很高,长于抒情,善用事物来烘托,寓情于景,情景交融。诗歌语言朴素自然,描写生动真切,具有浑然天成的艺术风格,处处表现了道家与儒家的哲学意境,被刘勰称为"五言之冠冕"。

陌 上 桑[①]

汉乐府

日出东南隅,照我秦氏楼。秦氏有好女,自名为罗敷。罗敷喜蚕桑,采桑城南隅。青丝为笼系,桂枝为笼钩。头上倭堕髻,耳中明月珠。缃绮为下裙,紫绮为上

---

① 选自周啸天主编《古诗词鉴赏》,成都:四川辞书出版社,2018年,第50页。

襦。行者见罗敷，下担捋髭须。少年见罗敷，脱帽著帩头。耕者忘其犁，锄者忘其锄。来归相怨怒，但坐观罗敷。

"使君从南来，五马立踟蹰。使君遣吏往，问是谁家姝。""秦氏有好女，自名为罗敷。""罗敷年几何？""二十尚不足，十五颇有余。""使君谢罗敷，宁可共载不？"罗敷前致辞："使君一何愚！使君自有妇，罗敷自有夫。"

"东方千余骑，夫婿居上头。何用识夫婿？白马从骊驹，青丝系马尾，黄金络马头；腰中鹿卢剑，可值千万余。十五府小吏，二十朝大夫，三十侍中郎，四十专城居。为人洁白晳，鬑鬑颇有须。盈盈公府步，冉冉府中趋。坐中数千人，皆言夫婿殊。"

太阳从东南方向升起，照到我们秦家的小楼。秦家有位美丽的女儿，自家取名叫罗敷。罗敷喜欢采桑养蚕，有一天在城南边侧采桑。用青丝做篮子上的络绳，用桂树枝做钩笼。头上梳着堕马髻，耳朵上戴着宝珠做的耳环。浅黄色有花纹的丝绸做成下裙，紫色的绫子做成上身短袄。行人见到罗敷，就放下担子捋着胡须注视她。年轻人看见罗敷，禁不住脱帽重整头巾。耕地的人忘记了自己在耕地，锄田的人忘记了自己在锄田。以至于农活都没有干完，回来后相互埋怨，只是因为贪看了罗敷的美貌。

太守乘车从南边来到这，拉车的五匹马停下来徘徊不前。太守派遣小吏过去，问这是谁家美丽的女子。小吏回答："是秦家的女儿，自家起名叫作罗敷。"太守又问："罗敷今年多少岁了？"小吏回答："还不到二十岁，但已经过了十五了。"太守就问罗敷："愿意与我一起乘车吗？"罗敷上前回话："使君怎么这么愚笨！你已经有妻子了，罗敷我也已经有丈夫了！"

"东方上千个骑马的人当中，我的夫婿在前列。凭什么识别我丈夫呢？他骑着一匹白马后边还有黑马跟随，马尾上系着青丝绦，黄澄澄的金饰装点着马头；腰中佩着鹿卢剑，宝剑价值千万。十五岁在太守府做小吏，二十岁在朝廷里做大夫，三十岁做皇上的侍中郎，四十岁成为一城之主。他皮肤洁白，脸上微微有一些胡子。他轻缓地在府中迈方步，从容地出入官府。太守座中聚会时官员无数，都说我丈夫出色。"

经典品析

《陌上桑》讲述了采桑女秦罗敷拒绝一个好色的"使君"的故事，歌颂了她的美貌与坚贞的情操。"陌上桑"是大路边的桑树。年轻貌美的秦罗敷正在路边采桑,却被轻狂的"使君"打扰,面对权贵,秦罗敷机智应对,以盛赞自己夫君才貌的方式回绝了对方的无理要求。罗敷的美是平淡中含着典雅、质朴中透着高贵,她身上体现了传统女性的坚贞、睿智的品质。

艺术上:一是这首诗有着完整的结构,首尾相接,一气呵成。二是这首诗以叙事为主,把抒情、描写、叙述融为一体。在人物形象的刻画上,或浓墨重彩,或水墨轻扫,微妙传神。特别是用侧面描写烘托罗敷的美,对后世影响很大。三是通篇五言,气韵流畅,语言质朴。《陌上桑》从精神到表现手法都具有较明显的现实主义和浪漫主义相结合的因素。

【相关链接】

《陌上桑》是汉乐府民歌中虚构性叙事诗的代表作,它和《孔雀东南飞》《东门行》《木兰诗》堪称乐府名篇。

汉乐府是继《诗经》之后,古代民歌的又一次大汇集,不同于《诗经》的是,它开创了诗歌现实主义的新风。汉乐府民歌中女性题材作品占重要位置,它用通俗的语言构造贴近生活的作品,由杂言渐趋向五言,采用叙事写法,刻画人物细致入微,创造人物性格鲜明,故事情节较为完整,能突出思想内涵,着重描绘典型细节,开拓了叙事诗的新阶段。汉乐府在文学史上有很高的地位,其中《孔雀东南飞》《木兰诗》为"乐府双璧"。

春江花月夜①

张若虚

春江潮水连海平,海上明月共潮生。滟滟(yàn)随波千万里,何处春江无月明!江流宛转绕芳甸(diàn),月照花林皆似霰(xiàn)。空里流霜不觉飞,汀上白沙看不见。江天一色无纤尘,皎皎空中孤月轮。江畔何人初见月?江月何年初照人?人生代代无穷已,江月年年只相似。不知江月待何人,但见长江送流水。白云一片去悠悠,青枫浦上不胜愁。谁家今夜扁舟子?何处相思明月楼?可怜楼上月徘徊,应照离人妆镜台。玉户帘中卷不去,捣衣砧(zhēn)上拂还来。此

---

① 选自(宋)苏轼等著、叶嘉莹等注评《历代诗词精华集》,武汉:长江文艺出版社,2019年,第104页。

时相望不相闻,愿逐月华流照君。鸿雁长飞光不度,鱼龙潜跃水成文。昨夜闲潭梦落花,可怜春半不还家。江水流春去欲尽,江潭落月复西斜。斜月沉沉藏海雾,碣(jié)石潇湘无限路。不知乘月几人归,落月摇情满江树。

春天的江潮水势浩荡与大海连成了一片,一轮明月从海上升起好像与潮水一起涌出来。月光照耀着春江随着波浪荡漾千万里,所有地方的春江都有明亮的月光。江水曲曲折折地绕着花草丛生的原野流淌,月光照射着开满鲜花的树林,好像细密的雪珠在闪烁。月色如霜所以霜飞无从觉察,洲上的白沙和月色融合在一起看不分明。江水和天空变成了一种颜色,没有一点微小的灰尘,明亮的天空中只有一轮孤月悬挂。江边上是什么人最初看见了月亮,江上的月亮又是哪一年最初照耀着人们?人生一代一代地无穷无尽,而江上的月亮一年一年地总是相似。不知道江上的月亮在等待着什么人,只见长江不断地一直运输着流水。游子像一片白云缓缓地离去,只剩下思妇站在离别的青枫浦不胜忧愁。谁家的游子今晚坐着小舟在漂荡?什么地方有人在明月照耀的楼上相思?可怜楼上不停移动的月光,应该照耀离人的梳妆台。月光照进思妇的门帘卷不走,照在她的捣衣砧上拂不掉。这时隔着千里各自望着月亮却无法通音信,我希望随着月光流去照耀着您。鸿雁不停地飞翔而不能飞出无边的月光,月照江面鱼龙在水中跳跃激起阵阵波纹。昨天夜里梦见花落闲潭,可惜的是春天已过了一半自己却还不能回家。江水带着春光将要流尽,水潭上的月亮又要西落。斜月慢慢下沉藏在海雾里,碣石与潇湘的离人距离无限遥远。不知道有几人能趁着月光回家,唯有那西落的月亮摇荡着离情洒满了江边的树林。

经典品析

《春江花月夜》被闻一多誉为"诗中的诗,顶峰上的顶峰"。全诗从个人生命经验上升到宇宙意识的哲学思考,结构严谨,字雕句琢,形式与内容完美结合,无愧于"盖全唐"的美誉。一生仅留下两首诗的张若虚,也因这一首诗,"孤篇横绝,竟为大家"。

全诗四句一韵,诗篇题目就令人心驰神往。春、江、花、月、夜,这五种事物集中体现了人生最动人的良辰美景,构成了诱人探寻的奇妙的艺术境界。

本诗融诗情、画意、哲理于一体,凭借对春江花月夜的描绘,尽情赞叹大自然的奇丽景色,讴歌人间纯洁的爱情,把对游子思妇的同情心扩大开来,与对人生哲理的追求、对宇宙奥秘的探索结合起来,汇成一种情、景、理水乳交融的幽美而邈远的意境。诗人将深邃美丽的艺术世界特意隐藏在惝恍迷离的艺术氛围之中。

【相关链接】

张若虚的生卒年不详,主要活动在公元7世纪中期至公元8世纪前期,曾任兖州兵曹。《全唐诗》说他与贺知章、张旭、包融,号"吴中四士",文词俊秀。

《乐府诗集》卷四十七收《春江花月夜》等七篇,其中有隋炀帝的两篇。张若虚这首为拟题作诗,与原先的曲调已不同,却是最有名的。

五绝四首

蝉[①]

虞世南

垂緌(ruí)饮清露,流响出疏桐。
居高声自远,非是藉秋风。

蝉垂下像帽缨一样的触角吸吮着清澈甘甜的露水,声音从挺拔疏朗的梧桐树枝间传出。

蝉声远传是因为蝉在高树上,而不是依靠秋风。

经典品析

这是一首咏物诗,咏物中尤多寄托,具有浓郁的象征性。句句写的是蝉的形体、习性和声音,而句句又暗示着诗人高洁清远的品行志趣,物我互释,咏物的深层意义是咏人。把握住蝉的某些别有意味的具体特征,从中找出艺术上的契合点。垂緌,是古代官帽打结下垂的带子,也指蝉的下巴上与帽带相似的细嘴。蝉用细嘴吮吸清露,暗示官员要戒绝腐败,追求清廉。做官做人只有立身高处、德行高洁,才能说话响亮、声名远播。

---

① 选自傅德岷、卢晋主编《唐诗鉴赏辞典》,上海:上海科学技术文献出版社,2019年,第1页。

【相关链接】

虞世南(558～638),字伯施,越州余姚(今浙江慈溪)人。南北朝至隋唐时期书法家、文学家、诗人、政治家,与欧阳询、褚遂良、薛稷合称"初唐四大家"。

咏物诗是托物言志的诗歌,通过事物的咏叹体现人文思想。咏物诗中所咏之"物"往往是作者的自况,作者在描摹事物中寄托了一定的感情,或流露出自己的人生态度,或寄寓美好的愿望,或包含生活的哲理,或表现自己的生活情趣。如骆宾王《咏鹅》、贺知章《咏柳》、李贺《马诗》等。

江 雪①

柳宗元

千山鸟飞绝,万径人踪灭。
孤舟蓑笠翁,独钓寒江雪。

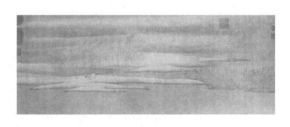

所有的山上飞鸟的身影已经绝迹,所有道路都不见人的踪迹。
孤舟上,一位披戴着蓑笠的老翁,独自在大雪覆盖的寒冷江面上垂钓。

经典品析

这首诗描绘了一幅江乡雪景图,被称为史上最孤独小诗,有"年少不读柳宗元,读懂江雪已中年"之说。这首诗大约作于诗人谪(zhé)居永州(今湖南零陵)期间。柳宗元被贬到永州之后,精神上受到很大刺激和压抑,于是,他就借描写山水景物,借歌咏隐居在山水之间的渔翁,来寄托自己清高而孤傲的情感,抒发自己在政治上失意的郁闷苦恼。

【相关链接】

山水田园诗是古代诗歌的一个重要种类,陶渊明等人形成东晋田园诗派,谢灵运、谢朓等人形成南朝山水诗派,王维、孟浩然等人形成盛唐山水田园诗派。诗人以

---

① 选自傅德岷、卢晋主编《唐诗鉴赏辞典》,上海:上海科学技术文献出版社,2019年,第231页。

山水田园为审美对象,把细腻的笔触投向静谧的山林、悠闲的田野,缘景抒情,因寄所托,表达自己的理想、志趣。

宿建德江①

孟浩然

移舟泊烟渚(zhǔ),日暮客愁新。
野旷天低树,江清月近人。

船停泊在烟雾弥漫的沙洲旁,日暮时分,新愁又涌上了心头。
原野无边无际,远处的天空比近处的树林还要低,江水清清,明月好似更与人相亲。

经典品析

这是一首刻画秋江暮色的诗,是唐人五绝中的写景名篇。

此诗前两句为触景生情,先写羁旅夜泊,再叙日暮添愁。后两句为借景抒情,描写了清新的秋夜,突出表现了细微的景物特点,宇宙广袤宁静,明月伴人更亲。一隐一现,虚实相间,两相映衬,互为补充,构成一个特殊的意境。诗中虽只有一个愁字,却把诗人内心的忧愁写得淋漓尽致。全诗淡而有味,含而不露,自然流出,风韵天成,颇有特色。

【相关链接】

孟浩然(689~740),名浩,字浩然,号孟山人,襄州襄阳(今湖北襄阳)人,唐代著名的山水田园派诗人,世称"孟襄阳"。孟浩然与另一位山水诗人王维合称为"王孟"。

《唐诗三百首》中最优美的八首写景诗,《宿建德江》是其中一首。这八首诗寓情于景、各有千秋,它们分别是张继的《枫桥夜泊》、韦应物的《滁州西涧》、王维的《鹿柴》和《山居秋暝》、柳宗元的《江雪》、孟浩然的《宿建德江》、李商隐的《登乐游原》及祖咏的《终南望余雪》。

---

① 选自傅德岷、卢晋主编《唐诗鉴赏辞典》,上海:上海科学技术文献出版社,2019年,第26页。

逢雪宿芙蓉山主人[①]

刘长卿

日暮苍山远,天寒白屋贫。
柴门闻犬吠,风雪夜归人。

当暮色降临山苍茫的时候就越来越觉得路途遥远,天气越寒冷茅草屋越显得贫穷。

柴门外忽然传来犬吠声声,原来是有人冒着风雪归家门。

经典品析

这首诗描绘的是一幅风雪夜归图,用极其凝练的诗笔,描绘出一幅以旅客暮夜投宿、山家风雪人归为素材的寒山夜宿图。诗是按投宿的顺序写下来的,对其思想理解大致分为两种:表达了诗人对劳动人民清贫生活的同情;由于在人生道路上长期奔波,当诗人这一次于风雪之夜得到芙蓉山主人的接待,其内心的复杂思绪:悲凉、辛酸之感中夹杂着某种庆幸和温暖的慰藉。

【相关链接】

刘长卿(718~790),字文房,祖籍宣城,家居洛阳,唐代诗人,自称"五言长城",擅长五言诗,他的五言诗作是全部诗作的十分之七八。唐玄宗天宝年间进士。因刚而犯上,两度迁谪。德宗建中年间,官终随州刺史,世称刘随州,有《刘随州集》十卷。

---

① 选自(宋)苏轼等著、叶嘉莹等注评《历代诗词精华集》,武汉:长江文艺出版社,2019年,第125页。

七言绝句二首
送元二使安西[①]

王维

渭城朝雨浥(yì)轻尘,客舍青青柳色新。
劝君更尽一杯酒,西出阳关无故人。

清晨的细雨打湿了渭城的浮尘,青砖绿瓦的旅店和周围的柳树都显得格外清新明朗。

请你再饮一杯离别的酒吧,因为你离开阳关之后,在那里就见不到老朋友了。

经典品析

这首送别诗前两句写送别的时间、地点、环境气氛。客舍本是羁旅者的伴侣,杨柳更是离别的象征,选取这两件事物,自然有意关合送别。从清朗的天宇,到洁净的道路,从青青的客舍,到翠绿的杨柳,构成了一幅色调清新明朗的图景,为这场送别提供了典型的自然环境。三、四句似乎脱口而出的劝酒辞,不仅有依依惜别的情谊,而且包含着对远行者处境、心情的深情体贴,包含着前路珍重的殷勤祝愿。

【相关链接】

王维(701~761),字摩诘,号摩诘居士,河东蒲州(今山西运城)人,唐朝著名诗人、画家。其诗多咏山水田园,有"诗佛"之称。王维书画特臻其妙,后人推其为南宗山水画之祖。苏轼评价其:"味摩诘之诗,诗中有画;观摩诘之画,画中有诗。"代表诗作有《相思》《山居秋暝》等。著作有《王右丞集》《画学秘诀》等。

[①] 选自李定广评注《中国诗词名篇赏析(上)》,上海:东方出版中心,2018年,第109页。

别 董 大[①]

高适

千里黄云白日曛(xūn)，北风吹雁雪纷纷。
莫愁前路无知己，天下谁人不识君。

满天阴沉沉的云，太阳也变得暗暗的，北风呼呼地吹，大雁在纷飞的雪花中向南飞去。

不要担心新去的地方没有朋友，凭着你的琴声、你的音乐修养世上有谁不知道你、不敬重你呢？

经典品析

《别董大》是唐代诗人高适在送别友人琴师董庭兰时创作的，这一首诗堪称千古绝唱，是送别诗中的典范之作。在唐人赠别诗中，凄清缠绵、低徊流连的作品，固然感人至深，但慷慨悲歌、出自肺腑的诗作，却又以它的真诚情谊、坚强信念，为灞桥柳色与渭城风雨涂上了另一种豪放健美的色彩。高适的《别董大》便是后一种风格的佳篇。头两句日暮黄昏，且又大雪纷飞，于北风狂吹中，唯见遥空断雁，出没寒云，使人难禁日暮天寒、游子何之之感。写别离心绪，叙眼前景色。后两句是对朋友的劝慰：此去你不要担心遇不到知己，天下哪个不知道你董庭兰啊！于慰藉中充满信心和力量，激励朋友抖擞精神去奋斗、去拼搏。诗人在即将分手之际，全然不写千丝万缕的离愁别绪，而是满怀激情地鼓励友人踏上征途，迎接未来。此诗用朴素无华之语言，铸造出这等冰清玉洁、醇厚动人的诗情。

【相关链接】

高适(704～765)，字达夫，沧州渤海县(今河北省景县)人，唐代著名边塞诗人。曾任刑部侍郎，世称高常侍。其诗笔力雄健、气势奔放，洋溢着盛唐时期所特有的奋发进取、蓬勃向上的时代精神。与岑参并称"高岑"。与岑参、王昌龄、王之涣合称"边塞四诗人"。

边塞诗又称出塞诗，是唐诗中思想性最深刻、想象力最丰富、艺术性最强的一部

---

① 选自尚永亮主编《唐诗观止》，西安：陕西人民教育出版社，2019年，第526页。

分。边塞诗以边塞军旅生活为主要内容,或描写奇异的塞外风光,或反映戍边的艰辛以及表达戍边将士的思乡之情。通过对古战场艰辛生活和边塞自然风光的描写表达思乡之情以及保家卫国的高尚情操。

一般认为,边塞诗最早起源于先秦时代,先秦时代已具备边塞诗产生的历史条件与文化土壤,《诗经》中已有完整的边塞诗篇。边塞诗初步发展于汉魏六朝时代,隋代开始兴盛,唐进入发展的黄金时代。

五言律诗二首

送 友 人①

李白

青山横北郭,白水绕东城。
此地一为别,孤蓬万里征。
浮云游子意,落日故人情。
挥手自兹去,萧萧班马鸣。

青山横卧在城郭的北面,白水泱泱地环绕着东城。
在此我们一道握手言别,你像蓬草漂泊万里远征。
游子心思恰似天上浮云,夕阳余晖可比难舍友情。
频频挥手作别从此离去,马儿也为惜别声声嘶鸣。

经典品析

李白这首诗历来被诗家推为五言律诗的代表作。这首送别诗充满诗情画意,诗人与友人策马辞行,情意绵绵,动人肺腑。诗中青山、流水、红日、白云,相互映衬,色彩璀璨。班马长鸣,形象新鲜活泼,组成了一幅有声有色的画面。自然美与人情美交织在一起,气韵生动,画面中流荡着无限温馨的情意。

【相关链接】

古今文人写了许多与友人的送别诗,为后人留下了宝贵的精神财富。诗人关心

---

① 选自程千帆、沈祖棻选注《古诗今选》,西安:陕西师范大学出版总社,2019年,第307页。

友人,友人成就了诗人。青少年阶段是人生的重要阶段,交一些积极向上的知心朋友对成长有着重要的影响。关于交友,孔子曰:"益者三友,损者三友。友直,友谅,友多闻,益矣。友便辟,友善柔,友便佞(nìng),损矣。"意思是有益的朋友有三种,有害的朋友有三种。与正直的人交朋友,与诚信的人交朋友,与知识广博的人交朋友,是有益的。与谄媚逢迎的人交朋友,与表面奉承而背后诽谤人的人交朋友,与善于花言巧语的人交朋友,是有害的。

望月怀远[①]

张九龄

海上生明月,天涯共此时。
情人怨遥夜,竟夕起相思。
灭烛怜光满,披衣觉露滋。
不堪盈手赠,还寝梦佳期。

茫茫的海上升起一轮明月,你我相隔天涯却共赏月亮。
多情的人都怨恨月夜漫长,整夜里不眠而把亲人怀想。
熄灭蜡烛怜爱这满屋月光,我披衣徘徊深感夜露寒凉。
不能把美好的月色捧给你,只望能够与你相见在梦乡。

经典品析

这首诗是月夜怀人之作,情深意永,细腻入微。诗的字句自然浅近,情意细腻,由望月引起怀人,由怀人引发行动,情意缠绵,蕴含着浓浓的思念、淡淡的忧愁。虽然饱含思念之情,但是表现出来的却不是那么的伤感和沉痛。诗的意境幽静秀丽,情感真挚。层层深入不紊,语言明快铿锵,细细品味,如尝橄榄,余甘无穷。

---

① 选自喻守真、马茂元、文永济评注《经典唐诗》,北京:文津出版社,2018年,第21页。

【相关链接】

张九龄(673或678～740),字子寿,号博物,韶州曲江(今广东韶关)人,世称"张曲江"或"文献公"。唐朝开元年间名相贤相、诗人。

古诗词中的常见意象:月亮在许多诗人笔下都是思乡、念亲的标志。细雨、烟雾寄托诗人无边的愁绪和郁闷的心情。夕阳残照是家国之悲、身世之感、古今之情的错综交织。流水是对时光流逝、愁绪绵长、历史变迁的感叹。杜鹃是凄凉、哀伤的象征。猿的内涵是哀愁凄厉。寒蝉是悲凉的同义词。鹧鸪是旅途艰险的联想和满腔的愁绪。沙鸥是诗人用来抒发内心因漂泊无依而伤感的意象。芳草寄托了文人的别情离绪、思旧念旧之情。落花往往代表生命的短暂、惜春、伤时的惆怅和对于死亡的焦虑、忧伤。黄叶常指凄凉孤独之感,或美人迟暮之意。松柏傲霜斗雪象征坚贞,在任何情况下都要保持高洁的品质。梧桐是凄凉悲伤的象征。柳,谐音"留",古人送别多用"折柳",表示离人的难言难分之情。

七言律诗二首

阁 夜①

杜甫

岁暮阴阳催短景,天涯霜雪霁(jì)寒宵。
五更鼓角声悲壮,三峡星河影动摇。
野哭千家闻战伐,夷歌数处起渔樵。
卧龙跃马终黄土,人事音书漫寂寥。

岁末时节白天的时间越来越短,夔州霜雪停了的寒冬夜晚,雪光映照下,明朗如昼。

破晓时军营中鼓角声更显得悲壮凄凉,银河倒映江面,在湍急的江流中摇曳不定。

战乱的消息传来,千家万户哭声响彻四野,渔夫樵子不时在夜深传来"夷歌"之声。

像诸葛亮和公孙述这样的历史人物,最终也成了黄土中的枯骨,人事与音书,都只能任其寂寥了。

---

① 选自葛晓音《杜甫诗选评》,上海:上海古籍出版社,2019年,第283页。

经典品析

该诗是唐大历元年(766)冬杜甫寓居夔州西阁时所作。当时西川崔旰、郭英义、杨子琳等军阀混战,连年不息。吐蕃也不断侵袭蜀地。而杜甫的好友李白、严武、高适等都先后死去。感时忆旧,杜甫写了这首诗,抒发了垂老自伤飘零及忧国忧民的情怀。

全诗写阁夜的闻见和感触,从寒宵雪霁写到五更鼓角,从滚滚波涛写到灿烂星河,从山川写到人事,从古人写到自身。笔触驰突,气象雄阔,上天下地,俯仰古今,而篇终又接以混茫之思。感情深沉悲愤,风格阔大苍凉,情、景融汇一体。

【相关链接】

杜甫(712~770),字子美,自号少陵野老,出生于河南巩县,原籍湖北襄阳,唐代著名现实主义诗人,与李白合称"李杜"。为了与另两位诗人李商隐与杜牧即"小李杜"区别,杜甫与李白又合称"大李杜"。被后人称为"诗圣",他的诗被称为"诗史"。后世称其杜拾遗、杜工部,也称他杜少陵、杜草堂。有《春望》《北征》"三吏""三别"等名作。

近体诗,又称今体诗、格律诗,是一种讲究平仄、对仗和押韵的汉族诗歌体裁。为有别于古体诗而有近体诗之名。在近体诗篇中句数、字数、平仄、押韵都有严格的限制。近体诗是唐代以后的主要诗体,著名的代表诗人有李白、杜甫、李商隐、陆游等。包括绝句(五言四句、七言四句)、律诗(五言八句、七言八句)、排律(十句以上)三种。以律诗的格律为基准。每句必须平仄相间,同联的两句必须平仄相对,联与联之间必须平仄相粘,即"句内相间,联内相对,联间相粘";除首尾二联外,中间几联必须对仗。一般来说,诗韵必须押同部到底的平声韵。

西塞山怀古①

刘禹锡

王濬楼船下益州,金陵王气黯然收。
千寻铁锁沉江底,一片降幡(fān)出石头。
人世几回伤往事,山形依旧枕寒流。
今逢四海为家日,故垒萧萧芦荻(dí)秋。

---

① 选自刘敬余主编、谢文晶编《唐诗三百首》,北京:北京教育出版社,2018年,第125页。

王濬的战舰沿江东下离开益州,显赫无比的金陵王气骤然失色。

千丈长的铁链沉入江底,一片降旗挂在石头城头。

东吴灭亡以后,在金陵建都的王朝都先后灭亡,如今的西塞山依旧紧靠长江。

从今以后天下归为一同,故垒萧条长满芦荻秋风飒飒。

经典品析

这首诗是怀古伤今诗,为后世的文学评论家所激赏,认为是含蕴无穷的唐诗杰作。前四句,写西晋灭吴的历史故事,表现国家统一是历史之必然,阐发了事物兴废取决于人的思想;后四句写西塞山,点出它之所以闻名,是因为曾经是军事要塞,而今山形依旧,可是人事全非。

诗人借用典故,怀古慨今,暗示江山一统、四海一家是历史的必然的主题思想。

【相关链接】

刘禹锡(772~842),字梦得,出生于河南郑州荥阳,原籍洛阳,唐代文学家、哲学家,有"诗豪"之称。与柳宗元并称"刘柳",与韦应物、白居易合称"三杰",并与白居易合称"刘白",有《陋室铭》《竹枝词》《杨柳枝词》《乌衣巷》等名篇。

唐朝诗人别称:

诗骨——陈子昂,诗杰——王勃,诗狂——贺知章,诗家天子七绝圣手——王昌龄,诗仙——李白,诗圣——杜甫,诗囚——孟郊,诗奴——贾岛,诗佛——王维,诗魔——白居易,诗鬼——李贺,杜紫薇——杜牧。

现代诗

错误[①]

郑愁予

我打江南走过
那等在季节里的容颜如莲花的开落

东风不来,三月的柳絮不飞
你的心如小小的寂寞的城
恰若青石的街道向晚
跫(qióng)音不响,三月的春帷不揭
你的心是小小的窗扉紧掩

我达达的马蹄是美丽的错误
我不是归人,是个过客……

经典品析

全诗以江南小城为中心意象,写出了战争年月闺中思妇等盼归人的情怀。以一连串具有传统意味和江南风情的意象,将豪放旷达的气质和欲说还休的情韵融为一体,营造出和谐、完整的艺术境界。主角以郑愁予母亲为原型,寓意深刻,是现代抒情诗代表作之一,它把叙事、画面的象征化以及对照手法有机结合绘景言情。

【相关链接】

郑愁予(1933~　),原名郑文韬,祖籍河北宁河。1949年与家人迁往台湾。大学毕业后,在台湾出版第一本诗集《梦土上》。

现代诗也叫"白话诗",是与古典诗歌相对的一种诗体。现代诗形式自由,意涵丰富,意象运用重于修辞,以自由开放和直率陈述表情达意。闻一多对现代诗的写作提出"三美"原则:绘画美、建筑美、音乐美。

[①] 选自唐祈主编《中国新诗名篇鉴赏辞典》,成都:四川辞书出版社,1990年,第700页。

词 曲

名词

词是一种音乐文学,始于南朝梁代,形成于唐代,时至宋代达到巅峰。宋词与唐诗并称"双绝",都表征着一代文学的主体样式。词是在诗歌基础上发展而来的,又是合乐的歌词,故也称曲子词、乐府、乐章、长短句、诗余、琴趣等。从结构上看,根据字数不同,词可以分成单调(阕)、双调(阕)、三叠和慢词等种类;从风格上看,宋词分为豪放词和婉约词两类。其中,前者的代表词人主要有范仲淹、苏轼、辛弃疾等,后者的代表词人有柳永、欧阳修、"二晏"(晏殊、晏几道)、周邦彦、秦观、李清照、陆游等。本书选取了几位代表词人的经典作品,所选的篇目时间跨度从晚唐到清代,风格兼顾豪放和婉约,内容涉及生活与人生,家国天下有所旁及。

梦江南·千万恨[①]

温庭筠

千万恨,恨极在天涯。山月不知心里事,水风空落眼前花。摇曳碧云斜。

虽有千头万绪之恨,恨到极点的却是那远在天涯的人儿久不归来。苍山上空悬挂的明月不知我心中愁事,水面上低吟的风吹落水旁花瓣飘落眼前,远空摇曳的蓝天白云在晚风的吹拂下微微斜行。

经典品析

这首词以意境取胜,通过描写思妇在月光下独自思念的情景,表现了其内心

---

① 选自徐培均评注《经典宋词·唐宋词小令精华》,合肥:黄山书社,2016年,第28页。

的悲戚和哀伤。此词写得朴素自然、明丽清新,没有刻意求工、雕琢词句,却能含思凄婉、臻于妙境,刻画人物形象、生动、传神,揭示人物心理心腻、逼真。

【相关链接】

温庭筠(约812~866),原名岐,字飞卿,太原祁县(今属山西)人,唐代诗人、词人,是文学史上的第一部文人词选集《花间集》的代表作者。晚唐考试律赋,八韵一篇,据说温庭筠叉手一吟便成一韵,八叉八韵即告完稿,时人也称"温八叉""温八吟"。诗词兼工,诗与李商隐齐名,并称"温李";词与韦庄齐名,并称"温韦"。后人辑有《温飞卿集》及《金奁集》。

苏 幕 遮①

范仲淹

碧云天,黄叶地。秋色连波,波上寒烟翠。山映斜阳天接水。芳草无情,更在斜阳外。

黯乡魂,追旅思。夜夜除非,好梦留人睡。明月楼高休独倚。酒入愁肠,化作相思泪。

白云飘悠的蓝天,黄叶纷飞的大地。秋景连接着江中水波,波上弥漫着苍翠寒烟。群山映着斜阳,蓝天连着江水。芳草不懂得人情,一直延绵到夕阳照不到的天边。

默默思念故乡黯然神伤,缠人的羁旅愁思难以排遣。除非夜夜都做好梦,才能得到片刻安慰。不想在明月夜独倚高楼望远。只有频频地将苦酒灌入愁肠,化作相思的眼泪。

经典品析

作为范仲淹平生绝美之作,此词抒写的是思乡怀人之情。这种情感的表达,既有直抒胸臆的呈现,又有融情于景的烘托渲染。直接与间接的叠合,让情感更为真挚感人。

---

① 选自付成波、郭素媛编著《中国历代词名篇鉴赏》,石家庄:花山文艺出版社,2019年,第77页。

这首词上片写景,下片抒情,是词中常见的结构和情景结合的方式,其特殊性在于丽景与柔情的统一。写乡思离愁的词往往借萧瑟的秋景来表达,这首词所描绘的景色却阔远而秋丽,一方面显示了词人胸襟的广阔和对生活、对自然的热爱,另一方面又使下片所抒之情显得柔而有骨,深挚而不流于颓靡。

【相关链接】

范仲淹(989~1052),字希文,祖籍邠州,后移居苏州吴县,北宋杰出的思想家、政治家、文学家,世称范文正公,受到宋朝王安石、苏轼、欧阳修、朱熹,明朝的方孝孺,清朝的纪晓岚等人的高度评价,金人元好问评价他是"千百年间,概不一二见"的人物。他倡导的"先天下之忧而忧,后天下之乐而乐"的"家国天下"的思想和"不以物喜,不以己悲"的人生境界成为砥砺后世仁人志士的精神动力。他的《渔家傲·塞下秋来风景异》开启豪放词创作的先河,有《范文正公文集》传世。

踏莎行·雨霁风光[①]

欧阳修

雨霁风光,春分天气,千花百卉争明媚。画梁新燕一双双,玉笼鹦鹉愁孤睡。

薜(bì)荔依墙,莓苔满地,青楼几处歌声丽。蓦然旧事上心来,无言敛皱眉山翠。

春雨过后,天空放晴,春分时节,一派好风光,百花盛开,万紫千红,争奇斗艳。画梁之上,刚归来的燕子出双入对,玉笼里的鹦鹉却在发愁自己孤独眠睡。

薜荔香草爬上了墙面,莓苔绿藓铺满了地面,远处的青楼断断续续地传来清丽的歌声。想起过去的事情,不禁眉头紧皱,无言以对。

经典品析

伤春悲秋是古诗文最重要的主题之一,该词是抒写春愁之作。在这首词中,春分时节的明媚风光跃然纸上;百花盛开,新燕归来,还有依墙而长的薜荔,遍生

---

① 选自谭新红编著《欧阳修词全集》,武汉:崇文书局,2014年,第30页。

满地的莓苔。然而,哪知青楼的歌声引来愁绪。词人由景到情,情景交融,借春分时节道出难言的心境。先咏春日韶景,后叹浮云旧事,字面上是在说新燕鹦鹉、青藤苔蔓,实际是在比喻自己孤独的命运。

【相关链接】

欧阳修(1007～1072),字永叔,号醉翁,晚号六一(分别为书一万卷、金石遗文一千卷、琴一张、棋一局、酒一壶、吾一老翁)居士,吉州永丰(今江西省吉安市永丰县)人,北宋政治家、文学家。谥号文忠,世称欧阳文忠公。后人将其与韩愈、柳宗元和苏轼合称"千古文章四大家",与韩愈、柳宗元、苏轼、苏洵、苏辙、王安石、曾巩合称"唐宋散文八大家"。

宋词的题材集中在伤春悲秋、离愁别绪、风花雪月、男欢女爱等方面,与"艳情"有着直接或间接的关系,"词为艳科"是对宋词这种创作主流倾向的归纳。被后人推尊为"豪放词"开山祖的苏轼,其绝大多数词仍属"艳科"范围。

定风波·莫听穿林打叶声[①]

苏轼

三月七日,沙湖道中遇雨。雨具先去,同行皆狼狈,余独不觉。已而遂晴,故作此。

莫听穿林打叶声,何妨吟啸且徐行。竹杖芒鞋轻胜马,谁怕?一蓑烟雨任平生。

料峭(qiào)春风吹酒醒,微冷,山头斜照却相迎。回首向来萧瑟处,归去,也无风雨也无晴。

三月七日,在沙湖道上遇上了下雨。大家没有雨具,同行的人都觉得很狼狈,只有我不这么觉得。过了一会儿天晴了,就作了这首词。

不必去理会那穿林打叶的雨声,不妨一边吟咏着、长啸着,一边悠然地行走。竹杖和草鞋轻捷得更胜过马,怕什么?一身蓑衣,足够在风雨中过上它一生。

略带寒意的春风将我的酒意吹醒,寒意初上,山头初晴的斜阳却殷勤地相

---

① 选自王永照、朱刚《苏轼诗词文选评》,上海:上海古籍出版社,2019年,第175页。

迎。回头望一眼走过来遇到风雨的地方,我信步归去,既无所谓风雨,也无所谓天晴。

经典品析

此词为醉归遇雨抒怀之作。词人借雨中潇洒徐行之举动,表现了虽处逆境屡遭挫折而不畏惧不颓丧的倔强性格和旷达胸怀。全词即景生情,语言诙谐。

这是一首从生活中的小事落笔,展现大智慧的作品,于简朴之中寄深意,于寻常之处生奇警,表现出旷达超脱的胸襟,寄寓着超凡脱俗的人生理想。全词体现出一个正直文人在坎坷人生中力求解脱之道,诠释了作者的人生信念,展现了作者的人生追求。

【相关链接】

苏轼(1037~1101),字子瞻,号铁冠道人、东坡居士,世称苏东坡、苏仙,眉州眉山(今四川省眉山市)人,北宋著名文学家、书法家、画家。北宋中期文坛领袖,在诗、词、散文、书、画等方面均取得很高成就。其诗歌题材广阔,风格清新豪健,与黄庭坚并称"苏黄";词开豪放一派,与辛弃疾并称"苏辛";散文豪放自如,与欧阳修并称"欧苏",为"唐宋散文八大家"之一。

摸鱼儿·更能消几番风雨[①]

辛弃疾

淳熙己亥,自湖北漕移湖南,同官王正之置酒小山亭,为赋。

更能消、几番风雨,匆匆春又归去。惜春长怕花开早,何况落红无数。春且住。见说道、天涯芳草无归路。怨春不语。算只有殷勤,画檐蛛网,尽日惹飞絮。

长门事,准拟佳期又误。蛾眉曾有人妒。千金纵买相如赋,脉脉此情谁诉。君莫舞。君不见、玉环飞燕皆尘土。闲愁最苦。休去倚危阑,斜阳正在,烟柳断肠处。

---

① 选自说词解字辞书研究中心编《唐诗·宋词·元曲鉴赏》,北京:华语教学出版社,2018年,第591~592页。

淳熙己亥,我从湖北乘船到湖南任职,同僚王正之在小山的凉亭中摆酒宴相迎,我写了这首词。

还经得起几回风雨,春天又将匆匆归去。爱惜春天我常怕花开得过早,何况此时已落红无数。春天啊,请暂且留步。难道没听说,连天的芳草已阻断你的归路。真让人恨啊春天就这样默默无语。看来殷勤多情的,只有雕梁画栋间的蛛网,为留住春天整天沾染飞絮。

长门宫阿娇盼望重被召幸,约定了佳期却一再延误。都只因太美丽有人嫉妒。纵然用千金买了司马相如的名赋,这一份脉脉深情又向谁去倾诉?奉劝你们不要得意忘形。难道你们没看见,红极一时的玉环、飞燕都化作了尘土。闲愁折磨人最苦。不要去登楼凭栏眺望,一轮就要沉落的夕阳正在那令人断肠的烟柳迷蒙之处。

经典品析

这首词是辛弃疾由湖北转运副使调往湖南时所作。表面上写的是失宠女人的苦闷,实际上抒发了作者对国事的忧虑和屡遭排挤打击的沉重心情,字里行间融入对南宋小朝廷的昏庸腐朽和投降派得意猖獗的强烈不满。

一首短词,以比兴手法,用男女之情来隐喻现实的政治斗争,让作品呈现缠绵曲折、沉郁顿挫的审美意蕴。

【相关链接】

辛弃疾(1140～1207),原字坦夫,后改字幼安,中年后别号稼轩居士,山东济南府历城县(今山东省济南市历城区)人。南宋豪放派词人,有"词中之龙"之称。与李清照并称"济南二安"。辛词艺术风格多样,沉雄豪迈又不乏细腻柔媚之色;题材广泛又善于化用典故,抒写力图恢复国家统一的爱国热情,倾诉壮志难酬的悲愤;也有不少吟咏祖国河山的作品。有词集《稼轩长短句》等传世。

扬州慢·淮左名都①

姜夔

淳熙丙申至日,余过维扬。夜雪初霁,荠麦弥望。入其城则四顾萧条,寒水自碧,暮色渐起,戍角悲吟。予怀怆然,感慨今昔,因自度此曲。千岩老人以为有《黍离》之悲也。

淮左名都,竹西佳处,解鞍少驻初程。过春风十里,尽荠麦青青。自胡马窥江去后,废池乔木,犹厌言兵。渐黄昏,清角吹寒,都在空城。

杜郎俊赏,算而今、重到须惊。纵豆蔻词工,青楼梦好,难赋深情。二十四桥仍在,波心荡、冷月无声。念桥边红药,年年知为谁生!

淳熙年丙申月冬至这天,我经过扬州。夜雪初晴,放眼望去,全是荠草和麦子。进入扬州,一片萧条,河水碧绿凄冷,天色渐晚,城中响起凄凉的号角。我内心悲凉,感慨于扬州城今昔的变化,于是自创了这支曲子。千岩老人认为这首词有《黍离》的悲凉意蕴。

扬州自古是著名的都会,这里有著名游览胜地竹西亭,初到扬州我解鞍下马稍作停留。昔日繁华热闹的扬州路,如今长满了青青荠麦,一片荒凉。金兵侵略长江流域地区,洗劫扬州后,只留下残存的古树和废毁的池台,都不愿再谈论那残酷的战争。临近黄昏,凄清的号角声响起,回荡在这座凄凉残破的空城。

杜牧俊逸清赏,料想他现在再来的话也会感到震惊。即使"豆蔻"词语精工,青楼美梦的诗意很好,也难抒写此刻深沉悲怆感情。二十四桥依然还在,桥下江水水波荡漾,月色凄冷,四周寂静无声。想那桥边红色的芍药花年年花叶繁荣,可它们是为谁生长为谁开放呢!

经典品析

淳熙二年,姜夔因路过扬州,目睹了战争洗劫后扬州的萧条景象,抚今追昔,悲叹今日的荒凉,追忆昔日的繁华,情随事迁,情为言出,以寄托对扬州昔日繁华的怀念和对今日山河破的哀思,抒写《黍离》之悲。

---

① 选自吴熊和、肖瑞峰编选《唐宋词精选》,南京:凤凰出版社,2018年,第203页。

善于化用前人的诗境入词,用虚拟的手法,使其一波未平一波又起,余音缭绕,余味不尽,是这首词的特色之一。

【相关链接】

姜夔(kuí,1154～1221),字尧章,号白石道人,饶州鄱阳(今江西省鄱阳县)人,南宋文学家、音乐家。姜夔多才多艺,对诗词、散文、书法、音乐,无不精善。其词格律严密,作品素以空灵含蓄著称。有《白石道人诗集》《绛帖平》等传世。

虞美人·听雨[①]

蒋捷

少年听雨歌楼上,红烛昏罗帐。壮年听雨客舟中,江阔云低,断雁叫西风。
而今听雨僧庐下,鬓已星星也。悲欢离合总无情,一任阶前,点滴到天明。

译文

年少的时候,歌楼上听雨,红烛盏盏,昏暗的灯光下罗帐轻盈。人到中年,在异国他乡的小船上,看蒙蒙细雨,茫茫江面,水天一线,西风中,一只失群的孤雁阵阵哀鸣。

而今人至暮年,两鬓斑白,独在僧庐下听细雨点点。人世的悲欢离合总是那样的无情,就任随那窗外的雨,在阶前点点滴滴直到天明。

经典品析

该词从"听雨"这一独特视角出发,通过时空跳跃,依次描绘了三幅"听雨"的画面,并将一生的悲欢歌哭融汇其中。

第一幅画面描写"少年"时听雨,着力渲染的是"不识愁滋味"的青春风华。展现欢快的青春图,是为了反衬后面处境的凄凉。

第二幅画面描绘"壮年"时听雨,壮年之后,兵荒马乱之际,词人常常在人生的苍茫大地上踽踽独行,四方漂流。一腔旅恨、万种离愁都融入这幅江雨图。

第三幅画面刻画"而今"听雨,词人是用白描的手法给自己当前的处境自我画像:一个白发老人独自在僧庐下倾听着夜雨,处境萧索,心境凄凉。江山已易

---

① 选自陈写意编著《世间最美的宋词》,上海:文汇出版社,2017年,第289页。

主,壮年愁恨与少年欢乐,已雨打风吹去。此时此地再听到点点滴滴的雨声,却已木然无动于衷了。

三幅画面,三个人生阶段,三个不同的地域,三种不同的人生境遇。时空的转换,语义和情感逐步向纵深推进。就所写的内容而言,与其说是作者的,不如说是世人的,带有普世性的审美价值和意义。

【相关链接】

蒋捷(约1245〜1305后),字胜欲,号竹山,宋末元初阳羡(今江苏宜兴)人。蒋捷长于词,与周密、王沂孙、张炎并称"宋末四大家"。其词多抒发故国之思、山河之恸,风格多样,以悲凉清俊、萧寥疏爽为主,有《竹山词》。

长相思·山一程①

纳兰性德

山一程,水一程,身向榆关那畔行。夜深千帐灯。
风一更,雪一更,聒碎乡心梦不成。故园无此声。

跋山涉水走过一程又一程,将士们马不停蹄地向着山海关进发,夜已经深了,千万个帐篷里都点起了灯。

帐篷外风声不断,雪花不住,嘈杂的声音打碎了思乡的梦。想到远隔千里的家乡没有这样的声音啊。

经典品析

清康熙二十一年二月十五日,康熙因云南平定,出关东巡,祭告奉天祖陵。二十三日出山海关。塞上风雪凄迷,苦寒的天气引发了作者对京师中家的思念,写下了这首词。

羁旅之思本是伤感哀婉的,但这首词则缠绵而不颓废,柔情之中显示男儿镇守边塞的慷慨报国之志。一首小令,词人以具体的时空推移过程和视听感受,既表现景象的宏阔观感,又抒写情思深苦的绵长心境,是即小见大的佳作,品之余

---

① 选自何灝等注析《一生最爱纳兰词》,武汉:长江文艺出版社,2017年,第14页。

味悠长。

【相关链接】

纳兰性德(1655～1685),原名纳兰成德,字容若,号楞伽山人,满洲正黄旗人,清朝初年词人。其诗词"纳兰词"在清代以至整个中国词坛上都享有很高的声誉,与朱彝尊、陈维嵩并称"清词三大家",他的词被称为"北宋以来,一人而已",著有《通志堂集》《侧帽集》《饮水词》等。

名曲

元曲,是盛行于元代的一种文学形式,包括杂剧和散曲。其中,散曲是盛行于元、明、清三代的没有宾白的曲子形式,元代称为"乐府"或"今乐府"。内容以抒情为主,有小令和套数两种。小令,又称"叶儿",是散曲体制的基本单位;套数,又称"套曲""散套""大令",由唐宋大曲、宋金诸宫调发展而来。套数的体式特征主要有三点:由同一宫调的若干曲牌联缀而生,各曲同押一部韵,通常在结尾部分还有尾声。元曲和唐诗宋词明清小说鼎足并举,是我国文学史上一种重要的文学样式。

散曲是诗歌,但与一般诗歌不同,每首散曲都有曲牌,且属于一定的宫调。曲牌不同,字数、句数、平仄和用韵等方面就有了不同的规定。因此,每首元曲的前面都冠有类别名、宫调名、曲牌名和曲题名;与律诗绝句和宋词相比,散曲有较大的灵活性,同一首"曲牌"的两首曲有时字数不一样。散曲的特点:灵活多变伸缩自如的句式,以俗为尚和口语化、散文化的语言风格,明快显豁自然酣畅的审美取向。这部分所选的散曲,内容上大都反映身处乱世之中文人的内心矛盾、苦闷与彷徨,对民生疾苦的关注和忧国忧民的情怀。

南吕一枝花　　不伏老[①]

〔尾〕我是个蒸不烂煮不熟捶不扁炒不爆响珰珰一粒铜豌豆,恁子弟每谁教你钻入他锄不断斫不下解不开顿不脱慢腾腾千层锦套头。我玩的是梁园月,饮的是东京酒,赏的是洛阳花,攀的是章台柳。我也会吟诗,会篆籀(zhuàn zhòu);会弹丝,会品竹;我也会唱鹧鸪(zhè gū),舞垂手;会打围,会蹴鞠(cù

---

① 选自黄天骥编选《元明清散曲精选》,南京:凤凰出版社,2018年,第14～15页。

jū);会围棋,会双陆。你便是落了我牙,歪了我口,瘸了我腿,折了我手,天赐与我这般儿歹症候,尚兀自不肯休。则除是阎王亲自唤,神鬼自来勾,三魂归地府,七魄丧冥幽。天那,那其间才不向烟花路儿上走。

我是个蒸不烂、煮不熟、捶不扁、炒不爆、响当当的一粒铜豌豆,那些风流浪子们,谁让你们钻进他那锄不断、砍不下、解不开、摆不脱、慢腾腾、好看又心狠的千层圈套中呢?我赏玩的是梁园的月亮,畅饮的是东京的美酒,观赏的是洛阳的牡丹,与我做伴的是章台的美女。我也会吟诗、会写古体字、会弹奏弦乐器、会演奏管乐器、会唱曲、跳舞、会打猎、会踢球、会下棋。你即便是打落了我的牙、扭歪了我的嘴、打瘸了我的腿、折断了我的手,老天赐给我的这些恶习,还是不肯悔改。除非是阎王爷亲自传唤,神和鬼自己来捕捉我,我的三魂七魄都丧入了黄泉。天啊,到那个时候,才有可能不去那灯红酒绿的场所。

经典品析

开头作者用一连串的比喻,说自己是一颗"铜豌豆",表明自己虽然身处逆境而坚强不屈的性格。这一套散曲是作者叛逆封建社会价值系统的大胆宣言,带有对士大夫传统挑衅的意味。这种人生选择固然是特定的历史环境所致,但关汉卿的自述中充满昂扬、诙谐的情调,较之习惯于依附政治权力的士人心理来说,这种热爱自由的精神是非常可贵的。而这一"浪子"的形象身上所体现的对传统文人道德规范的叛逆精神,以及不屈不挠、顽强抗争的精神,实际上也是向市民意识和市民文化认同的新型文人人格的一种表现。

【相关链接】

关汉卿(约1234年以前~约1300年),原名不详,字汉卿,号已斋(又作一斋、已斋叟),解州(今山西省运城市)人,另有籍贯大都(今北京市)和祁州(今河北省安国市)等说,元代杂剧奠基人,后世称关汉卿为"曲圣"。代表作有《窦娥冤》《拜月亭》《救风尘》等,与白朴、马致远、郑光祖并称为"元曲四大家"。

双调夜行船·秋思[①]

马致远

【夜行船】百岁光阴如梦蝶,重回首往事堪嗟。今日春来,明朝花谢。急罚盏夜阑灯灭。

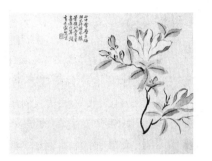

人生就像一场梦幻,回首往事有很多的感慨。现在春天来了,明天花就凋谢了。赶快行令罚酒,直到夜深灯熄。

经典品析

这支曲子以时光易逝的感慨领起全篇。题为秋思,不写秋景,但迟暮之悲、忆旧之情处处关合"秋"字,实是从人生的晚景虚写自然的秋意。"今日春来,明朝花谢"写韶华易逝之感,则是以自然之春倒映人生之秋,"今日""明朝"的夸张更加强了光阴流逝的急速感,春花又与"梦蝶"在字面上相照应,烘托了百年犹如一梦的迷惘之感,又点缀了春意。

【落梅风】天教你富,莫太奢。无多时好天良夜。看钱儿硬将心似铁,空辜负锦堂风月。

上天让你富贵,不要太奢侈。人生短暂,没有好日子、好光景。吝啬的嗜钱如命,心像铁石,白白地辜负了富贵人家的美好景色。

经典品析

这支曲子由叹古转为讽今,意在说明帝王豪杰的功业尚且化为乌有,更何况

---

① 选自夏传才主编《中国古典诗词分类鉴赏辞典》,石家庄:河北教育出版社,2017年,第264页。

看钱奴的万贯家财。现实中这些心硬似铁的人,一味地爱钱如命,看不透世事难料、人生好景不长,空负人生大好年华。该曲看钱奴的庸俗愚蠢和昼锦堂的良辰美景两相对照,俚俗的白话和清雅的词藻各得其所。

通过两支曲子的分析可以看出,马致远的《秋思》组曲从思想内容上扩大了散曲的表现范围,并充分利用元曲语言俚俗明快、句式节奏自由的特点,从表现艺术上提高了散曲的境界。

【相关链接】

马致远(约1250~1321至1324年间),字千里,晚号东篱,大都(今北京,曾有异议)人,元代著名戏曲家、杂剧家,被后人誉为"马神仙",还有"曲状元"之称,"元曲四大家"之一,作品《天净沙·秋思》被称为秋思之祖。

卖花声·怀古①

张可久

美人自刎乌江岸,战火曾烧赤壁山,将军空老玉门关。伤心秦汉,生民涂炭,读书人一声长叹。

美人虞姬自尽在乌江岸边,战火也曾焚烧赤壁万条战船,将军班超徒然老死在玉门关。伤心秦汉的烽火,让百万生民涂炭,读书人只能一声长叹。

经典品析

这首曲子列举了三个典故:霸王别姬的故事,吴蜀破曹的故事,班超从戎的故事。三个典故中分别用了"自、曾、空"三个词,暗含着战事只能让生灵涂炭,不可能给生民带来好处。结尾的"叹"字意蕴丰富,耐人寻味:一叹国家遭难,二叹百姓遭殃,三叹读书人无可奈何。

怀古诗词曲是内容与思想都比较沉重的一类作品。这类作品都是怀古惜今,有感而发,往往是作者处于某种背景之下,前往瞻仰或凭吊历史古迹,回顾古人的业绩或遭遇,自己内心产生共鸣,不禁发出对古人业绩的慨叹或抒发对物换

---

① 选自张根云译注《元曲三百首(精编本)》,北京:商务印书馆,2015年,第144页。

星移、物是人非的悲哀之情。因此,感情基调一般都比较苍劲悲凉。解读这类诗首先要根据诗中的物象确定史实,理解典故内容及其所包含的意义,再看作者抒情的角度;知人论世,品赏韵味。

【相关链接】

张可久(约1270~约1350),庆元(治所在今浙江宁波鄞州区)人,元朝著名散曲家、剧作家,与张养浩合为"二张",与乔吉并称"双璧",有"曲中李杜"之誉。张可久的散曲清楚地显示出散曲雅化的趋势,元后期曲风的转变,张可久在整个转变过程中起到了承前启后的作用。

名 言

名言是指一些名人说的、写的、历史记录的,经过实践所得出的结论或建议,以及警世的比较有名的言语。诵读这些名言我们可以批判地汲取其中有益的成分,在日常生活和工作中提醒自己、警示自己,让自己的生活、工作更完满。

《吕氏春秋》名言

1. 欲胜人者必先自胜,欲论人者必先自论,欲知人者必先自知。

想战胜对手一定要先战胜自己,想评价别人一定要先评价自己,想了解别人一定先要了解自己。

经典品析

民间有句俗语,"老鸹(guā,乌鸦)落在猪身上,只看见别人黑,看不见自己黑"。人往往只看到别人的毛病,看不到自己的错误和缺点。人最大的敌人,不是别人而是自己。人最大的心魔也是自己。

【相关链接】

　　夏朝夏后相时期,夏后相的军队与有扈在甘泽开战没有取胜,六卿请求再战。夏后相说:"不可以。我的土地不少,我的百姓不少,但是打不赢,是因为我的德行太浅薄,教化不好。"从此以后,他坐的时候不铺两张席子,吃饭的时候不上两种以上的菜肴,不打开琴瑟,不整修钟鼓,不打扮子女;他亲近亲人,尊敬长者,尊重贤良的人,任用能干的人,第二年有扈就归降了。夏后相敢于正视自己的不足,努力增进自己的德行,选贤使能,教化大行,国家富强了,用战争手段没有得到的,通过行仁德得到了。

　　2.石可破也,而不可夺坚;丹可磨也,而不可夺赤。

　　石头可以被打碎,但绝不能改变它固有的坚硬;朱砂可以被研磨,但绝不能改变它自身的红色。

经典品析

　　这句话以石坚丹赤为喻,说明具有高洁品质的人不会因外界压力而改变操守的,即使粉身碎骨。用比喻的修辞把"人贵有坚定的志向和操守"写得生动形象、通俗易懂。孔子说:"三军可夺帅也,匹夫不可夺志也。"

【相关链接】

　　《吕氏春秋》用伯夷、叔齐的故事来阐述这一观点。伯夷和叔齐是商朝末年孤竹国君的两个儿子,父亲死后,他们不愿为争夺王位而互相伤害,就去投奔周文王。等他们到了周地,文王已死,武王伐纣,天下归周。伯夷和叔齐认为这是以一种暴力代替另一种暴力,是道德的衰落,就不食周朝粟米,去首阳山隐居,最终饿死在那里。这个故事被古人当作坚守节操的范例来歌颂。司马迁著《史记》,将《伯夷列传》列为七十列传的首篇,表现出对其气节的推崇和赞美。

3. 竭泽而渔,岂不获得,而明年无鱼。焚薮而田,岂不获得,而明年无兽。

把池水抽干去捕鱼,哪能捉不到呢?只是第二年就没鱼了。把沼泽烧光了去狩猎,哪能打不到呢?只是第二年就没兽了。

经典品析

人类对自然的索取一定要适度。过度索取就是破坏,最终会受到大自然的报复。人情世故也是如此,凡事留有余地,人情亦不可一次用尽。"取之有度,用之有节,则常足。"语出宋朝司马光《资治通鉴》。有度地去索取,有节制地去使用,这样就会长久保持富足。"取之有度,用之有节",并非不"取"不"用",而是在"取"和"用"的时候要注意"度"和"节",这样才可以做到"常足"。司马光这里升华了"索取"的内涵。这句话也可指做事不可只图眼前利益,应有长远打算。

【相关链接】

晋楚城濮之战之前,晋文公招来大臣咎犯,问:如今敌众我寡,咱们该怎么办?咎犯主张使用诡计战胜楚国。晋文公拿咎犯的话去询问雍季,雍季不同意,然后说出了这句非常有名的话。并且说:我们这次就算用诡计战胜了楚国,但以后呢?这不是长久之计,最好不要用吧。晋文公最终还是采纳了咎犯的建议,使用骄兵之计麻痹对方,而后诱敌深入,将楚国打败。胜利之后,晋文公论功行赏,雍季得到的赏赐在咎犯之上。众人不解,晋文公于是作出了解释,说雍季的建议图的是长久之计,咎犯的建议为的只是一时之利。

这句名言习近平总书记曾在省部级主要领导干部学习贯彻党的十八届五中全会精神专题研讨班上讲话时加以引用。

4. 得十良马,不若得一伯乐;得十良剑,不若得一欧冶;得地千里,不若得一圣人。

得到十匹好马,不如得到一个善于相马的人;得到十把好剑,不如得到一个善于铸剑的人;得到千里土地,不如得到一个圣人。

经典品析

古人云:"千军易得,一将难求。"无论是古人打天下招兵买马,还是现代人建公司,普通人才的招聘并不难,难的是找一个能统率千军的将才。

【相关链接】

《不苟论》用舜得到皋陶就用他治好了天下、汤得到伊尹就拥有了夏的民众、周文王得到吕望就征服了殷商、齐桓公用管仲便称霸诸侯来阐述这一观点。得到了圣人,所得土地哪里有里数的限制呢?当初蔡崇信放下70万美元年薪的德国投资公司工作,千里迢迢投奔马云,每月只拿500块人民币的薪水,帮马云注册公司,在资金困难时帮着融资。马云就是因为得到了蔡崇信这样的一群人,才成就了今天的阿里。"得人者兴,失人者崩。恃德者昌,恃力者亡。"(语出宋朝司马光《资治通鉴》)得到人心国家就会兴盛,失去人心国家就会灭亡。依仗仁德的人就会昌盛,依仗暴力国家就会灭亡。

5.欲知平直,则必准绳;欲知方圆,则必规矩。

想要知道一个物体是否平直,一定要用准绳量一量;想要知道一个物体是方还是圆,就要用规矩来测一测。

经典品析

若无规矩和准则,人就会无所适从。如果是非不分、人云亦云,没有判断力,就谈不上内心有秩序。如果心态不平衡,对什么事都抱有成见,凡事抱怨,遇事就失了分寸,也谈不上内心有秩序。大自然按照固有的秩序万古常新,国家按照一定的秩序建立、发展;每个人内心都要有秩序,如果公民不知法守法,就无法实现社会的和谐安宁。公司如果没有规章并严格执行就很难生存发展。京东创始人刘强东大学期间创业开餐馆时,忽略了人性的弱点,没有制定和执行规章,结果不仅赔光了投入,还欠债20多万;创立京东后他吸取了教训,特别强调规矩和执行力。

【相关链接】

这句名言习近平总书记曾在中共第十八届中央纪律检查委员会第五次全体会议上的讲话中引用过。

6.流水不腐,户枢不蠹,动也。

流动的水不会腐臭,常常转动的门轴不会被虫蛀蚀,(原因)是运动。

经典品析

经常运动的事物不易受到侵蚀,可以保持很久不变坏。这句话形象地说明了"动"的重大意义:生命在于运动,脑筋在于开动,宇宙间万事万物都在运动,没有运动就没有世界。一个人在封闭的环境中会走向停滞,甚至崩溃,所以人要终生学习,不断更新、升级自己的知识系统。"欲穷千里目,更上一层楼"。

7.尺之木必有节目,寸之玉必有瑕𤩰(xiá tì)。

一尺长的木头会有节疤,一寸的玉也会有瑕疵。一般用来比喻事物各有所短,不可能十全十美。

经典品析

世上没有完美的事物,人生难免有缺憾。只有不求圆满作为生活哲学,才能真正体会到生活的美好滋味。待人接物也应持这样的态度,金无足赤,人无完人。完美可以作为自己的理想目标来追求,但不可去苛求自己和他人。

【相关链接】

　　《吕氏春秋》是中国历史上第一部有组织按计划编写的文集,上应天时,中察人情,下观地利,以道家思想为基调,坚持无为而治的行为准则,用儒家伦理定位价值尺度,吸收墨家的公正观念、名家的思辨逻辑、法家的治国技巧,加上兵家的权谋变化和农家的地利追求,形成一套完整的国家治理学说。艺术特色:文章精练短小,文风平实畅达,用事说理颇为生动;创作了丰富多彩的寓言。

　　《吕氏春秋》是在秦国丞相吕不韦主持下,集合门客编撰而成的,分为十二纪、八览、六论,共二十六卷,一百六十篇文章,成书于秦始皇统一六国前夕。书刚编完时,吕不韦下令把全文抄出,贴在秦国都城咸阳的城门上,并发出布告:谁能把书中的文字,增加一个或减少一个,甚至改动一个,赏黄铜千斤。这就是成语"一字千金"的来历。

"千古第一等人"王阳明名言

1.第一等事应是读书做圣贤。

经典品析

　　王阳明十一岁那年便立志成贤,成为一时佳话。有一天,他问老师:"何为第一等事?"老师说:"惟读书登第耳。"王阳明却不认同,他说:"登第恐未第一等事,或读书学圣贤耳。"此言一出,父亲王华笑道:"汝欲做圣贤耶?"

　　中国的古人,一向高度强调立志的重要性。王阳明从小立志做圣贤,后来果然成为圣贤;现代周恩来总理少时就立下"为中华之崛起而读书"的志向并为之奋斗终生。立志为什么重要? 因为志向就是意志,就是方向。只有如此,人在有限的时间精力和复杂的现实之下,才可能意志坚定、少走弯路,而大大提高达到目标的可能性。

　　古人言:求其上而得其中,求其中而得其下。所以立志一定要高,那样即使不能完全实现人生目标,至少也不会差到哪里去。

文学篇

2.你未看此花时,此花与汝心同归于寂;你来看此花时,则此花颜色一时明白起来:便知此花不在你的心外。

出自《传习录》。据说一次王阳明与朋友同游南镇,友人指着岩中花树问道:"天下无心外之物,如此花树在深山中自开自落,于我心亦何相关?"王阳明回答说:"你未看此花时,此花与汝心同归于寂;你来看此花时,则此花颜色一时明白起来:便知此花不在你心外。"这是其心学的著名观点,意思是你没有看到这朵花,它的存在就被淡化甚至忽视,而当你看到它时,它的存在就会凸显,就明朗化。虽然这样说对个人来讲有一定的道理,但就事物本身,不管你看到还是没看到,花依然颜色鲜美、灿烂夺目。

3.以言语谤人,其谤浅。若自己不能身体实践,而徒入耳出口,呶呶(náo)度日,是以身谤也,其谤深矣。

译文

用言语诽谤别人,这种诽谤还不算严重。如果自己不能亲身实践,而只是耳朵听听空口说说,终日喋喋不休,就是自己用身体行为来诽谤自己,这种诽谤就很严重了!

经典品析

用言语诋毁他人,这种诋毁是肤浅的。若自己不能身体力行,只是夸夸其谈、虚度光阴、浪费时日,这是在诽谤自己,这样就严重了。耽误人的其实不是诋毁,而是看不到自己的一颗心狭隘戾气,不够宽容和不够有涵养,又把精力放了太多在诋毁上,那么既加剧了心中的恶疾,又没有时间精力去改善这种状况。久而久之,自然就把自己耽误了。人心不正,则事事不正,处处都会耽误自己。

4.此心光明,亦复何言?

我一生做到了内心光明,还要再说什么呢?

经典品析

1528年十一月二十八日夜,王阳明从一个美得出奇的梦中醒来,他问弟子:"到哪里了?"弟子回答:"青龙铺。"王阳明又问:"船好像停了?"弟子回答:"在章江河畔。"王阳明笑了一下:"到南康还有多远?"弟子回答:还有一大段距离。王阳明又是一笑,恐怕来不及了。他让人帮他更换了衣冠,倚着一个侍从坐正,就那样坐了一夜。第二天凌晨,他叫人把弟子周积叫进来。周积匆忙地跑了进来,王阳明已倒了下去,很久才睁开眼,看向周积说:"我要走了。"周积无声地落泪,问:"老师有何遗言?"船里静得只有王阳明咝咝的呼吸声。王阳明用他人生中最后的一点力气向周积笑了一下,说:"此心光明,亦复何言?"

用尽一生,做一个光明磊落的人。坦荡必光明,光明必坦荡,所以说做人要坦坦荡荡、光明磊落。阳明先生做到了,而我们要努力去做,这是方向。

【相关链接】

王守仁(1472~1529),幼名云,字伯安,别号阳明,浙江余姚人,因曾筑室于会稽山阳明洞,自号阳明子,学者称之为阳明先生,亦称王阳明,被称为"千古第一等人",后人评价为"大明第一流人物,立功、立德、立言,皆居绝顶",有《王文成公全书》。王守仁官至兵部尚书、都察院左都御史,精通儒释道三家,开创出堪称儒学新局面的心学,被认为是可直追孔、孟的大圣人。王守仁(心学集大成者)与孔子(儒学创始人)、孟子(经世致用的儒学集大成者)、朱熹(理学集大成者)并称为孔、孟、朱、王。他提出并一生践行"知行合一""致良知"的理念。

冯梦龙"三言"名言

1.男儿不展风云志,空负天生八尺躯。——《旌阳宫铁树镇妖》

男子汉如果不能施展远大的志向,它就破坏了上天给予的八尺高的身体。

【经典品析】

喻指人生在世,必须志在有为,不可枉此一生。它的意思很明确,很励志,告诉人们在有生之年要好好拼搏一番,"最怕你一生碌碌无为,还安慰自己平凡可贵"。

2.事不三思终有悔,人能百忍自无忧。——《一文钱小隙造奇冤》

做事不经过反复考虑(仓促而行,就容易出现差错),就会为自己的行为后悔,人能做到忍让就自然没有担忧的地方。

【经典品析】

办事情、处理问题时,如果不去反复地思考,就会懊悔不已。待人接物、处理人际关系时,如果能足够忍耐、心胸宽阔,自然就没有烦恼忧愁。

【相关链接】

"三思",语出《论语·公冶长》:"季文子三思而后行。"也指《孔子家语·三恕》中的三思:"孔子曰:君子有三思,不可不察也。少而不学,长无能也;老而不教,死莫之思也;有而不施,穷莫之救也。故君子少思其长则务学,老思其死则务教,有思其穷则务施。"(孔子说:"君子有三种思虑,不可以不深察。小的时候不学习,长大了就没有本事;年老的时候不能教育自己的子孙,死后就没有人思念他;拥有财富却不愿意施舍别人,走投无路的时候就没有人会救济帮助他。所以君子小的时候能想到长大后事,就会好好学习,老了能想到死后的事,就会好好教育子孙,富有的时候能想到走投无路时的事,就会乐善为施。")

所谓"百忍"事见《旧唐书·孝友传·张公艺》记载:寿张县张家庄村张公艺(577～676)以"忍、孝"治家,九世同居,和睦相处。麟德二年(665)冬十月,唐高宗偕同皇后武则天,带领文武百官离京去泰山封禅,归来路经寿张县访贤,当时张公艺已八十八岁高龄。当高宗问张公艺治家的方法时,张公艺写了一百个"忍"字,作《百忍歌》,并道出不忍的诸多弊端:父子不忍失慈孝,兄弟不忍外人欺,妯娌不忍闹分居,婆媳不忍失孝心……高宗听后备受感动,当即封张公艺为醉乡侯,封张公艺的长子张希达为司仪大夫,并亲书"百忍义门"四个大字,敕修百忍义门。张公艺去世后,后人为纪念这位贤人,便为他修建了"百忍堂",永志纪念(河南省濮阳市台前县桥北张村,有百忍堂遗址)。

3. 刻薄不赚钱,忠厚不折本。——《卖油郎独占花魁》

经典品析

忠厚实诚不会吃亏,刻薄吝啬反而会做赔本生意。《卖油郎独占花魁》的主人公是卖油郎秦重,秦重为人忠厚老实,卖的油质量好、要价低廉,因而广结善缘,并感动了流落风尘的花魁娘子莘瑶琴,与之过上幸福美满的生活。随着明代商业的发展,商人群体逐渐壮大,社会影响力渐渐提高,在《醒世恒言》等"三言"中,商人成为小说的主角。在这些以商人为主角的故事中,阐明了很多"生意经",最主要的一条就是忠厚、诚实不欺。

4. 是非只为多开口,烦恼皆因强出头。——《木绵庵郑虎臣报冤》

经典品析

纠纷都是因为多说话惹出来的,烦恼都是因为硬要出头招致的。前一句强调说话要小心谨慎,认为话说多了会引起纠纷,惹出麻烦。后一句强调为人处世要注意收敛锋芒,认为硬要出头露面会得罪别人,招致烦恼。这两句多用来劝人少说话,少出头,带有明哲保身的意味。《曾国藩家训》中写道:说话如水,要"软";做事如山,要"硬"。说话要软,别逞口舌之快,控制好自己的情绪,换位思考体谅别人;做事要硬,就是要有真本领,要有底线有原则,不要做老好人。

冯梦龙的这几句名言洞悉世事、人心、人性,虽然带有圆滑世故的成分,但我们可以批判地汲取其中有益的部分。

【相关链接】

冯梦龙(1574~1646),字犹龙,又字耳犹,号龙子犹、顾曲散人等,长洲(今江苏苏州)人,明朝文学家、思想家、戏曲家。在我国文学史上,冯梦龙在通俗文学方面作出了重要贡献,被称为"全能通俗文学家",代表作"三言"包括《警世通言》《喻世明言》《醒世恒言》,与凌濛初"二拍"(《初刻拍案惊奇》《二刻拍案惊奇》)合称"三言两拍",是中国古典短篇白话小说的巅峰之作。

戏剧《哈姆雷特》名言

1.人是一件多么了不起的杰作!多么高贵的理性!多么伟大的力量!多么优秀的仪表!多么文雅的举动!在行动上多么像一个天使!在智慧上多么像一个天神!宇宙的精华!万物的灵长!

经典品析

这句话蕴含着莎士比亚对人文主义的肯定,表达了对人的赞美。文艺复兴时期人文主义思潮的影响遍及欧洲。人在这个时期开始慢慢脱离了神权的束缚,开始发现了作为独立个体存在的自身。

2.生存还是毁灭,这是一个值得考虑的问题;默然忍受命运的暴虐的毒箭,或是挺身反抗人世间的无涯的苦难,通过斗争把它们扫清,这两种行为,哪一种更高贵?

经典品析

生存和毁灭是困扰着每一个人的问题,莎士比亚借哈姆雷特之口表达了他对人生的终极思考。人生有太多痛苦是无法避免的,难道死真的可以解决一切,就像计算机清零后再度开始吗?人生的酸甜苦辣都得自己去品尝,就像鲁迅所说的"真正的猛士敢于直面惨淡的人生,敢于正视淋漓的鲜血"。自强不息,自尊自爱,不要辜负了你的美丽的称号——人!毛泽东主席也说过,自信人生二百年,一万年太久,只争朝夕。我们应该活在当下,抓住时机成就一番事业,而不应该在瞻前顾后中蹉跎了岁月。

3.一个人要是把生活的幸福和目的,只看作吃吃睡睡,他还算是个什么东西?简直不过是一头畜生!上帝造下我们来,使我们能够这样高谈阔论,瞻前顾后,当然要我们利用他所赋予我们的这一种能力和灵明的理智,不让它们白白废掉。

经典品析

　　这是哈姆雷特在复仇行动之前的一段独白。如果说当他想着"生存还是毁灭"时他还是一个忧郁的王子,那么当他说这段话时他已经开始走向坚定和果敢了。人是上帝的杰作,人最大的幸福应该来源于精神的满足而不是身体的私欲。人应该是因为精神的伟大而伟大,用自己的智慧和思想去改变这个世界。这也是欧洲文艺复兴时期人文主义思潮的影响,让人对自己有了一个崭新的、独立的认识,开始把自己从神权、宿命中解放出来。

【相关链接】

　　威廉·莎士比亚(1564～1616),英国文学史上最杰出的戏剧家和诗人,也是欧洲文艺复兴时期最重要、最伟大的作家。《哈姆雷特》为著名"四大悲剧"(其他三部为《麦克白》《李尔王》《奥赛罗》)之首。莎士比亚的"四大喜剧"是《仲夏夜之梦》《皆大欢喜》《第十二夜》和《威尼斯商人》。

　　哈姆雷特是一个悲情式的英雄,他始终坚持自己的原则,即使充满了复仇的怒火,他也不滥用暴力。他对生活由充满信心到迷茫到坚定,在磨炼的过程中通过亲身的经历和思考来提升自己。

　　《哈姆雷特》以现实主义的创作手法和娴熟的艺术技巧而著称。作品的语言丰富生动,比喻形象贴切,且富有哲理。剧中的人物,因各自的身份和性格的不同,都有自己相应的个性特征鲜明的语言。

艺术篇

钱学森曾说:"一个有科学创新能力的人不但要有科学知识,还要有文化艺术修养。"科学研究发现,人的大脑分为不同的功能区,这些区域分别负责记忆、判断、联想、创造。大脑经过丰富的艺术形式训练,可以促进理解能力的提升,从而促进专业知识的学习。

新时代呼唤"人的全面发展",教育自然也要以人的全面发展为价值旨归,而加强艺术修养普及教育则是达到人的全面发展的必经之路。如今,艺术修养体现在生活的方方面面,比如,我们能时不时地走进艺术殿堂,聆听高雅的古典音乐、欣赏精美的绘画作品、观看精彩的歌舞表演等等,这些对促进生命个体艺术欣赏品位的提升和综合素质的全面发展大有裨益。

艺术欣赏教育作为素质教育的重要内容,是培养德智体美劳全面发展的人才需要,是培养中职学生审美情趣和艺术素养的重要途径,对最大限度地激发中职学生的艺术潜能,提升审美素养,培养创新能力,促进他们的自我发展和自我完善具有十分重要的意义。

歌 舞

歌舞,是综合音乐、舞蹈、诗歌等艺术手段,边歌边舞的艺术形式。歌舞既能抒情又能叙事,声情并茂,通俗易懂,能表达比较细致复杂的思想感情和广泛的生活内容,具有较强的艺术表现力。我国汉族民间舞蹈,像花灯、采茶灯、打花鼓、打莲湘、唱春牛、地花鼓、二人台、二人转,藏族的弦子舞,蒙古族的安代舞等均属歌舞一类。本部分仅介绍国标舞、民族舞、现代舞、街舞、芭蕾舞、踢踏舞等舞种。

国 标 舞

国际标准舞,简称"国标舞",是由社交舞蹈转化而来的,也是体育与艺术高度结合的一项体育项目。国标舞共分"摩登舞"和"拉丁舞"两个项群,十个舞种。其中,摩登舞项群含有华尔兹、维也纳华尔兹、探戈、狐步和快步舞,而拉丁舞项群包括伦巴、恰恰、桑巴、牛仔和斗牛舞。每个舞种均有各自舞曲、舞步及风格。两者的区别在于:摩登舞风格是高贵典雅,服装比较郑重华丽,舞伴配合紧密,以合手跳为主,五种舞蹈均为游走型舞蹈;拉丁舞风格是狂放热烈,动作幅度较大,花样繁多,分手展现的动作很多,其中伦巴、恰恰、牛仔为非游走型舞蹈。

代表舞种

伦巴

经典品析

伦巴舞的特点是浪漫,舞姿迷人、性感、热情,步伐曼妙缠绵,讲究身体姿态,舞态柔媚,步法婀娜款摆,是表达男女爱慕情感的一种舞蹈,也被称为拉丁舞中的爱情之舞。当一对舞者十指相扣、四目相对时,他们不仅

动作配合要默契，更重要的是，在翩翩起舞时传递给对方情意。伦巴所要表达的是情侣之间最复杂的思念与爱恋。

民 族 舞

简介

民族舞泛指产生并流传于民间、受民俗文化制约、即兴表演但风格相对稳定、以自娱为主要功能的舞蹈形式。民族舞是一个民族乃至一个国家传统文化的重要标志之一，不同国家、地区、民族的民间舞蹈，受生存环境、风俗习惯、生活方式、民族性格、文化传统、宗教信仰等因素影响，以及受表演者的年龄性别等生理条件所限，在表演技巧和风格上有着十分明显的差异。

代表作品

《雀之灵》（傣族舞，由舞蹈家杨丽萍创作并首演）

经典品析

一只孔雀，在高视阔步，时而侧身微颤，时而急速旋转，时而慢移轻挪，时而跳跃飞奔……像一潭水，被石子一击，起了涟漪，一圈一圈荡漾开来。左手指尖柔韧地蠕动，一阵一阵传递给右手指尖。长指甲晶莹闪耀，美妙地微微颤动着。起先是轻微的小浪，然后加强，在最后那刻释放了。舞者细碎的舞步，忽而如流水般疾速，忽而如流云般慢挪，忽而如雨点般轻快，忽而如击石般坚健。不管怎样的舞步，都给人以柔中带刚、刚中带柔的感觉。乍看之下，《雀之灵》也不过是拟人化的孔雀，但是，它同人们看惯了的傣族孔雀舞有着明显的不同。《雀之灵》这个名字体现了创作者对作品内涵的高度要求。举手投足之间，看似孔雀"迎风挺立""跳跃旋转""展翅飞翔"，但它远远超过了形态模拟，而是舞者——"孔雀"的灵与肉的交融、呈现。舞蹈家所独创的手臂酥软无骨般的颤动，在纤细、柔美中迸发出生命的激情。

现　代　舞

简　介

　　现代舞是舞蹈艺术的一种重要表现形式,是20世纪初在西方兴起的一种与古典芭蕾舞相对立的舞蹈派别,主张摆脱古典芭蕾舞过于僵化的动作程式的束缚,以合乎自然运动法则的舞蹈动作,自由地抒发人的真实情感,强调舞蹈艺术要反映现代社会生活。与其他舞蹈形式相比,现代舞更加突出展现社会生活和人类的情感变化,具有反映自然和社会的作用。现代舞虽起步较晚,但发展迅速。

代表作品

《也许是要飞翔》

经典品析

　　这是我国著名编舞家王玫的优秀作品,曾在国内外的舞蹈大赛中获奖。作品展现了一个女子受挫以后从失望、绝望到挣扎到无力挣扎再到最后坚强站起来的过程,鼓励人们遭遇挫折时不要放弃。该舞蹈有显著的叙事性特征,情节紧凑,使人震撼。在舞蹈中,舞者单薄的舞衣与时而激烈时而舒缓的舞蹈动作相得益彰,表现出舞者悲凉、绝望的心境。在冷色调的灯光下、凄冷的背景音乐中,一位身穿白衣、赤着双脚的柔弱女子,在台上跳着,在地板上翻滚着。她无助、绝望、痛苦地挣扎着,用舞姿来表达自己心中的情感,随心所舞,尽情飞翔。

街 舞

简介

街舞是起源于美国,基于不同的街头文化或音乐风格而产生的多个不同种类的舞蹈的统称。街舞的动作由各种走、跑、跳组合而成,并通过头、颈、肩、上肢、躯干等关节的屈伸、转动、绕环、摆振、波浪形扭动等连贯组合而成,各个动作都有其特定的健身效果,既注意了上肢与下肢、腹部与背部、头部与躯干动作的协调,又注意了组成各环节各部分的独立运动。街舞在20世纪80年代传入我国,并逐渐作为健身活动传播开来。

代表舞种

霹雳舞

经典品析

这种舞蹈的英文名字为"Breaking",起源于美国,其创始人是美国东海岸黑人歌星詹姆斯·布朗。詹姆斯·布朗于1949年在电视上唱新歌时,自己创作了一些稀奇古怪的动作,青年们竞相模仿,并在街头进行比赛。这种舞蹈传到西海岸洛杉矶后,又出现模仿木偶机器人动作的舞蹈。美国东西两岸两大派街头舞蹈结合起来,深受青年们的欢迎,因这种舞蹈大都在街头表演,故又称"街头舞蹈"。

在大量吸收来源于Capoeira(巴西战舞)、体操、中国武术(来自香港邵氏电影)等不同体育及艺术形式的元素和动作后形成了如今的Breaking,分为TopRock(摇滚步)、Footwor(腿部动作)、Freeze(空中定格)、Power Move(整体移动,一般为空翻)四大内容,大量手撑地的快速脚步移动、各种倒立定格动作,以及在地板上或者空中的高难度旋转使这种舞蹈充满了视觉冲击力。2019年6月26日,国际奥委会原则性同意霹雳舞舞种将被纳入2024年巴黎奥运会项目。

芭蕾舞

简 介

芭蕾舞孕育于意大利文艺复兴时期,17世纪后半叶开始在法国发展流行并逐渐职业化,在不断革新中风靡世界。芭蕾舞最初是一种群众自娱或广场表演的舞蹈,在发展进程中形成了严格的规范和解构形式,其主要特征是女演员要穿上特制的足尖鞋立起脚尖跳,故又称脚尖舞。

代表作品

《天鹅湖》

经典品析

《天鹅湖》为柴可夫斯基于1875～1876年间为莫斯科帝国歌剧院所创作的芭蕾舞剧,是世界上最出名的芭蕾舞剧,也是所有古典芭蕾舞团的保留剧目。《天鹅湖》这一故事的内容主要取材于俄罗斯最为古老的童话:被魔法师罗德伯特变成了天鹅的奥杰塔公主,在湖边与王子(齐格弗里德)相遇,倾诉了自身所遭遇到

的不幸,并告诉他,只有忠诚的爱情才能使她摆脱魔法师的控制。王子发誓会永远爱她。在为王子挑选新娘的晚会上,魔法师化身成武士,用外貌与奥杰塔相似的奥洁丽雅欺骗了王子。王子在发现自己受骗后,激动地奔向湖岸,并在奥杰塔以及其他天鹅的帮助和鼓舞下,战胜了魔法师。在恢复人形之后,奥杰塔与王子结合到了一起。

在《天鹅湖》中,天鹅少女的形象非常经典,女舞者所展现的舞姿,非常轻盈、飘逸。男女舞者的动作配合得天衣无缝。

踢 踏 舞

简介

踢踏舞形成于18世纪20年代的北美殖民地,当时爱尔兰移民和非洲奴隶把各自的民间舞蹈带到北美殖民地,逐渐融合形成了新的舞蹈形式。这种舞蹈的形式比较开放自由,没有很多的形式化限制。舞者不注重舞姿,而是注重趾尖与脚跟的打击节奏的复杂技巧。表演者穿着踢踏舞鞋,用脚的各个部位在地板上摩擦拍击,发出各种踢踏声,加上舞者的各种优美舞姿,形成踢踏舞特有的幽默、诙谐和表现力丰富的艺术魅力。

代表作品

《大河之舞》

经典品析

《大河之舞》是由百老汇超级制作人莫亚·多赫蒂制作、世界著名的踢踏舞剧,是爱尔兰国宝,世界顶级演出之一,百老汇的常青藤,国家元首首选观看经典演出,世界舞蹈的教科书。

《大河之舞》气势恢宏,庄重又不失轻松欢快,简单纯粹,感染力极强。把每一场分开来看,或情感渲染,或感官刺激,或场景展现,表现了一幕幕不同的特定情境。而如果把整个舞剧串起来,就犹如一部讲述爱尔兰文明的史诗,讲述着智慧、勇气、生命与爱这些永恒的主题。

书 画

书画艺术指书法艺术和绘画艺术。中国的书法是一门古老的艺术,是中华文化的灿烂之花,从甲骨文、金文演变而为大篆、小篆、隶书,至定型于东汉、魏、晋的草书、楷书、行书诸体,书法一直散发着艺术的魅力,是我们中华民族的艺术瑰宝。

金 文

金文也叫"钟鼎文"。商周是青铜器的时代,青铜器的礼器以鼎为代表,乐器以钟为代表,"钟鼎"是青铜器的代名词。所以,钟鼎文或金文是指铸在或刻在青铜器上的铭文。金文记录的内容是关于当时祀典、赐命、诏书、征战、围猎、盟约等活动或事件的,反映了当时的社会生活。金文字体整齐遒丽、古朴厚重,和甲骨文相比,脱去板滞,变化多样,更加丰富。金文基本上属于籀篆体。这些文字在汉武帝时就已被发现,当时有人将在汾阳挖掘出的一尊鼎送进宫中,汉武帝因此将年号定为元鼎(公元前116年)。

代表作品

毛公鼎铭文(西周)

经典品析

毛公鼎又名音鼎、毛公音鼎,周宣王时代的青铜器,清代道光末年出土于陕西省岐山县,原器现收藏于台北故宫博物院,是迄今为止发现的字数最多的青铜器,其铭文共有32行497字。毛公鼎铭文字体结构严整,瘦劲流畅,笔画匀实劲健,结体疏密有度,美观大方,布局不弛不急,行止

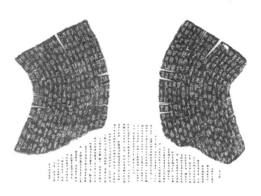

得当,既体现出凝重的气质,又有着气韵的流动。它以结体方整稳固了文字造型的基本形式,以偏旁错落有致形成巧妙的变化,于此之中,又以宛转流畅的线条成为造型的枢纽。这种突出的特点构成它端庄遒劲的风采,尤其是能体现篆书特色的圆转笔画,表现得丰富多彩,在金文中堪称佳品。

篆 书

篆书是大篆、小篆的统称,笔法瘦劲挺拔,曲线较多,直线较少。起笔有方笔、圆笔,也有尖笔,收笔"悬针"较多。大篆包括甲骨文、金文、籀文、六国文字,它们保存着古代象形文字的明显特点。小篆也称"秦篆",是秦国的通用文字,大篆的简化字体,其特点是形体均匀齐整、字体较籀文容易书写。

代表作品

泰山刻石(秦)

经典品析

泰山刻石立于秦始皇二十八年(公元前219年),是泰山最早的刻石。前半部系公元前219年秦始皇东巡泰山时所刻,后半部为秦二世胡亥即位第一年(公元前209年)刻制。刻石四面广狭不等,相传两刻均为李斯手笔,但无据可证。刻石书法流动婉通,是秦篆正宗。从书艺上看,主要有两个特点:一是用笔精美,平稳流转,骨肉匀称,含蓄委婉,气魄宏大,简洁明快。与先秦书法相比,秦小篆行笔粗细大体相同,横平纵直,转折处

极为流利飘逸,无生硬之笔。藏头护尾,笔笔精细,一丝不苟,如锥画沙,委婉含蓄中自有骨力丰沛之气。横势稳健,纵势豪逸,简练明快,宏伟壮观。虽法度严谨,但不失威严雄奇之神采、山岳庙堂之气象。二是结体整齐划一,力求平正对称、端庄雄伟,隐隐然又有秀丽之气。线条整洁协调,改变了以前繁杂交错的形式,书写形式走向规律化。横密纵疏,充分表现了篆书的形体特征,使其在雄伟

之中产生一种秀丽之气,婀娜飘逸。

隶　书

隶书,亦称汉隶,是汉字中一种常见的庄重的字体,略微宽扁,横画长而直画短,呈长方形状,讲究"蚕头燕尾""一波三折"。隶书起源于秦朝,由程邈整理而成,在东汉时期达到顶峰,对后世书法有不可小觑的影响,书法界有"汉隶唐楷"之称。隶书有以下几个基本特点:一是结体多呈扁方,势态左右横展,神姿静中见动,寓歧于平。二是运笔时,起笔藏锋逆入,按笔若蚕头之状,转笔平出,出锋带上挑之势,点画顾盼灵动。三是变弧为直,运笔爽截,转折处多提笔暗转或干脆起笔另下,力度内含。四是笔画、章法布列均衡,意趣生动,变化丰富而各尽其妙。

代表作品

曹全碑(汉)

经典品析

曹全碑,全称为"汉郃阳令曹全碑",因曹全字景完,又名《曹景完碑》,系东汉王敞等人为郃阳令曹全纪功颂德而立,立于东汉中平二年(185)。碑高约1.7米,宽约0.86米,无额,石质坚细。碑身两面均刻有隶书铭文。明万历初年(1573年左右),该碑在陕西郃阳(今合阳)县旧城莘里村出土。1956年移入陕西省西安碑林博物馆保存。相传在明代末年,碑石断裂,人们通常所见到的多是断裂后的拓本。

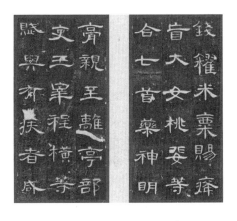

曹全碑是汉代隶书的代表作品,风格以秀逸多姿和结体匀整著称,不仅具有很高的艺术价值,而且具有重要的历史价值。文中除了记述曹全的生平和世系,还记载了汉代重大的历史事件,对研究东汉末年的历史具有重要的参考价值。从书艺上看,用笔特征很明显,逆入平出,以圆笔为主,运笔如顺势推舟,很少有大蹲大跳之笔,不激不励,笔势稳健、婉丽绰约。波磔(右下捺笔)往往写得比较长,姿态也各种各样。结体精密,平和圆润,转折法变化也十分丰富。从其书风上看,此碑具有的阴柔之美为其特色。体态窈窕,艳而不俗,秀而尤清,中宫紧收,精气内藏,雅静端庄,得华贵于古厚之中,寓清秀于风月之间。笔精墨妙,丰腴蕴藉,情驰神纵,超逸优游,意气灵和,开明丽清雅一路。

楷 书

　　一般而言,楷书的标准在于方正端齐,有别于长纵形的小篆书和横扁形的隶书,有勾起而无波挑。自秦汉之际产生笔画至三国楷书成型,两晋南北朝是楷书发展的勃兴时期。以魏楷为代表,北朝书法的勃兴是楷书兴旺的标志。楷书鼎盛期在盛唐,书家辈出,风格多样,蔚为大观,以"唐楷"称之。初唐楷书承隋楷风格之变,各书家各显其个性体貌;中唐颜真卿以雄风创新,晚唐柳公权以"柳骨"相媲美于"颜筋"。五代、宋、元、明、清是楷书衰落期,书家无论是个体还是群体,都未能突破晋唐楷书已有的格局。

代表作品

《九成宫醴泉铭》欧阳询(唐)

经典品析

　　欧阳询(557～641),初唐大书法家,其创立的"欧体"至今拥有不计其数的追随者,在唐初"尚法"书风中独领风骚。《九成宫醴泉铭》的字距、行距都很大,笔画瘦硬,字形长方,宽松而清晰。其笔画具有以下特点:以隶书笔意写弯钩、以行书笔意写楷书、以魏碑笔意强筋骨。在字形结构处理上注重中宫紧凑,注意夸张上、下笔画,从而拉长字形,给人一种清奇精妙而又洒脱灵动的感觉。为增加动感,《九成宫醴泉铭》字形多向右扩展,但重心依然十分稳固,无倾斜之感。在险势中求平稳,体现了欧阳询超强的造型能力,这也是欧体重要特点之一。结体上大量运用相悖的手

法对欧体字形造险起到推波助澜的作用,特别在有"双竖并见"的字中表现得更加明显。

行 书

行书,分为行楷和行草两种,大约出现于东汉末年。它在楷书的基础上发展起源,是介于楷书、草书之间的一种字体,是为了弥补楷书的书写速度太慢和草书的难以辨认而产生的。"行"是"行走"的意思,因此它不像草书那样潦草,也不像楷书那样端正。实质上它是楷书的草化或草书的楷化。楷法多于草法的叫"行楷",草法多于楷法的叫"行草"。

代表作品

《兰亭集序》王羲之(东晋)

经典品析

王羲之(303~361),东晋时期著名书法家,有"书圣"之称,其代表作《兰亭集序》被誉为"天下第一行书"。

综观《兰亭集序》可谓精妙绝伦。一是笔法精妙。在起笔、行笔、收笔三个阶段每一细微之处都能清楚地看到王羲之的精细处理,笔法非常丰富。二是自然随性。《兰亭集序》虽然不像草书那样连绵不断,但是每一个独立的字都相互呼应,字和字的姿态也是顾盼相望、你中有我我中有你的境界,动感非常强。三是章法巧妙。《兰亭集序》的章法布局随机巧布,和谐自然,顾盼呼应,笔断意连,大小相间,主次分明。

中 国 画

汉族传统绘画形式是用毛笔蘸水、墨、彩作画于绢或纸上,这种画种被称为"中国画",简称"国画"。国画是具有悠久历史和优良传统的中国民族传统绘画,凝聚着中华民族的智慧、性格、心理、气质,以其鲜明的特色和风格在世界画苑中独成体系。国画从技法上可分为"工笔""写意""兼工带写"三种,按题材可分为"人物画""山水画""花鸟画"三类,按使用材料可分为"水墨画""重彩""浅绛""白描"等。国画的画幅形式也较为多样,横向展开的有长卷(又称手卷)、横披,纵向展开的有条幅、中堂,盈尺大小的有册页、斗方,画在扇面上面的有折扇、团扇等。

《 代表作品 》

《洛神赋图》顾恺之(东晋)

经典品析

　　顾恺之(348～409),东晋杰出画家、绘画理论家、诗人。顾恺之博学多才,擅诗赋、书法,尤善绘画,精于人像、佛像、禽兽、山水等,时人称之为三绝:画绝、文绝和痴绝。

　　《洛神赋图》以曹植所作《洛神赋》为凭据创作而成,是顾恺之流传后世的精品。全卷共分三个部分,第一部分刻画曹植与洛神相见在洛滨,画中带着随从的曹植表情板滞并且伤感,仿佛见到痴情神往并思念已久的洛神。第二部分描绘洛神与曹植有着似亲似疏的情感状态,尽现洛神的轻盈柔美、容貌仪表以及豪华富美的服饰。身影柔和优美的洛神驾云缓缓离去,多次回头相望,流露出留恋及爱慕之情。第三部分描绘曹植恋恋不舍地踏上归途。全幅画面使用的色彩明亮灿艳,用笔细腻质朴,线条顺畅,就好像"春蚕吐丝"。全幅作品共描画61个人物,除了人物,还有山石、树木和马匹,各种形象都十分鲜活。

《 代表作品 》

《游春图》展子虔(隋)

经典品析

　　展子虔(约545～618),隋代绘画大师,是唯一有画迹可考的隋代著名画家,在中国绘画史上占据着重要位置。

　　《游春图》,珍藏于北京故宫博物院,是现存最早的山水画卷。全画布局以自然景色为主,人物、佛寺点缀其间,摆脱了传统绘画"人大于山、水不容泛、树木若伸臂布指"的桎梏。画卷描绘了古时春游的情景,虽在料峭的初春,寒意尚存,和煦的春光却让游人心动,情不自禁地闲步入景。画卷首端近处露出倚山俯水的一条斜径,路随山转,至竹篱门前才显得宽展。山衔岸侧,曲径通幽,翠色掩映,花色扶苏。通过一弯小桥,又是平坡,布篷游艇,小帆江色,尽容于其中。下端一角,各种花树点满山野,桃红柳绿,相映成趣,映衬着明媚的春光和在山水中纵情游乐的闲人。整幅画卷凝然如思、含情不语,在尽显"细密精致而臻丽"风韵的同时,晕染出初春时节山林中的盎然生机和清丽之美。

代表作品

《步辇图》阎立本(唐)

经典品析

阎立本(约601~673),唐代政治家、画家,擅长工艺,多巧思,工篆隶书,对绘画、建筑都非常擅长。

《步辇图》以唐贞观十五年(641)吐蕃首领松赞干布与文成公主联姻的历史事件为题材,描绘了唐太宗接见来迎娶文成公主的吐蕃使臣禄东赞的情景。图卷右半是在宫女簇拥下坐在步辇中的唐太宗,左侧三人前为典礼官,中为禄东赞,后为通译者。唐太宗的形象是全图焦点,作者煞费苦心地加以生动细致的刻画,画中的唐太宗面目俊朗,目光深邃,神情庄重,充分展露出盛唐一代明君的风范与威仪。画家为了凸显唐太宗的至尊风度,巧妙地运用对比手法进行衬托表现。一是以宫女们的娇小、稚嫩,以她们或执扇或抬辇、或侧或正、或趋或行的体态来映衬唐太宗的壮硕、深沉与凝定,是为反衬;二是以禄东赞的诚挚谦恭、持重有礼来衬托唐太宗的端肃平和、蔼然可亲之态,是为正衬。该图不设背景,结构上自右向左,由紧密而渐趋疏朗,重点突出,节奏鲜明。整幅图线条流利纯熟,富有表现力。

◆ 代表作品 ◆

《韩熙载夜宴图》顾闳中(南唐)

◆ 经典品析 ◆

顾闳(hóng)中(910～980),五代十国中南唐人物画家,用笔圆劲,间以方笔转折,设色浓丽,擅描摹人物神情意态,与周文矩齐名,唯一传世作品为《韩熙载夜宴图》。

《韩熙载夜宴图》以连环长卷的方式描摹了南唐巨宦韩熙载家开宴行乐的场景。该画全长3米,共分5段,每一段画面以屏风相隔。第一段描绘韩熙载在宴会进行中与宾客们听歌女弹琵琶的情景,生动地表现了韩熙载和他的宾客们全神贯注侧耳倾听的神态。第二段描绘韩熙载亲自为舞女击鼓,所有的宾客都以赞赏的神色注视着韩熙载击鼓的动作,似乎都陶醉在美妙的鼓声中。第三段描绘宴会进行中间的休息场面,韩熙载坐在床边,一面洗手,一面和几个女子谈话。第四段描绘韩熙载坐听管乐的场面。韩熙载盘膝坐在椅子上,好像在跟一个女子说话,另有五个女子做吹奏的准备。她们虽然坐在一排,但各有各的动作,毫不呆板。第五段描绘韩熙载的众宾客与歌女们谈话的情景。整幅画用笔细润圆劲,人物形象清俊、娟秀、栩栩如生。这幅画卷不仅仅是一幅描写私人生活的图画,更重要的是它反映出那个特定时代的风情,是今存五代时期人物画中最杰出的代表作。

◆ 代表作品 ◆

《清明上河图》张择端(北宋)

◆ 经典品析 ◆

张择端(约1085～1145),北宋绘画大师,擅画楼观、屋宇、林木、人物。

《清明上河图》是张择端存世的仅见的一幅精品。全图分为三个段落。首段,汴京郊野的春光:在疏林薄雾中,掩映着几家茅舍、草桥、流水、老树、扁舟。两个脚夫赶着五匹驮炭的毛驴向城市走来。一片柳林,枝头刚刚泛出嫩绿,使人感到虽是春寒料峭,却已大地回春。路上一顶轿子,内坐一位妇人。轿顶装饰着杨柳杂花,轿后跟随着骑马的、挑担的,从京郊踏青扫墓归来。环境和人物的描写,点出了清明时节的特定时间和风俗,为全画展开了序幕。中段,繁忙的汴河码头:汴河是北宋国家漕运枢纽,商业交通要道,从画面上可以看到人烟稠密,粮船云集,人们有在茶馆休息的,有在看相算命的,有在饭铺进餐的。河里船只往来,首尾相接,或纤夫牵拉,或船夫摇橹,有的满载货物,逆流而上,有的靠岸停泊,正紧张地卸货。横跨汴河上的是一座规模宏大的木质拱桥,它结构精巧,形式优美。后段,热闹的市区街道:以高大的城楼为中心,两边的屋宇鳞次栉比,有茶坊、酒肆、脚店、肉铺、庙宇、公廨等等。商店中有绫罗绸缎、珠宝香料、香火纸马等的专门经营,此外尚有医药门诊、大车修理、看相算命、修面整容,各行各业,应有尽有。

　　总计在5米多长的画卷里,共绘了550多个各色人物,牛、马、骡、驴等牲畜五六十头,车、轿二十多辆,大小船只二十多艘。房屋、桥梁、城楼等也各有特色,体现了宋代建筑的特征。张择端的《清明上河图》是一幅描写北宋汴京城一角的现实主义的风俗画,具有很高的历史价值和艺术水平。

《 代表作品 》

《富春山居图》黄公望(元)

经典品析

　　黄公望(1269～1354),元代著名画家,擅长画山水。

　　《富春山居图》始画于元至正七年(1347),于至正十年(1350)完成。该画于清代顺治年间曾遭火焚,断为两段,前半卷被另行装裱,重新定名为《剩山图》,现藏浙江省博物馆,被誉为"镇馆之宝"。

　　这幅画是黄公望晚年的杰作,也是中国古代水墨山水画的巅峰之笔。

　　它以长卷的形式,描绘了富春江两岸初秋的秀丽景色,峰峦叠翠,松石挺秀,云山烟树,沙汀村舍,布局疏密有致,变幻无穷,以清润的笔墨、简远的意境,把浩渺连绵的江南山水表现得淋漓尽致,达到了"山川浑厚,草木华滋"的境界。

西方名画

在数千年的世界文明演进历程中,和中国艺术家一样,西方的许多伟大画家也创造了不胜枚举的传世佳作。这些名画极大地丰富了世界艺术宝库,也是留给人类的宝贵遗产。和中国画不同,西方绘画按种类大致可以分为主题画、风俗画、风景画、肖像画和静物画。

代表作品

《蒙娜丽莎》达·芬奇(意大利)

经典品析

列奥纳多·达·芬奇(1452～1519),意大利文艺复兴时期画家、科学家、发明家,现代学者称他为"文艺复兴时期最完美的代表",是人类历史上绝无仅有的全才,其最大的成就是绘画,代表作有《蒙娜丽莎》《最后的晚餐》等。

《蒙娜丽莎》在西方画坛的地位很高,主要表现了女性的典雅和恬静的典型形象,塑造了资本主义上升时期一位城市有产阶级的妇女形象。

《蒙娜丽莎》画像虽然没有眉毛和睫毛,但面庞看起来十分和谐。直视蒙娜丽莎的嘴巴,会觉得她没怎么笑,然而当看着她的眼睛,注视她脸颊的阴影时,又会觉得她在微笑。蒙娜丽莎坐在一把半圆形的木椅上,背后是一道栏杆,隔开了人物和背景,背景有道路、河流、桥、山峦,它们在达·芬奇"无界渐变着色法"的笔法下,和蒙娜丽莎的微笑融为一体,散发着梦幻而神秘的气息。

《 代表作品 》

《最后的晚餐》达·芬奇(意大利)

经典品析

《最后的晚餐》宽 420 厘米，长 910 厘米。其横幅的选择可以使作品呈现出视觉的稳定感与庄严感，横着、端放的大长桌也增强了作品画面的稳重感和严肃感。画面中的人物一字排开，门徒分成四组坐在耶稣两边，面向观者，每组又相互联系，以耶稣为中心，彼此呼应。画面呈现出一种和谐统一的形式美感，构图设计充分遵循了多样统一性的艺术原则。画面中，耶稣在身后明亮窗户的映照下，更加显得庄严肃穆，同时也与作品背景颜色形成了强烈对比，突出了耶稣这一作品主体形象，有效地吸引了观者的注意力。达·芬奇这一别具新意的构图，使作品画面更加集中，同时也突出了作品的主题。画面中分坐于耶稣两边的门徒不管是在面部表情方面，还是在眼神方面，抑或是在动作方面都各不相同，特别是叛徒犹大，满脸的惊恐与不安。这些都体现出了达·芬奇很深的艺术造诣和深厚的艺术功底。

《 代表作品 》

《西斯廷圣母》拉斐尔(意大利)

经典品析

拉斐尔(1483~1520)，意大利著名画家，也是"文艺复兴后三杰"中最年轻的一位，创作了大量圣母像，他的作品充分体现了安宁、协调、和谐、对称以及完美和恬静。

《西斯廷圣母》为拉斐尔"圣母像"中的代表作，

它以甜美、悠然的抒情风格而闻名遐迩。这幅祭坛画被指定装饰在为纪念教皇西克斯特二世而重建的西斯廷教堂内的礼拜堂里,最初它被放在教堂的神龛上,至1574年,一直保存在西斯廷教堂里,故得此名。现为德国德累斯顿茨温格博物馆古代艺术大师馆收藏。画中圣母抱着圣子从云端降下,两边帷幕旁画有一男一女,身穿金色锦袍的教宗西斯笃一世向圣母、圣子做出欢迎的姿态。稍作跪状的圣芭芭拉,虔心垂目,侧脸低头,微露羞怯,表现了对圣母、圣子的崇敬和恭顺。位于中心的圣母体态丰满优美,面部表情端庄安详,秀丽文静。趴在下方的两个小天使睁着大眼睛仰望圣母的降临,稚气童心跃然画上。

这幅画被世人认为是圣母画中的绝品,画中的圣母一扫中世纪以来的圣母像中那种冰冷、僵硬、不可亲近的模样,被描绘成一个美丽、温柔、充满母性的意大利平民妇女,她的脸上洋溢着坦然的骄傲;为自己手中怀抱着的基督,她的脸上又洋溢着深厚的带有牺牲精神的母爱,因为她将要把心爱的儿子奉献给世人。

代表作品

《创造亚当》米开朗基罗(意大利)

经典品析

米开朗基罗·博那罗蒂(1475～1564),意大利文艺复兴时期伟大的绘画家、雕塑家、建筑师和诗人,文艺复兴时期雕塑艺术最高峰的代表,与拉斐尔和达·芬奇并称为"文艺复兴后三杰"。

西斯廷礼拜堂屋顶壁画面积达500平方米,是美术史上最大的壁画之一。米开朗基罗在大厅的中央部分按建筑框边画了连续9幅大小不一的宗教画,均取材于《圣经》中有关开天辟地直到洪水方舟的故事。

壁画中以《创造亚当》最为引人注目,米开朗基罗没有直接画上帝塑造亚当,而是画出神圣的火花即将触及亚当这一瞬间:从天上飞来的上帝,将手指伸向亚当,正要像接通电源一样将灵魂传递给亚当。这一戏剧性的瞬间,将人与上帝奇妙地并列起来,触发我们的无限敬畏感。

画中亚当体态健壮,气魄宏伟,具有强烈的意志与力量,显示了艺术家在写实的基础上非同寻常的理想加工,予同时代人深刻的启示。

《代表作品》

《入睡的维纳斯》乔尔乔内(意大利)

经典品析

乔尔乔内(1477～1510),著名的意大利威尼斯画派画家,架上画的先行者。其绘画造型优美,有绚丽的色彩、柔和的明暗关系,人物和风景自然交融,开创了风景人物绘画的新格局。

《入睡的维纳斯》是乔尔乔内最成功的油画作品,最后由提香完成。作品中的维纳斯展示出造化之美,没有任何宗教女神的特征:在自然风景前入睡的维纳斯,躯体优美,神情温柔,形体匀称地舒展,起伏有致,与大自然互为呼应。这种艺术处理不是为了给人以肉感的官能刺激,而是为了表现人的具有生命力的肉体和纯洁心灵之间的美的统一。这种充满人文精神的美的创造,是符合文艺复兴时期理想"美"的典范的。

画面几乎是完美的,尤其女神的姿态,这种呈现出令人迷醉的风姿雅韵的斜倚人体形式也是首创性的。画家所描绘的自然正是意大利典型的乡村景色,画家赋予它和平宁静的境界,与沉入梦乡的女神安逸明朗的神情十分和谐默契,情景交融。是人体美、世俗精神美与自然景色美的完美统一的艺术典范。整个画面被统一在淡金黄色调里,落日余晖映照着女神丰腴圆润的身体,放射出玛瑙般的光泽,显得格外纯洁、明亮,散发着青春和生命的活力。乔尔乔内善于运用细腻柔和的笔触和流畅的曲线造型,以崇高的精神境界与高超的艺术技巧,谱写了一曲人与自然和谐的艺术交响曲。

《 代表作品 》

《泉》安格尔(法国)

经典品析

让·奥古斯特·多米尼克·安格尔(1780～1867),法国新古典主义画家、美学理论家和教育家,代表作有《阿伽门农的使者》《瓦尔品松浴女》《泉》等。

《泉》中少女的造型在整体上遵循古希腊雕刻的原则,但更为细腻微妙。左边以高举手臂的转折处为顶点,身躯的轮廓是一根略有变化的倾斜线,它宛若一缕缓缓飘落的轻纱;右边则复杂多了,不仅水罐与抬起的手臂组成圆和三角的几何结构,胸部和腹部的转折起落也形成波浪式的曲线,这正好与左边的单纯与宁静形成对比。画家严格遵守比例、对称的原则,少女的体形姿态遵循古希腊普拉特西克列斯发现创造的S形曲线美。

在这幅《泉》中,安格尔把他心中长期积淀的古典美与写实的现实美完美地结合了起来。这幅画的奥秘在于画家表现了人体姿态从不平衡向平衡的变化,抓住了人体内部力的微妙关系,即左倾斜的双肩和向右倾斜的胯部、向上的用力和向下倾倒的水罐,前趋的右膝和后绷的左腿都体现了力而打破了平衡。在她身体的这种曲线运动中,展示出一种类似水波的曲线,这种身体的曲线使得那从水罐里流出来的直线形水柱相形见绌。这些形式使这位恬静的少女比那股流出来的水柱更加具有活力。

《 代表作品 》

《日出·印象》莫奈(法国)

经典品析

克劳德·莫奈(1840～1926),法国著名画家,被誉为"印象派领导者",擅长光与影的实验与表现技法,代表作有《日出·印象》"睡莲系列"等。

《日出·印象》描绘的是透过薄雾观望勒阿佛尔港口日出时的景象,经过晨雾的折射,一抹圆形的红日在昏暗的景象中极其突出,在水面上形成随波颤抖的暖光，急促的条形笔触与光线投影相互呼应，给人以深刻印象。莫奈借用长短不一的笔触描绘出水面上泛起的波光，三只小船在朦胧的雾气中若隐若现，远处依稀可见的工厂烟囱、吊车等物象皆是利用隐约的笔触表现，将日出时的法国海港城市呈现在人们面前。

该画采用"井"字形构图，画面中徐徐升起的太阳和海上漂泊的船只都处于画面的兴趣点上，这样构图可以让观者的视线集中在画面主体上。火红的太阳位于井字形的右上角，给人以上升之感。该画主要由淡紫、微红、蓝灰和橙黄等色调组成，一轮生机勃勃的红日拖着海水中一缕橙黄色的波光，冉冉升起。海水、天空、景物在轻松的笔调中，交错渗透，浑然一体。近海中的三只小船，在薄雾中渐渐变得模糊不清，远处的建筑、港口、吊车、船舶、桅杆等也都在晨曦中朦胧隐现。在这幅画中，明暗不是主角，主角是色彩。在日光照射下，大自然的无穷景象在印象派画中变幻不定。

代表作品

《无名女郎》克拉姆斯柯依（俄罗斯）

经典品析

伊万·尼古拉耶维奇·克拉姆斯柯依（1837～1887），俄罗斯"巡回展览画派"的组织者和领袖人物，代表作有《月夜》《荒野中的基督》等。

该作品是画家晚年最得意的作品。这是一幅颇具美学价值的性格肖像画，画家以精湛的技艺表现出对象的精神气质。画中的无名女郎侧身端坐，显得高傲而又自尊。这种姿势语言表明画中人物与当时的世道

格格不入，冷眼审视，不屑一顾，又不愿与之合流，这隐含着当时一部分民主主义知识分子对社会的态度。这幅女子肖像显示的美在于性格表现，体现了画家的美学观。画中女子着装入时得体，是上流社会有文化、有修养的知识女性打扮。

画面色调浓重且有变化,冷漠、深沉、俊秀的面孔鲜明突出,格外庄重、典雅。画家以现实主义思想、古典造型手法塑造了一位19世纪俄国新时代女性的形象。

代表作品

《向日葵》梵高(荷兰)

经典品析

文森特·威廉·梵高(1853～1890),荷兰后印象派画家,代表作有《星月夜》"自画像系列""向日葵系列"等。

梵高曾多次创作以向日葵为主题的静物,他爱用向日葵来布置他在阿尔的房间。他曾说过:"我想画上半打的《向日葵》来装饰我的画室,让纯净的铬黄,在各种不同的背景上,在各种程度的蓝色底子上,从最淡的维罗内塞的蓝色到最高级的蓝色,闪闪发光;我要给这些画配上最精致的涂成橙黄色的画框,就像哥特式教堂里的彩绘玻璃一样。"梵高确实做到了让阿尔8月阳光的色彩在画面上大放光芒,这些色彩炽热的阳光,发自他内心虔诚的精神情感。

梵高笔下的向日葵,像闪烁着的熊熊火焰,是那样艳丽、华美,同时又和谐、优雅甚至细腻,那富有动感的和仿佛旋转不停的笔触是那样粗厚有力,色彩的对比也是单纯强烈的。然而,在这种粗厚和单纯中却充满了智慧和灵气。总之,梵高笔下的向日葵不仅仅是植物,而是带有原始冲动和热情的生命体。

代表作品

《亚维农的少女》毕加索（西班牙）

经典品析

巴勃罗·毕加索（1881～1973），西班牙著名画家、雕塑家，现代艺术的创始人，西方现代派绘画的主要代表，代表作有《亚维农的少女》《梦》《格尔尼卡》等。

《亚维农的少女》是毕加索早期立体主义的代表作品，是一幅颠覆了以往的艺术方法的立体主义经典画作。可以说，《亚维农的少女》是毕加索艺术人生的转折点，没有它，也就不会诞生现在的立体主义。所以，人们往往称呼它为现代艺术发展的里程碑。这幅画，毕加索抛弃了对人体的真实描写，把整个人体利用各种几何化了的平面装配而成，把立体要素全部转化为平面性。画中少女们的身体并不肉感、丰盈，反而突出了她们变了形的脸。右边两个裸女那粗野、异常的面容及体态，充满了原始艺术的野性特质。左边的三个裸女形象是古典型人体的生硬变形。毕加索说："我把鼻子画歪了，归根到底，我是想迫使人们去注意鼻子。"最左边一个女人，正拉开赭红色的布幕，似乎要从帘幕后面出来看一看。

画家把这五个人物不同侧面的部位都凝聚在单一的一个平面中，把不同角度的人物进行了结构上的组合。看上去，就好像他把五个人的身体先分解成了单纯的几何形体和灵活多变、层次分明的色块，然后在画布上重新进行了组合。女人正面的胸脯变成了侧面的扭曲，正面的脸上出现侧面的鼻子，甚至一张脸上的五官全都错了位置，呈现出拉长或延展的状态。画面上呈现单一的平面性，没有一点立体透视的感觉。所有的背景和人物形象都通过色彩完成，色彩运用得夸张而怪诞，对比突出而又有节制，给人极强的视觉冲击力。

影 视

电影是一种独特的文化艺术形式,它是多重艺术共同作用的结果,好的电影人物塑造鲜明、故事感染力强,能够启发观众的思维积极性,给人以艺术的享受。电影是影视艺术的起源,电视是影视艺术的衍生物之一,而影视艺术则包括电影、电视及两者所表达的艺术效果。由于影视诞生的时间相对较晚,所以人们常把它放在绘画、雕塑、建筑、音乐、文学、舞蹈、戏剧等艺术门类之后,将其称为第八艺术。简单来说,影视艺术是时间艺术与空间艺术的复合体,它既像时间艺术那样,在延续时间中展示画面,构成完整的银幕形象,又像空间艺术那样,在画面空间上展开形象,使作品获得多手段、多方式的表现力。

渔 光 曲

诞生年份 1934 年
导演 蔡楚生
主要成就 1935 年在莫斯科国际电影节上获荣誉奖,是中国第一部获得国际荣誉的影片

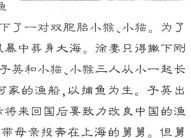

故事发生在旧中国东海渔村一个贫苦善良的渔民家里。一个狂风暴雨的晚上,渔民涂福的妻子生下了一对双胞胎小猴、小猫。为了养活一家老小,涂福顶风冒雨到海上打鱼,不幸在风暴中葬身大海。涂妻只得撇下刚生下的儿女,只身到船王何家做了奶妈。何家少爷子英和小猫、小猴三人从小一起长大,非常要好。数年后,小猫、小猴继承父业,租了何家的渔船,以捕鱼为生。子英出国留学,主攻渔业。临行时三人聚在一起,子英表示将来回国后要致力改良中国的渔业。在此之后,涂妈双目失明,小猫、小猴不得不携带母亲投奔在上海的舅舅。但舅舅也只以在街头卖唱为生,小猫、小猴只好和舅舅一起卖唱。在上海,他们遇到了回国的子英,子英进了父亲的公司。好心的子英给了小猫、小猴一百块钱,没想到这些

钱反倒让他们被诬陷是抢劫而得,被捕入狱。他们出狱后,家里发生了火灾,涂妈和舅舅葬身火海,小猫、小猴无家可归。何子英希望小猫、小猴到何家去,但他父亲也因渔业公司的破产自杀了。目睹这一切的子英放弃了他的改良计划,跟着小猫、小猴一起到海上捕鱼。不幸的是,小猴因捕鱼而受重伤,临死前小猴央求小猫再为他唱一遍他们平时最喜欢唱的歌,小猫含着眼泪,心酸地唱起了委婉动人的《渔光曲》……小猴在轻柔、动听的歌声中,慢慢地闭上眼睛,离开了人间。

经典品析

《渔光曲》中主人公小猴和小猫一家的悲剧,就是中华民族悲剧的缩影。1934年6月,《渔光曲》在上海公映后,整个社会为之轰动。影片深深地感动了当时不同阶级、不同阶层的中国人。而由任光作曲的同名主题歌《渔光曲》,以质朴真实的歌词、委婉惆怅的旋律,鲜明地描绘了20世纪30年代渔村破产的凄凉景象,展现了渔民的苦难生活,诉说了他们的痛苦与忧愁。

一江春水向东流

诞生年份 1947年
导演 蔡楚生、郑君里
主要成就 被誉为"中国传统电影艺术风格的经典作品",代表了中华人民共和国成立前中国电影界的最高水准

情节梗概

上海某纱厂的女工素芬和夜校教师张忠良相识并相爱。张忠良为宣传抗日,给义勇军募捐,引起纱厂温经理的不满。没多久,素芬和张忠良结婚了,一年后有了一个儿子。抗战全面爆发以后,张忠良因参加救护队离开了上海,素芬带着孩子、婆婆回到乡下。但农村已被日寇侵占。忠良的弟弟张忠民和教师婉华参加了抗日游击队。忠良的父亲因向日寇要求减少征收粮食被吊死。素芬又和儿子、婆婆回到上海,到了难民事务所。张忠良在参加抗战过程中历尽磨难,好不容易逃到了重庆,但无依无靠,为生活所迫,他去找在抗战前认识的温经理的小姨王丽珍。已成交际花的王丽珍在干爸庞浩公的公司里给张忠良找了份工

作。张忠良经不起堕落生活的诱惑,和王丽珍结了婚。这时,素芬和婆婆则过着艰难的生活。张忠良当上了庞浩公的私人秘书,终日穿梭于上层社会的人群中,将素芬等早已抛之脑后。抗战胜利后,素芬还盼望得到丈夫的消息。张忠良回到上海后又和王丽珍的表姐何文艳发生了关系。素芬为养家糊口,到何文艳家做了女佣。一次在何文艳举行的晚宴上,素芬认出了丈夫张忠良,当她说出真相时震惊四座。后素芬收到张忠民的来信,张忠民已与婉华结婚,并祝兄嫂全家幸福。这时,素芬才将实情告诉婆婆。张母找到儿子,当面痛斥忠良,但懦弱的张忠良仍不悔改,素芬万般无奈,投河自尽了。

影片通过小人物的悲惨遭遇透视民族的苦难,展现了民族危机严重的历史背景下普通民众民族意识的觉醒历程。该片是在战争刚结束之时所拍,无论是导演还是演员都将自己在战争中的个人经历很好地融入影片细节,使该片成为反映这一重要历史时期社会深刻变化的典型,"抗战救国"成为影片最为鲜明的主旋律。

小城之春

诞生年份 1948 年
导演 费穆
主要成就 中国电影里程碑式的经典佳作

情节梗概

故事发生在抗战胜利后的一座南方的小城里。周玉纹和丈夫戴礼言的夫妻生活淡而无味,两人已经几乎没有什么言语上的交流,周玉纹只是恪守着做妻子的责任。周玉纹喜欢时常到城墙上走走,有时能在那里呆上一整天,但没有人知道她在看什么、想什么。戴礼言长期抱病,终日郁郁寡欢,他对家道的日益没落感到无可奈何,而对妻子的疏远无法接受却又难有作为。除了这对沉默的夫妻,围墙内还有戴礼言年少的妹妹戴秀和年老的仆人老黄,四个人守着沉闷的家。戴礼言的同学章志忱突然回到小城,犹如在死水中投下一颗石子,一家人的心思均被他的到来而打乱。成为医生的章志忱原本是周玉纹的恋人,二人的再次重逢唤起了旧情,而清纯年少的戴秀也爱上了举止优雅气质不俗的章志忱,四个人的关系纠缠在了一起。戴礼言因无法忍受这样的生活而服药自尽,后经抢救脱险。一场风波令章志忱决心离开这里,周玉纹也决定继续与丈夫生活下去,戴、周二人一起站在城墙上目送章志忱远去。

经典品析

作为中国诗意电影的优秀作品《小城之春》,反复出现的城墙场景,极具地域特色的南方老宅,以及周玉纹与章志忱之间欲说还休的对话处理等,都体现着中国古典诗词审美,使得影片最终在神韵上成功复制了中国山水画中的写意风格,向世界展示出中国电影甚至诗歌的独特魅力。删繁就简是《小城之春》的第二个重要特点,整部影片时长90分钟,出现的人物一共只有5个,场景也不多。画面简洁明了,叙事简单,既没有复杂的矛盾冲突,也没有过多的情节渲染。观众只是从周玉纹与章志忱的只言片语中获得一点信息,了解事情的大概,而细节留给观众遐想。在这样简洁的设计之下,观众能够一眼看清人物之间的关系,使思考空间得到延展。

城南旧事

诞生年份 1982年
导演 吴贻弓
主要成就 1983年第2届马尼拉电影节最佳故事片、金鹰奖

情节梗概

20世纪20年代末,六岁的小姑娘林英子住在北京城南的一条小胡同里。经常痴立在胡同口寻找女儿的"疯"女人秀贞,是英子结交的第一个朋友。秀贞曾与一个大学生暗中相爱,后大学生被警察抓走,秀贞生下的女儿小桂子被家人扔到城根下,生死不明。英子对秀贞非常同情。英子得知小伙伴妞儿的身世很像小桂子,又发现她脖颈后的胎记,急忙带她去找秀贞。秀贞与离散六年的女儿相认后,立刻带妞儿去找寻爸爸,结果母女俩惨死在火车轮下。后来,英子一家迁居新帘子胡同,英子又在附近的荒园中认识了一个厚嘴唇的年轻人。他为了

供弟弟上学不得不去偷东西。英子觉得他很善良,但又分不清他是好人还是坏人。不久,英子在荒草地上捡到一个小铜佛,被警察局暗探发现,带巡警来抓走了这个年轻人。这件事使英子非常难过。英子九岁那年,她的奶妈宋妈的丈夫冯大明来到林家。英子得知宋妈的儿子两年前掉进河里淹死了,女儿也被丈夫卖给了别人,心里十分伤心,不明白宋妈为什么撇下自己的孩子不管,来伺候别人。后来,英子的爸爸因肺病去世,宋妈也被她丈夫用小毛驴接走。英子随家人乘上远行的马车,带着种种疑惑告别了童年。

经典品析

《城南旧事》是一部流露着亲情与分离的电影,影片以一种趣味横生的猎奇性,一种平实而又能抓住人心的镜头,向人们讲述了一段城南旧事。一个神志不清的女人,一个弄得满城风雨的小偷,一个跟随多年的佣人,导演巧妙地用三个不同的人物把影片分成了三个部分。

《城南旧事》在电影画面意象的选择与创造、音乐音响的设计与运用,及"艺术重复"技巧手法的采用上,均有独具匠心的探索。

红 高 粱

诞生年份 1987年
导演 张艺谋
主要成就 1988年第38届德国柏林国际电影节金熊奖

"我"奶奶十九岁那年,曾外祖父为了换一头骡子,把她嫁给十八里坡的麻子李大头。轿子走到青杀口,突然窜出一个劫匪,劫了轿夫的工钱,又要抢"我"奶奶。轿夫也就是后来的"我"爷爷,他带头杀劫匪,并且对"我"奶奶产生了好感。三天后,"我"奶奶回门路过高粱地,蒙面的爷爷将她拉进高粱地里。不久,李大头死了,并且死因成了谜,"我"奶奶成了酒坊的掌柜并得到店伙计罗汉的帮助。"我"爷爷找到了"我"奶奶,并恶作剧地在一坛刚酿好的酒里撒了一泡尿,没想到后来这酒倒成了好酒。"我"奶奶给它取名叫十八里红,同时"我"爷爷和"我"奶奶在一起了,喜欢"我"奶奶的伙计罗汉爷爷走了,后来成了抗日的共产党。

"我"爹九岁那年,日本鬼子来了。日本鬼子为了修路,用刀逼着乡亲们踩倒高粱。日军将罗汉爷爷吊在树上,逼着肉店的伙计剥他的皮。"我"奶奶让伙计们喝下了十八里红,大家唱着《酒神曲》去埋雷炸日本鬼子。"我"奶奶在家做了一桌子饭菜,等着得胜回来的"我"爷爷他们。"我"爹回去说爷爷他们饿了,叫"我"奶奶送饭,"我"奶奶挑着担子去送饭,被日本鬼子用机枪打死。这时,高粱地里发出怒吼声,"我"爷爷和众伙计冲向日本军车,日本军车被炸飞了,伙计们也死了,只有"我"爷爷和"我"爹活了下来……

《红高粱》是一个具有神话意味的传说。整部影片在一种神秘的色彩中歌颂了人性与蓬勃旺盛的生命力。因此,赞美生命是该片的主题。"是要通过人物个性的塑造来赞美生命,赞美生命的那种喷涌不尽的勃勃生机,赞美生命的自由、舒展。"(张艺谋语)正因为这种对生命的礼赞以及影片精湛的电影语言的运用,《红高粱》获得了国际荣誉,这也是中国电影迄今为止在国际上获得的最高荣誉。

天堂电影院(意大利)

诞生年份 1988 年

导演 朱塞佩·托纳多雷

主要成就 1990 年第 52 届奥斯卡奖最佳外语片、1989 年第 42 届戛纳电影节评审团大奖、1990 年第 47 届美国金球奖最佳外语片

情节梗概

故事发生在二战时期意大利西西里岛上宁静的吉安加村,在这个村子里有座小教堂,教堂前有一家电影院,叫作"天堂电影院"。因为父亲的失踪,八岁的多多不得不到教堂去干活。在教堂里,古灵精怪的多多认识了天堂电影院的放映师艾费多。

多多不但喜欢看电影,还乐于看艾费多"剪"电影。在20世纪40年代的意大利小镇上,电影都要经过牧师的严格检查才能放映,他们会将他们认为不宜的"色情"镜头剪掉,所以每当银幕上出现不宜的镜头时,神父就会在观众席上摇铃。有时,当观众发现接吻镜头被删去之后,就会起哄甚至吐口水,而当观众看到极度煽情的镜头时,又会嚎啕大哭,每次放映电影,电影院里总是热闹非凡。

多多总是饶有兴趣地观看艾费多的剪片过程,每次他都请求艾费多将剪下的胶片送给他,多多的理想就是成为艾费多那样的电影放映师。一天晚上,多多珍藏的胶片不幸起火,还差点烧死自己的小妹妹,后来艾费多让他跟随自己放映电影。为了让更多的人能够看到电影,善良的艾费多决定放一场露天电影,但不幸的是胶片着了火。虽然多多冒死将艾费多救出火场,但火灾导致艾费多双目失明,连天堂电影院也被烧毁。从此小镇上只有多多会放映电影,他成了小镇唯一的电影放映员。多多慢慢长大,他爱上了银行家的女儿爱莲娜,但他们无法在一起,多多要去参加兵役,爱莲娜要去读大学,美好的初恋就这样结束了,伤心的多多离开了小镇,去追寻自己的梦想……

再次回到家乡,多多已经人过中年,这时的他已经是一名著名的电影导演。他再次邂逅昔日的恋人爱莲娜,才知道当年的艾费多为了让多多勇敢地追求理想,隐瞒了爱莲娜的消息。这时的小镇电影已经被电视取代,连昔日美好的天堂电影院也要被改造成停车场,亦师亦友的艾费多也离开了人世,他留给多多一份珍贵的礼物——一盘被剪掉的电影胶片,当初被删去的接吻镜头都被接在一起,看到这些珍贵的镜头,多多理解了生命的一切。

经典品析

《天堂电影院》是一部充满怀旧意味的影片,也是一部自传性色彩很浓的影片,这部影片充满着对电影历史的缅怀以及对个人情感历程的怀旧。影片采用倒叙结构,以萨尔瓦多的视角展开回忆,因此一开篇就给人带来一种绵长、悠远的怀旧气息。导演在回忆中选择了童年的多多的视角,在多多的视角中一切被净化为充满趣味的片断,这一视角奠定了影片温婉清丽的风格。

辛德勒的名单(美国)

诞生年份 1993年

导演 史蒂文·斯皮尔伯格

主要成就 第66届奥斯卡最佳影片、最佳导演、最佳改编剧本、最佳艺术指导、最佳摄影、最佳电影剪辑、最佳配乐

影片再现了德国企业家奥斯卡·辛德勒与其夫人埃米莉·辛德勒在二战期间倾家荡产保护了1200余名犹太人免遭法西斯杀害的真实历史事件。

二战时期,德国对犹太人实行种族隔离、种族灭绝,故事展现了德国人开始迫害犹太人到德国战败的时间段。奥斯卡·辛德勒是一名非常有经商头脑的捷克商人,他通过上流社会的聚会,结识德国军官,在德国军官中有很高的声望。通过与德国军官搞好关系,他达到了他最初的目的——利用犹太人的廉价劳动力来为自己谋利。之后在运营搪瓷厂的过程中,他又通过送战时稀有物品的方式推销自己的产品,获得了大量的军事订单。在工厂运营的过程中他经历了工人无故被杀、史坦被抓,目睹了德国军队对犹太区的残酷清洗,以及德国军官的残酷行径,他的心态不断转变,他开始同情犹太人,并利用他的工厂保护犹太人。在德国即将战败的时候,他将他的工厂搬回了捷克,并用他自己的财产论人头赎买犹太人,在犹太女工被带到奥斯维辛的时候,他亲自去到奥斯维辛拯救她们,并用自己的行动反对战争,拒绝为德国法西斯做炮弹。终于到了胜利来临的时候,辛德勒却因为纳粹的身份成了逃犯,他阻止了德国军人对犹太工人最后的屠杀,并与所有工人深情告别。在许多年后,被救的犹太工人和他们的子孙共同到辛德勒的墓前祭奠他,感谢他为保护犹太人所做出的巨大贡献。

经典品析

《辛德勒的名单》是著名的黑白电影,黑白两色也是斯皮尔伯格运用色彩蒙太奇表现电影基调的重要方式。历史是沉重的,是压抑的,斯皮尔伯格在电影中大量使用黑白两色,营造出纪录片式的真实感,用黑白演绎出那段恐怖的历史,

给人以凝重感。同时,从头到尾的黑白色使得唯一的彩色——穿着红衣的犹太小女孩更加引人注意。

肖申克的救赎(美国)

诞生年份 1994 年
导演 弗兰克·达拉邦特
主要成就 第 19 届日本电影学院奖最佳外语片

情节梗概

故事发生在1947年,知名的银行代理人安迪因妻子的婚外情,想要杀死妻子及其情人。就在那天晚上,安迪的妻子及其情人同时被枪杀,安迪成为头号嫌疑人。虽然安迪没有杀人,但他有谋杀动机,因为缺乏辩护和证据不足而被判处两次无期徒刑。然后他被关进肖申克监狱。作为一名新人,他在头两年遭受了很多折磨。直到有一天,在外出劳动的时候,他找到机会,利用专业知识帮助狱警长解决了税务问题。在与老囚犯瑞德的交往中,两人之间逐渐建立了友谊。因为安迪给监狱看守和监狱长带来了好处,所以他也获得了很多自由空间。汤米的到来使他无意中发现杀害他妻子的凶手。他要求当初他被判杀人罪的案子重新审理。但因监狱长害怕自己的秘密泄露,害怕自己无法再牟利,他的希望在监狱长的干预下消失了。当汤米被杀时,他才最终下定决心完成越狱。在一个闪电和雷声交织的夜晚,他爬过他挖了19年的隧道,爬上了500码的化粪道,成功地离开了肖申克监狱。随后,他将他在鲨堡偷偷搜集的资料交给了记者,使腐败者得到了应得的惩罚。他选择前注前半生魂牵梦萦的大洋波岸,而他的朋友瑞德在假释后来找他。

经典品析

安迪在监狱中成功地完成了自我救赎。入狱前,他是一个不善于表达情感的人,没有朋友,甚至连自己深爱的妻子也背叛了他。而在狱中,他收获了瑞德的友情,同时也学会了分享,学会了沟通和交流。在分享中,他也试图让对自由和希望的渴望重新回到狱友们的心中,救赎他们的心灵。初春的早晨,狱友们能够像在修葺自家的屋顶一样,坐在暖暖的阳光下享受着安迪争取到的冰啤酒。这种久违的自由的感觉再一次回到了狱友们的心头,那么真切、那么美好。安迪私自在狱警的办公室播放《费加罗的婚礼》,再次给狱友们带来了自由的感觉。音乐里的激情刺激着狱友们原本干涸的心灵。而图书馆的落成,更让狱友们见证了希望是能够在不懈的坚持下带来成功的。自然,对自由的希望也不再仅仅是一种幻想。

阿甘正传(美国)

诞生年份 1994年
导演 罗伯特·泽米吉斯
主要成就 第67届奥斯卡最佳影片、最佳男主角、最佳导演、最佳视觉效果、最佳剪辑、最佳改编剧本

情节梗概

阿甘有智力缺陷,在学校里为了躲避别的孩子的欺侮,听从朋友珍妮的话而开始跑。他通过跑进了大学。大学毕业后,阿甘应征入伍去了越南。在那里,他有了两个朋友:热衷捕虾的布巴和令人敬畏的长官邓·泰勒上尉。虽然阿甘一直爱着珍妮,但珍妮却不爱他。战争结束后,阿甘作为英雄受到了约翰逊总统的接见。在"说到就要做到"这一信条的指引下,阿甘最终闯出了属于自己的一片天空。为了纪念死去的布巴,他成立了布巴·甘公司,并把公司的一半股份分给了布巴的母亲。奔跑了许久之后,阿甘停了下来,回到自己的故乡。在途中,他见到了珍妮,还有一个小男孩,那是他的儿子。他们三人一同回到了家乡,度过了一段幸福的时光。珍妮过世后,他们的儿子也已到了上学的年龄。阿甘送儿子上了校车,他坐在公共汽车站的长椅上,回忆起了自己的一生……

经典品析

阿甘的身上凝聚着美国的国民性,他还参与或见证了美国20世纪50年代以来的重大历史事件。影片的表层是阿甘的自传,由他慢慢讲述。阿甘的所见所闻所言所行不仅具有高度的代表性,而且是对历史的直接图解。这种视觉化

的比喻在影片的第一个镜头中就得到生动的暗示：一根羽毛飘飘荡荡,吹过民居和马路,最后落到阿甘的脚下,随意而又有必然性。汤姆·汉克斯把阿甘从历史的投影变为实实在在、有血有肉的人。阿甘是一个占据着成年人躯体的幼童、一个超越真实的普通人、一个代表着民族个性的小人物。

放牛班的春天(法国)

诞生年份　2004 年
导演　克里斯托夫·巴拉蒂

　　世界著名指挥家皮埃尔·莫昂克重回法国故地出席母亲的葬礼,他的旧友佩皮诺送给他一本陈旧的日记。看着这本当年音乐启蒙老师克莱门特·马修遗下的日记,一幕幕童年的回忆渐渐浮出皮埃尔记忆的深潭。克莱门特是一个才华横溢的音乐家,不过在 1949 年的法国乡村,他没有施展自己才华的机会,最终成为一所男子寄宿学校的助理教师。这所学校有一个外号叫"池塘之底",因为这里的学生大部分都顽皮。到任后克莱门特发现校长以残暴高压的手段管治这些少年,体罚在这里司空见惯。性格沉静的克莱门特尝试用自己的方法改善这种状况,闲时他会创作一些合唱曲,而令他惊奇的是这所寄宿学校竟然没有音乐课,他决定用音乐打开学生们封闭的心灵。

　　克莱门特开始教学生们唱歌,但事情进展得并不顺利,一个最大的麻烦制造者就是皮埃尔。皮埃尔拥有天使的面孔和歌喉,却有着令人头疼的牲格,循循善诱的克莱门特把皮埃尔的音乐天赋发掘出来,同时他也对皮埃尔的母亲产生了一段微妙的感情。最后因为失火事件克莱门特被校长解雇,临走前带走了佩皮诺。

经典品析

　　敦厚纯良的音乐老师克莱门特用他宽广博爱的胸襟和美妙动听的音律抚慰着放牛班少年们饱受摧残的心灵,让一群被社会遗弃的孩子变成想唱就唱的天使,度过了二战刚刚结束那段艰难的岁月。影片情感真挚细腻,画面随时间推移由冬经春抵初夏,作为主要情感表达的音乐基调也由沉郁凄清慢慢转为活泼明快,呈现出层次的美感。创作者似乎着意于影片场景的巧妙设置、人物言行举止的精心安排,以达到景无虚设、话无虚说、笔无虚落的佳境。

建　筑

不同的国家和地域都有自己不同的建筑艺术,它是形成人类文明不可或缺的一个重要组成部分,并对人类的发展产生了深远的影响。建筑艺术与其他造型艺术一样,主要通过视觉给人以美的感受。同时,建筑艺术也是一种立体艺术形式,建筑艺术形象具有特殊的反映社会生活、精神面貌和经济基础的功能。建筑艺术与其所处的历史时代、地理气候、民族文化和生活习俗密切相关,同时受到材料、结构、施工技术等方面的制约。中国传统建筑体系是以木结构为特色的独立的建筑,外国建筑体系是以石材结构为特色的独立建筑,属于砖石结构系统。中外建筑体系在城市规划、建筑组群、单体建筑以及材料、结构等方面的艺术处理均取得了辉煌的成就。

根据风格及用途来划分,中国传统建筑可以分为粤派、皖派、闽派、京派、苏派、晋派、川派。

粤派——乐平镇大旗头古村古建筑群

乐平镇大旗头古村古建筑群是岭南保存规模最大的镬(huò)耳屋古建筑群。大旗头村位于广东省佛山市三水区乐平镇北偏西2公里处,2002年,被广东省政府公布为第四批省级文物保护单位;2003年,其与安徽省西递等12个古村落一起,被建设部和国家文物局联合公布为首批国家级历史文化名村;2004年,被广东省文化

厅评为"广东第一村"。村庄占地面积约5.2万平方米,古建筑面积约1.4万平方米,以5座祠堂和家庙为前列,前后相连、左右贯通,200多座一式的硬山顶镬耳屋坐西向东呈梳式布局,整齐划一,规模宏大,历经120多年的风雨,至今仍能感受到它曾显赫一时的豪气。

经典品析

　　最能体现广府文化的"活化石"莫过于那些林立于乡间村落的镬耳屋建筑群了。镬耳屋是广东岭南传统民居的代表,多用青砖、石柱、石板砌成,外墙壁均有花鸟图案。因其山墙状似镬耳,故称"镬耳屋"。镬是古时的一种大锅,镬耳屋因此亦称"锅耳屋"。据说镬耳状的建筑防火和通风性能良好:发生火灾时,高耸的山墙可阻止火势的蔓延和侵入;微风吹动时,山墙可挡风入巷道,进而通过门、窗流入屋内。在明清时期的广府民居中,一般是出过高官的村落才有资格在屋顶竖起镬耳封火山墙。而镬耳山墙最直接的功能则是可遮挡太阳直射,减少屋内的闷热。

皖派——西递、宏村皖南古村落

　　西递、宏村位于安徽省黄山市黟县,是安徽南部民居中最具代表性的两座古村落,以世外桃源般的田园风光、保存完好的村落形态、工艺精湛的徽派民居和丰富多彩的历史文化内涵而闻名遐迩,被誉为"画中的村庄"。西递始建于北宋皇佑年间,发展于明朝景泰中叶,鼎盛于清朝初期,至今已有960多年的历史。其东西长700米,南北宽300米,居民300余户,人口1000多。因村边有水西流,又因古有递送邮件的驿站,故而得名"西递",素有"桃花源里人家"之称。宏村始建于南宋绍熙年间,原为汪姓聚居之地,绵延至今已有800多年。其背倚黄山余脉羊栈岭、雷岗山等,地势较高,经常云蒸霞蔚,有时如浓墨重彩,有时似泼墨写意,好似一幅徐徐展开的山水长卷,被誉为"中国画里的乡村"。西递、宏村"布局之工,结构之巧,装饰之美,营造之精,文化内涵之深",为国内古民居建筑群所罕见。

经典品析

徽派民居建筑风格有"三绝"(民居、祠堂、牌坊)和"三雕"(木雕、石雕、砖雕)。建筑形象突出的特征是白墙、青瓦、马头山墙、砖雕门楼、门罩、木构架、木门窗。错落有致的马头墙不仅有造型之美,更重要的是它有防火、阻断火灾蔓延的实用功能。

徽派民居的特点之一是高墙深院,一方面是为了防御盗贼,另一方面是饱受颠沛流离之苦的迁徙家族获得心理安全的需要。徽派民居的另一特点是以高深的天井为中心形成内向合院,四周高墙围护,外面几乎看不到瓦,唯以狭长的天井采光、通风、与外界沟通。雨天落下的雨水从四面屋顶流入天井,俗称"四水归堂",形象地反映了徽商"肥水不流外人田"的心理,这与晋派民居有异曲同工之妙。

徽派建筑非常注重选址。一般要符合天时、地利、人和皆备的条件,达到"天人合一"的境界。因此,村落多建在山之阳,依山傍水或引水入村,和山光水色融成一片。住宅多面临街巷。整个村落给人幽静、典雅、古朴的感觉。民居布局和结构紧凑、自由,屋宇相连,平面沿轴向对称布置。内部穿斗式木构架围以高墙,正面多用水平型高墙封闭起来,两侧山墙做阶梯形的马头墙,高低起伏,错落有致,黑白辉映,增加了空间的层次和韵律美。方整的外形,形如"一颗印",为徽州民居的独特风格。民居前后或侧旁设有庭园,置石桌石凳,掘水井鱼池,植果木花卉,甚至叠山造泉,将人和自然融为一体。

闽派——永定土楼

土楼,俗称"生土楼"。因其大多数为福建客家人所建,故又称"客家土楼"。永定土楼,位于福建省龙岩市永定区。永定,是纯客家县,是福建拥有最多土楼的县,总共2.3万多座。永定土楼是世界上独一无二的山区民居建筑,是中国古建筑的一朵

奇葩。2008年7月，成功列入世界文化遗产名录。它历史悠久、风格独特、规模宏大、结构精巧，有方形、圆形、五角形、八角形、"日"字形、"回"字形、吊脚楼等多种类型。永定区共有著名的圆楼360座、方楼1万多座。其中最著名的土楼有福建土楼王——承启楼、土楼王子——振成楼、土楼公主——振福楼。其中，承启楼是福建土楼当中建筑规模最大的，2010年载入吉尼斯世界最大土楼纪录。

经典品析

　　福建土楼是世界上独一无二的山区大型夯土民居建筑、创造性的生土建筑艺术杰作。结构上以厚实的夯土墙承重，内部为木构架，以穿斗式结构为主。它以历史悠久、种类繁多、规模宏大、结构奇巧、功能齐全、内涵丰富著称，具有极高的历史、艺术和科学价值，被誉为"东方古城堡""世界建筑奇葩""世界上独一无二的、神话般的山区建筑模式"。

　　一座土楼就是一个小社会。客居异地的客家人为了自身的生存和发展，需要最大限度地自给自足，而土楼的结构及功能充分满足了这个小农经济的特色需要。楼内的水井、厨房、储藏室、卧室、粮食加工房、柴火间、猪牛舍、厕所等设施一应俱全。全家族人在得到基本的生活保障的同时，又尽享几代同堂、合家团圆的天伦之乐。

　　土楼以生土作为主要建筑材料，掺上细沙、石灰、糯米饭、红糖、竹片、木条等，经过反复揉、舂(chōng)、压建造而成。楼顶覆以火烧瓦盖，经久不损。土楼高可达四五层，供三代或四代人同楼聚居。土楼多具完善的防御功能。其外墙厚一至二米，一二层不开窗，仅有的坚固大门一关，土楼便成坚不可摧的堡垒。为防火攻，门上设有漏水漏沙装置，紧急时楼内居民还可从地下暗道逃出。

京派——老北京四合院

　　北京四合院又称四合房，是一种传统合院式建筑，其格局为一个院子四面建有房屋，通常由正房、东西厢房和倒座房组成，从四面将庭院合围在中间。自明朝正式建都北京，大规模规划建设都

城起，四合院就与北京的宫殿、衙署、街区、坊巷和胡同同时出现了。四合院的基本特点是按南北轴线对称布置房屋和院落，坐北朝南，大门一般开在东南角，门内建有影壁，外人看不到院内的活动。正房位于中轴线上，侧面为耳房及左右厢房。正房是长辈的起居室，厢房则供晚辈起居用。这种庄重的布局，亦体现了华北人民正统、严谨的传统性格。

经典品析

  北方院落民居以京派建筑最为典型，而京派建筑里以四合院最为典型。四合院是北京地区乃至华北地区的传统住宅。北京地区属暖温带、半湿润大陆性季风气候，冬寒少雪，春旱多风沙，因此，住宅设计注重保温防寒避风沙，外围砌砖墙，整个院落被房屋与墙垣包围，硬山式屋顶，墙壁和屋顶都比较厚实。北京四合院之所以有名，还因为它虽为居住建筑却蕴含着深刻的文化内涵，是中华传统文化的载体。四合院的装修、雕饰、彩绘也处处体现着民俗民风和传统文化，表现一定历史条件下人们对幸福、美好、富裕、吉祥的追求。如以蝙蝠、"寿"字组成的图案，寓意"福寿双全"，以花瓶内安插月季花的图案寓意"四季平安"，而嵌于门管、门头上的吉辞祥语，附在檐柱上的抱柱楹联，以及悬挂在室内的书画佳作，更是集贤哲之古训，采古今之名句，或颂山川之美，或铭处世之学，或咏鸿鹄之志，风雅备至，充满浓郁的文化气息，登斯庭院，有如步入一座中国传统文化的殿堂。

苏派——拙政园

  拙政园，位于江苏省苏州市，始建于明正德初年（16世纪初），是江南古典园林的代表作品。拙政园与北京颐和园、承德避暑山庄、苏州留园一起被誉为中国四大名园。截至2014年，拙政园是苏州现存最大的古典园林，占地78亩。全园以水为中心，山水萦绕，厅榭精美，花木繁茂，具有浓郁的江南水乡特色。花园分为东、中、西三部分，东花园开阔疏朗，中花园是全园精华所在，西花园建筑精美，各具特色。园南为住宅区，体现了典型江南地区

传统民居多进的格局。

> **经典品析**

　　苏派民居指江浙一带的建筑风格,是南北方建筑风格的集大成者,园林式布局是其显著特征之一。苏派民居以南向为主,这样可以冬季背风朝阳,夏季迎风纳凉,充满江南水乡古老文化的韵味。脊角高翘的屋顶,加上走马楼、砖雕门楼、明瓦窗、过街楼等,粉墙黛瓦鳞次栉比、轻巧简洁、古朴典雅,体现出清、淡、雅、素的艺术特色。

　　中国传统园林布局追求曲折之致:园林式布局讲究结构,布置曲折幽深,直露中要有迂回,舒缓处要有起伏,园林中分布的建筑有厅、堂、斋、馆、楼、台、亭、榭、门户、游廊、天井和巷道。相较而言,欧洲的皇家园林一般规模都比较大,园林开门见山,一览无余,一目了然。

晋派——延安窑洞

　　晋派只是一个泛称,不仅指山西一带,还包括陕西、甘肃、宁夏及青海部分地区,只是在这些地区当中山西一带的建筑风格较为成熟。晋派建筑大体分为两类:一类是山西的城市建筑,这是狭义上的晋派建筑;另一类是陕北及周边地区的窑洞建筑,这也是西北地区分布最广的一种建筑风格。

　　延安窑洞具有十分独特的地方民俗文化和民族风情,分为土窑洞、砖窑和石窑洞。石窑洞是用石条或砖做成的,坚固耐用。延安大学的砖窑洞群气势宏伟。但最常见的则是土窑洞,在凤凰山麓以及王家坪、杨家岭、枣园等地随处可看到其踪影。

> 经典品析

　　传统的窑洞是圆拱形，门洞处高高的圆拱加上高窗，在冬天的时候可以使阳光进一步深入窑洞的内侧，从而可以充分地利用太阳辐射，而内部空间也因为是拱形的，加大了内部的竖向空间，使人们感觉开敞舒适。窑洞的优点是冬暖夏凉，住着舒适、节能，同时传统的空间又渗透着与自然的和谐，朴素的外观在建筑美学上也是别具匠心。

川派——增冲鼓楼

　　增冲鼓楼位于黔东南州从江县城西北82公里的往洞镇，始建于清康熙十一年（1672），是贵州省历史最悠久、规模最大、保存最好的侗家鼓楼。增冲鼓楼为宝塔形，双葫芦顶，楼高25米，占地面积160平方米。内有四大柱，每根直径为0.8米，高15米，每柱之间距离为3.6米，构成高耸的锥形方架，为鼓楼的栋梁骨干部分。距内四大柱的外围3米处，竖有8根高3.5米的支柱，将四大柱团团围住，并以穿枋与内四柱相连，呈辐射形状。再叠上数层，每层则用8根短瓜柱层层叠竖，依内四柱将穿枋逐层缩短，紧密衔接，竖到第11层。四大柱的上面即第11层的上面，另立有两层八檐八角的伞顶宝塔，为鼓楼的顶部。

> 经典品析

　　川派建筑是指流行于四川、云南、贵州等地，为当地少数民族特有的建筑风格。侗家鼓楼，外形像个多面体的宝塔，楼心宽阔平型，中间用石头砌有大火锅，四周有木栏杆，设有长条凳，供歇息使用。楼的尖顶处筑有葫芦或千年鹤，象征寨子吉祥平安。楼檐角突出翘起，给人以玲珑雅致、如飞似跃之感。侗族民间有

"建寨先楼"之说。每个侗寨至少有一座鼓楼,有的侗寨多达四五座。过去鼓楼都悬有一面牛皮长鼓,平时村寨里如有重大事宜,即登楼击鼓,召众商议。有的地方发生火灾、匪盗也击鼓呼救。一寨击鼓,别寨应声,照此击鼓。就这样,一寨传一寨,消息很快就传到深山远寨,鼓声所及,人们闻声而来。因此,侗家人对鼓楼、长鼓特别喜爱。

比萨斜塔(意大利)

简 介

比萨斜塔本是比萨大教堂的钟楼,由于地基的原因不断倾斜,至今塔顶已偏离中轴线5.2米,但仍然没有倒塌,反而使它成为意大利的一个著名景观。比萨斜塔是建筑史上的一座重要建筑。它下层是实墙,用壁柱做装饰,中间六层外面用连续券做装饰,最上一层内收结束。塔的各部分比例协调,钟楼的装饰继承了大教堂和洗礼堂的经典风格,墙面用大理石或石灰石砌成深浅两种白色带,半露方柱的拱门、拱廊中的雕刻大门、长菱形的花格平顶、拱廊上方的墙面在阳光的照射下形成强烈的明暗反差,使塔的立面变化丰富,富有节奏感和韵味。它在借鉴前人建筑经验的基础上,更大限度地对圆形建筑加以发展,形成了自己独特的风格:意大利独一无二的圆塔,通体用白色大理石建造。

经典品析

有专家认为,比萨斜塔的圆形设计是为了同旁边的大教堂形成呼应,因此设计者有意模仿教堂半圆形后殿的曲线设计。更重要的是,比萨斜塔与奇迹广场上对圆形结构的强调是相一致的,加之大教堂、洗礼堂和斜塔装饰风格一致,均用白色大理石建造,使它们之间形成了视觉上的连续性,在碧草蓝天的映衬下,显得格外美丽。

罗马竞技场（意大利）

简介

罗马城举行角斗士比赛的地方是罗马竞技场，原名"弗拉维奥露天剧场"。竞技场内为阶梯形看台。据资料记载，当年竞技场的看台分为3个区：底层为第一区，是皇室、贵族、骑士阶层的座位；二层是第二区，为市民席；最高层即第三区，是平民区。第三区上部还有一层，是专为妇女保留的，其座椅

为木制。再上面为一个较大的平台，此处可供观众随意站立观看表演。为了安全，看台前专门建有高高的栏杆护墙，与表演区相隔第一区的第一排是皇帝及其随行人员的专座，用整块大理石雕琢而成。该区的其他座位则为元老院议员、祭司、法官、贵族，以及后来的主教所设。竞技场还专门为观众进出建有4座大型拱门。当然，皇帝进出自有专设之门，该门位于竞技场东北部第38和第39两门之间，较之其他门要宽得多。

竞技场中央是一个椭圆形的角斗场，长约86米，最宽处为63米，是斗兽、竞技、赛马、歌舞、阅兵和进行模拟战争的场所。当时为观赏水战，还曾引湖水进场淹灌成池。

在随后的两千年历史中，竞技场遭过雷击、地震，一度还成了市内最方便的采石场，很多基石被拉去建造官殿和教堂。直到18世纪，人为的破坏才被禁止，当时的几届教皇开始对之进行修复，那些补砌的砖就是历次修复的明证。以后又进行过几次较大的修复，这座宏伟的建筑才得以保留至今。

经典品析

这座巍峨宏大、气势磅礴的椭圆形大理石建筑至今仍耸立于罗马这座古老的城市。它坐落于罗马市中心的威尼斯广场南面，虽历经沧桑、残缺不整，却永

远记载着古罗马的骄傲、帝国的辉煌。从功能、规模、技术和艺术风格各方面来看,竞技场都是古罗马建筑的代表作之一。

时光流逝、往事如烟。罗马竞技场经历了两千年历史的沧桑,目睹了无数惊心动魄的场面,多次遭到天灾人祸破坏,其高耸的围墙已经残缺不全,舞台和坐席也已破败不堪,但仍不失其雄伟壮观的气势。时至今日,当我们仰视这座宏伟庞大的古代建筑时,耳边似乎还能听到那些铿锵的刀剑声和观众狂热的呐喊声,闻到那扑鼻的血腥味。它是无声的历史,见证过政治斗争的无情、奴隶制的残酷、角斗士的悲壮、基督教徒的苦难、宗教迫害的疯狂,它所代表的文化,又充分展示了古罗马人勇敢、好胜、崇尚武力和征服的民族性格。

埃菲尔铁塔(法国)

埃菲尔铁塔矗立在法国巴黎的战神广场,于1889年建成,得名于设计它的著名建筑师、结构工程师古斯塔夫·埃菲尔。埃菲尔铁塔总高324米,分为三层,分别在离地面57.6米、115.7米和276.1米处,其中第一、二层没有餐厅,第三层建有观景台,站在观景台,巴黎风貌尽收眼底。

经典品析

埃菲尔铁塔最初的建立是为了庆祝法国大革命胜利100周年,而后逐渐成为旅游景点,主要用于游客参观。100多年来,埃菲尔铁塔经历了从技术到艺术进而转变为象征符号的过程。1889年5月15日,为给世界博览会开幕典礼剪彩,埃菲尔铁塔的设计师古斯塔夫·埃菲尔亲手将法国国旗升上铁塔的300米高空,由此,人们为了纪念他对法国和巴黎的这一贡献,特别在塔下为他塑造了一座半身铜像。

金门大桥(美国)

金门大桥被誉为20世纪桥梁工程的一项奇迹,也被认为是旧金山的象征。整座大桥造型宏伟壮观、朴素无华。桥身呈朱红色,横卧于碧海白浪之上,华灯初放,如巨龙凌空,使旧金山市的夜空景色更加壮丽。

金门大桥位于美国西部加利福尼亚州旧金山市的太平洋东岸,横跨金门海峡的南北两岸,其中,大桥的北端连接北加利福尼亚,南端连接旧金山半岛。金门大桥分别由主桥、引桥、高架桥、两座桥塔、锚碇、悬索、吊索及各立交匝道组成,全长2780米。大桥桥体凭借桥两侧两根钢缆所产生的巨大拉力高悬在半空之中。桥塔之间的大桥跨度达1280米,为世界所建大桥中罕见的单孔长跨距大吊桥之一。大桥的桥面宽27.4米,从海面到桥中心部的高度约60米,即使涨潮时,大型船只也能畅通无阻。

经典品析

金门大桥是旧金山乃至加利福尼亚州的象征,金门大桥桥身的颜色为国际橘,因建筑师艾尔文·莫罗认为此色既和周边环境协调,又可使大桥在金门海峡常见的大雾中显得更醒目。红色大桥横跨在蓝天之下,蓝色的水映衬着橙红色结构的桥体,加上周边的奇花异草争奇斗艳,碧波上各种小船荡漾水中,让整个海湾都显得更加美丽。

金门大桥是悬索桥界的杰出代表,其新颖的结构和超凡脱俗的外观,使其不仅在大型悬索桥工程中一直扮演着领头羊的角色,而且也是所有大工程建造和运营管理的一个标杆,所以它被国际桥梁工程界广泛认为是美的典范,更被美国建筑工程师协会评为现代的世界奇迹之一。

泰姬陵(印度)

简介

泰姬陵全称为"泰姬·玛哈尔陵",是一座白色大理石建成的巨大宫殿式陵墓清真寺,是莫卧儿皇帝沙贾汗为纪念他心爱的妃子于1631年至1648年在阿格拉而建的。泰姬陵位于今印度距新德里200多公里外的北方邦的阿格拉城内,亚穆纳河右侧,由殿堂、钟楼、尖塔、水池等构成。整个陵园呈长方形,长576米,宽293米,四周被红砂石墙围绕。进口大门用红砂岩砌成,高约30米,门顶镶嵌着美丽的花朵,背面各有11个典型的白色圆锥形小塔,并以优美的书法镌刻着《古兰经》。大门与陵寝由一条宽阔笔直的甬道相连接,甬道由红石铺成,两边则是人行道。陵园正中央是陵寝,陵寝的四角各有一座尖塔,高达40米,内有50层阶梯,专供穆斯林阿訇(hōng)拾级而上,祈祷朝拜。陵寝东西两侧各建有答辩厅和清真寺两座式样相同、对称均衡的建筑。

经典品析

泰姬陵是印度知名度最高的古迹之一,世界文化遗产,被称为"世界新七大奇迹"之一,有"印度明珠"的美誉。

泰戈尔形容泰姬陵是"永恒面颊上的一滴眼泪",它集中了印度、中东及波斯的艺术特点,形体雄浑高雅,轮廓简洁明丽。早中晚不同时间去看泰姬陵,景色时时不同。朝霞初起时,红日伴着亚穆纳河袅袅的晨雾,泰姬陵自香梦沉酣中苏醒,静谧安详。中午时分,泰姬陵头顶蓝天白云,脚踏碧水绿树,在耀眼的阳光映衬下,出落得光彩夺目。傍晚斜阳夕照下,白色的泰姬陵从灰黄、金黄,逐渐变成粉红、暗红、淡青,随着月亮的冉冉升起,最终回归成银白色。在月光的轻拂下,即将安寝的泰姬陵清雅出尘,美得仿佛下凡的仙女。

科隆大教堂(德国)

简介

科隆大教堂,是位于德国科隆的一座天主教主教座堂,始建于1248年,工程时断时续,至1880年才完工。科隆大教堂高144.5米,宽86.5米,建筑总面积约8000平方米,可容纳2万多人。科隆大教堂为罕见的五进建筑,内部空间高挑又宽大,之后高塔将人们的视线引向天空,这使进入内部的人们感到一种磅礴的气势迎面而来,震撼感十足。

经典品析

科隆大教堂是科隆市的标志性建筑物。在所有教堂中,它的高度居德国第二(仅次于乌尔姆市的乌尔姆大教堂),世界第三。论规模,它是欧洲北部最大的教堂。它集宏伟与细腻于一身,被誉为哥特式建筑代表作中最完美的典范。

科隆大教堂以轻盈、雅致著称,被收入世界文化遗产名录。教堂四壁窗户总面积达1万多方米,全装有描绘圣经人物的彩色玻璃,被称为法兰西火焰式,使教堂显得更为庄严。据说,窗户彩色玻璃只用四种颜色是有讲究的:金色——代表人类共有一个天堂,寓意光明和永恒;红色——代表爱;蓝色——代表信仰;绿色——代表希望和未来。在阳光反射下,这些玻璃金光闪烁,绚丽多彩。这也成为科隆大教堂一道独特的风景。

圣巴西利亚大教堂(俄罗斯)

圣巴西利亚大教堂是莫斯科甚或全俄罗斯最具体而微的象征,也是俄罗斯最具代表性的纪念建筑。这座教堂是受伊凡四世的委托,为纪念其对喀山汗国的征服而于1555~1561年建造的。1588年,费奥多尔·伊万诺维奇沙皇在该建筑中一位俄罗斯东正教圣人瓦西里·柏拉仁诺之墓东上方添置了一个小礼堂。此后,该教堂就被人们普遍称为"圣瓦西里教堂"。

这是一座造型奇特的伞形教堂,像罗马教皇的圆形帽,又似印第安人的茅屋。该教堂有9个不同的房间,每间都有其独特的穹顶。传说教堂竣工后,伊凡弄瞎了所有参与兴建该教堂的建筑师,因为他不想让他们建出比该教堂更富丽堂皇的建筑。

经典品析

圣巴西利亚大教堂不但是莫斯科红场的标志性建筑,也是俄罗斯的标志性建筑,其鲜艳明快的色彩、精美绝伦的线条、积木式的结构、错落有致的布局和洋葱头似的尖顶,不仅是俄罗斯教堂的典范,更是孩子眼中的童话世界。

这种洋葱头的建筑形式源于伊斯兰建筑,是由拜占庭的圆顶风格演化而来的。"洋葱头"圆顶的数目是有讲究的:一般来说,2个代表天人合一的耶稣,3个代表圣父、圣子和圣灵,5个代表耶稣和《福音书》的四位撰写者,13个则代表耶稣和12个使徒。圣巴西利亚大教堂有8个"洋葱头",代表攻打喀山汗国的8次胜利,这8个"洋葱头"分别以8位圣徒的名字命名。

从远处看,整座教堂像一束五颜六色的蜡烛,上面还有燃烧的火焰。走到近处看,教堂每座高塔的形状和装饰都不一样,圆弧形、三角形、矩形交替组合,看似杂乱无章,却又和谐地组合在一起。这座教堂还有一个有趣的地方,就是没有正面、侧面和背面之分,任何一面都可以看成正面。从不同的方向可以看到不同的塔楼和圆顶,可无论从哪个方向看都很漂亮。

人物篇

唐朝著名政治家、思想家魏征曾有言:"以史为镜,可以知兴衰;以人为镜,可以知得失。"名人就是一面镜子,名人的成功经验是我们事业进取的宝贵精神财富,名人的失败教训会让我们人生奋斗历程中多几分冷静、几分稳重。古往今来成大器者,都十分重视向名人学习。牛顿说:我之所以成功,是因为我站在了巨人的肩上。正是无数杰出人物在各个历史时期起到的举足轻重的作用,为世界的繁荣发展,为全人类的进步,谱写了可歌可泣的不朽篇章。

了解一些对科学、教育、艺术等有重大影响的名人,不仅可以启迪心智、完善知识结构,而且能汲取人生经验和智慧。

本书人物篇收录了发明家、教育家、艺术家三类名人,不仅记载了他们的生平简介和轶事,而且客观评析了他们的成功经验,文字通俗易懂,融知识性、趣味性于一体,足以为中职生提供借鉴,帮助大家成为有所作为、有益于社会的人。

发 明 家

　　发明是创造性的脑力劳动,往往要经过无数次试验,克服许多困难和挫折才得以形成。坚忍不拔、刻苦钻研和勤于实践,是发明者的基本素质。

　　发明家,指创造、拥有新装置、新设计或新方法,能更好地提高人类生活水平、对人类社会未来发展有着巨大帮助,在人类发明史上作出伟大奉献或在发明界有一定影响力的人物。

　　伟大的发明家能够改变世界,影响人类历史的发展。从古至今,不同的时代、不同的领域都涌现出许许多多的发明家。

蔡　伦

 简 介

　　蔡伦(61～121),字敬仲,东汉桂阳郡宋阳(今湖南宋阳)人。

　　蔡伦一生为官46年,一度官尊九卿,地位显赫,主管皇宫制造业。当时的皇宫作坊,集中了天下的能工巧匠,代表那个时代制造业最高水准,为蔡伦提供了一个极好的平台。蔡伦在主管尚方期间,利用职务便利观察、接触生产实践,亲临现场做技术调查,加上自己的聪颖创新,对发展当时的金属冶炼、铸造、锻造及机械制造工艺以及手工业起到了不小的推动作用。

　　蔡伦的最大贡献是在造纸方面,是造纸技术革新者。据《后汉书·蔡伦传》记载,蔡伦曾"监作秘剑及诸器械,莫不精工坚密,为后世法"。因此蔡伦成为促进东汉造纸术发展的关键人物。蔡伦采用常见而便宜的树皮、碎布(麻布)、麻头、渔网等原料,摸索出剪切、沤煮、打浆、悬浮、抄造、定型干燥等一整套工艺。

　　造纸术是中国古代科学技术的"四大发明"(指南针、造纸术、印刷术、火药)之一,是中华民族对世界文明作出的一项十分宝贵的贡献,促进了世界科学文化的传播和交流,深刻地影响了世界历史的进程。

经典品析

　　蔡伦的造纸术促进了人类文化的传播和世界文明的进步。千百年来蔡伦备受人们的尊崇,被纸工奉为造纸鼻祖、纸神。麦克·哈特的"影响人类历史进程的100名人排行榜"中,蔡伦排在第七位。美国《时代》周刊公布的"有史以来的最佳发明家"中蔡伦上榜。

　　蔡伦被称为千秋纸圣、宫廷中的发明家,影响了世界文明的进程。随着造纸术的发明,人类知识得以大量完备地记录、保留和传播。刘光裕说:"中国东汉的蔡伦是纸的发明者。由于他发明了纸,从而引起中国以及世界在传播的媒介技术方面,发生历史上第一次革命性的重大变革。蔡伦以其发明,成为改变世界面貌,特别是改变世界文化面貌的中国第一位伟大发明家。"

　　为促进造纸业的发展,我国设立了中国造纸蔡伦奖。中国造纸蔡伦奖由"中国造纸蔡伦终身成就奖""中国造纸蔡伦科技奖""中国造纸蔡伦青年科技奖"组成,是中国制浆造纸科学技术领域最高级别的奖项。这一奖项的设立既是对蔡伦造纸术的肯定,也是对这一古文明的发扬光大。

【相关链接】

蔡侯纸

　　改进造纸术时的蔡伦主管监督制造宫中用的各种器物。他挑选出树皮、破麻布、旧渔网等,让工匠们把它们切碎剪断,放在一个大水池中浸泡。过了一段时间,其中的杂物烂掉了,而纤维因不易腐烂,保留了下来。他再让工匠们把浸泡过的原料捞起,放入石臼中,不停搅拌,直到它们成为浆状物,然后再用竹篾把它们挑起来,等干燥后揭下来就变成了纸。蔡伦带着工匠们反复试验,最终试制出既轻薄柔韧,又取材容易、来源广泛、价格低廉的纸。

　　元兴元年(105)蔡伦将造纸的方法写成奏折,连同纸张呈献给汉和帝,得到汉和帝的赞赏,汉和帝诏令朝廷内外使用并推广。九年后,蔡伦被封为"龙亭侯",由于在全国各地逐步推行的新造纸方法是蔡伦发明的,人们便把这种纸称为"蔡侯纸"。

　　蔡伦的造纸术沿着丝绸之路经过中亚、西欧向整个世界传播,为世界文明的传承和发展作出了不可磨灭的贡献。

张　衡

简　介

张衡(78~139),字平子,南阳郡西鄂县(今河南省南阳市石桥镇)人,东汉时期伟大的天文学家、数学家、发明家、地理学家、文学家。南阳五圣之一,与司马相如、扬雄、班固并称汉赋四大家。

张衡在天文学方面著有《灵宪》《浑仪图注》等,数学著作有《算罔论》,文学作品以《二京赋》《归田赋》等为代表。《灵宪》总结了当时的天文知识,认识到宇宙的无限性,促进了我国古代实用天文学的发展。

公元132年,张衡发明了世界上最早的地动仪,称为候风地动仪,比欧洲屋顶上的"候风鸡"早了一千多年。据《后汉书·张衡传》记载:地动仪用精铜铸成,圆径八尺,顶盖突起,形如酒樽,用篆文山龟鸟兽的形象装饰。中有大柱,傍行八道,安关闭发动之机。它有八个方位,每个方位上均有一条口含铜珠的龙,在每条龙的下方都有一只蟾蜍与其对应。任何一方如有地震发生,该方向龙口所含铜珠即落入蟾蜍口中,由此便可测出发生地震的方向。经过试验,与所设制,符合如神。曾经一龙机发,地不觉动,雒阳的学者都责怪不足信,几天之后,送信人来了,果然在陇西地发生地震,众人于是都服其神妙。自此之后,朝廷就令史官记载地动发生的地方。

张衡还发明了中国历史上第一个机械计时器——漏水转浑天仪,是世界上最早利用水力转动的浑天仪。张衡还是第一个正确解释月食成因的人。

经典品析

张衡为中国天文学、机械技术、地震学的发展作出了杰出的贡献,发明了浑天仪、地动仪,是东汉中期浑天说的代表人物之一,被后人誉为"木圣"(科圣)。由于他的贡献突出,联合国天文组织将月球背面的一个环形山命名为"张衡环形山",太阳系中的1802号小行星命名为"张衡星"。后人为纪念张衡,在南阳修建了张衡博物馆。

郭沫若曾评价张衡:"如此全面发展之人物,在世界史中亦所罕见,万祀千龄,令人景仰。"张衡一生努力学习,刻苦钻研,毫不倦怠和自满,精益求精,不断前进。不论在知识领域的哪一方面,他的造诣都是精深的:文学艺术上有他的优秀作品,天文历算上有他的综合研究,机械制造上有他的特殊技巧,而在学术思想上他曾坚持反图谶的斗争;尤其在自然科学方面,他有浑天仪和地动仪等的空前发明。这些丰富而珍贵的功绩,在我们祖国和全世界的科学史上都占着崇高的地位,值得我们纪念和学习。

【相关链接】

张衡测地震

张衡生活的时代,各种自然灾害频繁发生,地震带来的灾难尤为严重,这引起了张衡的思考。他想,能不能制造一种在地震发生后准确测定其方位的仪器,以便及时调拨物资进行救援。定下目标以后,他查阅了大量关于地震的资料,并且多次实地勘测。

有时,张衡为了获得第一手资料,亲自来到刚刚发生地震的地方,测量大地的震感。有一次,他把测震仪插入大地,刚要读取数据,一波剧烈的余震袭来,离他不远处的一道土墙轰然坍塌,幸亏他眼疾手快,往旁边一跳,才躲过一劫。他拍拍身上的灰土,继续看仪器上的数据。远处的老百姓十分不理解他的做法,认为他简直是发疯了。但张衡不为所动,仍然夜以继日地研究。不久,地动仪成功问世了。

袁 隆 平

袁隆平(1930~2021),江西德安人,杂交水稻育种专家,研究与发展杂交水稻的开创者,被誉为"世界杂交水稻之父"。

袁隆平1953年毕业于西南农学院(现西南大学),1995年被选为中国工程院院士,1999年中国科学院北京天文台施密特CCD小行星项目组发现的一颗小行星被命名为袁隆平星,2000年获得国家最高科学技术奖,2006年当选美国国家科学院外籍院士,2010年荣获澳门科技大学荣誉博士学位,2018年获得"未来科学大奖"生命科学奖,荣获"改革先锋"称号,获评杂交水稻研究的开创者,2019年荣获"共和国勋章"。

袁隆平致力于杂交水稻研究,培育了"三系法"籼型杂交水稻,成功研究出

"二系法"杂交水稻,创建了超级杂交水稻技术体系,使中国杂交水稻研究始终居世界领先水平。截至2017年,杂交水稻在中国已累计推广超90亿亩,共增产稻谷6000多亿公斤。袁隆平多次赴印度、越南等国,传授杂交水稻技术以帮助克服粮食短缺和饥饿问题,为确保中国粮食安全和世界粮食供给作出了卓越贡献。

经典品析

袁隆平是中国杂交水稻事业的开创者,是当代"神农"。在人口众多、粮食短缺的中国,他的研究具有非同寻常的意义。60多年来,他不畏艰难,甘于奉献,呕心沥血,苦苦追求,为解决中国人的吃饭问题作出了重大贡献,更为世界和平和社会进步树立了丰碑。

袁隆平是一位真正的耕耘者。当他还是一个乡村教师的时候,已经具有颠覆世界权威的胆识;当他名满天下的时候,却仍然只是专注于田畴。淡泊名利,播撒智慧,收获富足。一分耕耘,一分收获。他毕生的精力,就是在那稻田间默默耕耘;他毕生的梦想,就是让所有人远离饥饿;他毕生的幸福,就是在不断地探求中享受收获。

【相关链接】

靠试验逃过劫难

1960年7月,袁隆平在学校试验田里发现一株"天然杂交稻",鹤立鸡群,穗大粒大。第二年,"大水稻"的种子播下去,结果高的高、矮的矮,产量都很低。但是,这株天然杂交稻启发了他:用人工杂交的办法,可以培植高产的杂交稻。

勾腰驼背埋在稻田里的袁隆平,在1964年和1965年找到了6株雄性不育稻株。

在60个瓦钵里面倒腾了两年,培育成功"雄性不育系"后,1966年2月,在中国科学院院刊《科学通报》上,他发表了论文《水稻的雄性不孕性》。

这期《科学通报》恰好给国家科委九局的一个领导看到了,就发函下来,要求湖南省科委和安江农校支持袁隆平的试验。

"文化大革命"开始不久,袁隆平的几十个"资产阶级的坛坛罐罐"被"彻底砸烂",捡回来的几兜秧苗被悄悄藏在学校后面的臭水沟里。

就在要被抓进"牛棚"的时候,工作组从学校档案里面找到了那封公函。

袁隆平因此化险为夷,反倒成了保护对象。更令他惊讶的是,湖南省科委还将"水稻雄性不育"列入科研课题,拨给他科研经费600元,并让两名学生留校当他的助手。

爱迪生(美国)

简 介

爱迪生(1847~1931),美国发明家、企业家,诞生于美国俄亥俄州米兰镇的一个农民家庭。八岁进学校读书,只学习了3个月,就不得不退学回家,由当过乡村教师的母亲辅导他自学。十二岁时,因家庭生活困难,开始在列车上卖报。十六岁时发明了自动定时发报机,之后不断有发明问世。

爱迪生一生有许多发明,其中电灯的发明是众所周知的。1878年9月,爱迪生开始研制电灯,1879年10月,电灯研制成功,他为此试用了接近1600种材料,连续用了45个小时之后这盏电灯的灯丝才被烧断。这是人类第一盏有广泛实用价值的电灯,这种电灯有"高阻力白炽灯""碳化棉丝灯"等多种名称,用碳化棉丝制成。

爱迪生一生的发明共有两千多项,拥有专利一千多项。爱迪生被誉为"世界发明大王",除了在留声机、电灯、电话、电报、电影等方面的发明和贡献,在矿业、建筑业、化工等领域也有不少著名的创造和真知灼见。爱迪生被美国的权威期刊《大西洋月刊》评为"影响美国的100位人物"第9名。

经典品析

爱迪生是一台活的"发明机器",世界上独一无二的"发明大王"。

爱迪生常说:"充分利用时间就是对生命的延长。"他每天工作超过18个小时,若用平常人一生的工作时间来计算,他的生命早就成倍地增长了。七十九岁生日那天,爱迪生风趣地说:"我已经一百三十五岁了。"有记者问他:"你打算什么时候退休呢?"爱迪生装出一副十分为难的样子说:"糟糕,看来只能是医生搬来氧气瓶时或者葬礼之前啦!"

爱迪生很会想问题,他善于从细小的、司空见惯的现象中看出问题,不断发问,不断解决疑问,追根求源,最后把"?"拉直成了"!",找到了真理。

【相关链接】

天真好奇孵小鸡

有一次,到了吃饭的时候,仍不见爱迪生回来,父母很焦急并四下寻找,直到傍晚才在场院边的草棚里发现了他。

父亲见爱迪生一动不动地趴在放了好些鸡蛋的草堆里,问他在干什么。爱迪生回答说:"在孵小鸡呀!"

原来,他看到母鸡会孵小鸡觉得很奇怪,总想自己也试一试。看到这种情景,父亲又生气又好笑地将他拉起来,告诉他人是孵不出小鸡来的。

在回家的路上,他仍迷惑不解地问:"为什么母鸡能孵小鸡,我就不能呢?"

回家后,母亲听说了,便跟爱迪生说:"等你有了许多知识后,你就会明白世界上的许多东西都是有道理的。"

正是这种好奇心,促进爱迪生不断地思考、探索世界,最终有了许多发明创造。

瓦特(英国)

瓦特(1736～1819),英国发明家、工程师。他从小体弱多病,由父母进行启蒙教育。瓦特父亲是个具有多种手艺的工匠,受其影响瓦特从小就对实验有很浓的兴趣。他经常随父亲学习制作机械模型、仪器的技术,进行化学和电学实验。靠着虚心求学、刻苦钻研的精神,瓦特十五岁学完了《物理学原理》并获得了丰富的木工、金属冶炼和加工等工艺技术。

1753年瓦特在一家钟表店学手艺。后又跟有名的机械师摩尔根当学徒。经过刻苦学习、努力实践,他已能制造难度较高的象限仪、罗盘、经纬仪等。

1756年瓦特在格拉斯哥大学当了仪器修理员,该校具有较完善的仪器设备和先进技术,为他的工作创造了良好的技术条件。更重要的是他在这里结识了英国化学家、物理学家J.布莱克等著名学者,他可以经常跟他们讨论改进蒸汽机的理论和技术问题,从他们那里学到许多科学理论知识。这对他后来的发明了工作影响很大。

瓦特对蒸汽机的发明、改进及蒸汽机的广泛应用,直接推动了热力学理论的研究和发展。瓦特还发明了压容图、复写墨水等,为科学技术的发展作出了杰出贡献。

经典品析

瓦特是世界公认的蒸汽机发明家。他的创造精神、超人的才能和不懈的钻研为后人留下了宝贵的精神和物质财富。瓦特改进、发明的蒸汽机是对近代科学和生产的巨大贡献,具有划时代的意义,它推动了第一次工业技术革命的兴起,极大地推进了社会生产力的发展。

1784年4月,英国政府授予瓦特以制造蒸汽机的专利证书。马克思曾经评论说:瓦特的伟大天才表现在他所取得的专利的说明书中,他没有把自己的蒸汽机说成一种用于特殊目的的发明,而是把它说成大工业普遍应用的发动机。

罗尔特在《詹姆斯·瓦特》中,曾写道:"瓦特蒸汽机巨大的、不知疲倦的威力使生产方法以过去所不能想象的规模走上了机械化道路。"

在瓦特的讣告中,对他发明的蒸汽机有这样的赞颂:"它武装了人类,使虚弱无力的双手变得力大无穷,健全了人类的大脑以处理一切难题。它为机械动力在未来创造奇迹打下了坚实的基础,将有助并报偿后代的劳动。"

【相关链接】

蒸汽的启示

在瓦特的故乡——格林诺克镇上,家家户户都是生火烧水做饭。对这种司空见惯的事,有谁留过心呢?瓦特就留了心。他在厨房里看祖母做饭。灶上放着一壶开水。开水在沸腾,壶盖啪啪啪作响,不停地往上跳动。瓦特观察好半天,感到很奇怪,猜不透这是什么缘故,就问祖母:"什么东西使壶盖跳动呢?"

祖母回答说:"水开了,就这样。"

瓦特没有满足,又追问:"为什么水开了壶盖就跳动?是有什么东西推动它吗?"

可能是祖母太忙了,没有功夫回答他,便不耐烦地说:"不知道,小孩子刨根问底地问这些干吗!"

瓦特在祖母那里不但没有找到答案,反而受到了批评,心里不太开心,可他并不灰心。

连续几天,每当做饭时,他就蹲在火炉旁边细心地观察着。起初,壶盖很安稳,隔了一会儿，水要开了，发出哗哗的响声。蓦地，壶里的蒸汽冒出来，推动壶盖跳动了。蒸汽不住地往上冒，壶盖也不停地跳动着，好像里边藏着个魔术师，在变戏法似的。瓦特高兴极了，几乎叫出声来。他把壶盖揭开盖上，盖上又揭开，反复验证。他还把杯子、调羹遮在蒸汽喷出的地方。瓦特终于弄清楚了，是蒸汽推动壶盖跳动，这蒸汽的力量还真不小呢！

随着智育的发展，瓦特对客观存在的很多事物都产生了浓厚的兴趣，有了好奇和钻研之心，这为他以后发明蒸汽机打下了良好的基础。

西门子（德国）

维尔纳·冯·西门子（1816～1892），德国发明家、企业家、物理学家、电气工程师，曾铺设、改进海底、地底电缆、电线，修建电气化铁路，提出平炉炼钢法，革新炼钢工艺，创办西门子公司。

因为家境贫困，西门子在念完中学后参军，服役期间对电报技术产生了很大兴趣，并发明了在19世纪流行一时的指南针式电报机。

1847年，西门子和工程师约翰·乔治·哈尔斯克依靠自己堂兄投资建立了西门子——哈尔斯克电报机制造公司，主要生产西门子发明的指南针式电报机，这家公司是后来西门子公司的前身。1848年西门子公司赢得了法兰克福至柏林的电报线路合同，从此开始了大发展。

作为物理学家，西门子对技术的喜爱直接影响到了西门子公司的发展。创建时西门子除了依靠电报业务，就以发展和推广新技术支撑主要业务的发展。除了管理公司，西门子更多地把时间放在了研究发明上。

1866年，西门子提出了发电机的工作原理，并由西门子公司的一个工程师制成了人类第一台自励式直流发电机。同年，西门子还发明了第一台直流电动机。西门子研发的这些技术往往马上被产品化投入市场，或者将其应用到新的产品中。例如电梯（1880）、电力机车（1879）、有轨电车（1881）、无轨电车（1882）等都是西门子公司利用其创始人的发明最先投入市场的。直到20世纪末才开始有所发展的电动汽车也是西门子公司在1898年最先发明的。

经典品析

对技术的喜爱和努力钻研的精神直接促成了西门子的诸多发明创造,最终使他成为举世闻名的德国"电子电气之父"。西门子的创新发明在一个多世纪前推动了人类社会文明的进程,促使人类迈入"电气时代";他创立的西门子公司,在他的精神感召下走过170多年历程,从第二次工业革命走进第四次工业革命。

西门子说:"请首先一直盯住较远的未来,这是最主要的。"他的精神——"在充满变化的年代不忘初心、勇担责任、追求卓越、矢志创新"——穿越时光引领着时代创新。

西门子为实践而创新。他曾说:"空有灵感毫无价值,行之有效的发明应实现批量生产并广泛应用。"他的每一项发明都是以应用于人们的生产生活为目的的,让先进的工程技术服务于社会。正是持续不断的创新为西门子公司始终注入活力,让公司在过去的一百多年间,栉风沐雨,屹立于商业科技之巅。

【相关链接】

前进的动力

西门子孜孜不倦于发明创造的主要动力是经济因素。父母早逝后,两个继承农业的弟弟收入有限,无法支付其他兄弟的教育经费。西门子迫切需要开拓经济来源,他的第一项工业发明是用电流进行镀金和镀银,他用技术入股,和锌白铜厂的亨宁格合作建立了镀金镀银部,双方共同分享红利。第二项发明是改良锌版印刷机,旋转式快速印刷机不久后面世。取得初步成功的西门子没有继续开展给他带来丰厚利润的试验,他决定进入柏林大学听课。对此,他解释道:"只要你精力旺盛,你就在成长;一旦你成熟了,你也就开始腐烂了。只有不断寻找新的生长点和发展点,你才会不断地前进。"

教 育 家

教育家指通过亲力亲为的教育实践创造出重大教育业绩,对一定时期、一定范围内的教育思想和实践产生重要影响的优秀教育工作者。

教育家可分为从事广义教育活动的"广义的教育家"和从事学校教育的"狭

义的教育家",从个人贡献领域可分为教育思想家、教育理论家、教育实践家、教育事业家等。

孔　子

孔子(前551～前479),子姓,孔氏,名丘,字仲尼,春秋末期鲁国陬邑(zōu yì,今山东曲阜)人,祖籍宋国栗邑(今河南夏邑),思想家、政治家、教育家,儒家学派创始人。

孔子曾带领部分弟子周游列国十三年,晚年修订《诗》《书》《礼》《乐》《易》《春秋》六经。孔子是当时社会上最博学者之一,去世后,其弟子及再传弟子把孔子及其弟子的言行记录下来,整理编成《论语》。该书被奉为儒家经典。

孔子长期致力于教育,首创私人讲学所,倡导仁、义、礼、智、信。有弟子三千,其中贤人七十二。孔子用《诗》《书》《礼》《乐》作为教学内容,注重从四个方面教育弟子:学问、行为、忠恕、信义。要求弟子严格执行四种禁律:不揣测,不武断,不固执,不自以为是。要求慎重对待斋戒、战争、疾病。孔子很少谈利,即使谈利也是和命运、仁德联系起来论述的。孔子授教时,不到弟子实在弄不懂而发急时,不去启发开导他。如果弟子不能做到举一反三,就不继续讲授新的内容。

孔子的教育观是"有教无类""经邦济世",方法论上倡导"因材施教""启发式",注重童蒙、启蒙教育。他教育学生要有老老实实的学习态度,要谦虚好学、时常复习学过的知识,以便"温故而知新"、新知识引申拓宽、深入,"举一而反三"。

孔子道德教育的主要内容是"礼"和"仁";在道德修养方面,他提出树立志向、克己、践履躬行、内省、勇于改过等方法;"学而知之"是孔子教学思想的主导思想;在主张不耻下问、虚心好学的同时,强调学习与思考相结合;同时还必须"学以致用",将学到的知识运用于社会实践。

经典品析

孔子是我国历史上对于士人品格塑造影响最大的第一位平民教育家,也是世界上第一个私人办教育的人。他从事教育事业之时社会正处在大混乱的时期,也是意识形态中百家争鸣的开端,因此他对我国历史的发展以及中华民族意识形态特征的形成产生了深远影响。他的教育理念和方法在今天仍有值得借鉴的地方。

孔子在我国历史上最早提出人的天赋素质相近,个性差异主要是因为后天教育与社会环境影响("性相近也,习相远也")。因而人人都可能受教育,人人都应该受教育。孔子热爱教育事业,毕生从事教育活动。他学而不厌,诲人不倦。重言教,更重身教,以自己的行为感化学生。他爱护学生,学生也很尊敬他,师生关系非常融洽。他是中国古代教师的光辉典范。

孔子不但培养了众多学生,而且他在实践基础上提出的教育学说在今天仍然有积极的意义,其思想对中国和世界都有深远的影响。

【相关链接】

孔子教子

孔子有个儿子叫孔鲤,孔子一是引导孔鲤苦读六经,即《诗》《书》《礼》《乐》《易》《春秋》,二是启发孔鲤善谈善用。他说只谈不用,就等于践踏圣书。

孔子的学生陈亢,一天问孔鲤说:"您在老师那里,得过与众不同的传授了吗?"

孔鲤回答说:"只有过两次。第一次,他一个人站在院子里,我从院子里经过,看见他就快步走开。他却叫住了我,问:'你学《诗经》了没有?'我连忙回答说:'没有。'他教训我说:'不学习《诗经》,就不善于言谈。'我马上就学习了《诗经》。第二次,他又一个人站在院子里,我遇见了他。他问我:'你学习《礼》了没有?'我回答:'还没有。'他教训我说:'不学习《礼》,就没有办法立足于社会。'我马上学习了《礼》,只碰到这两件事情。"

陈亢听了高兴地说:"我问了一个问题,却明白了三件事:知道了要学习《诗经》和《礼》,知道了老师对他的儿子并不特别亲近,也没什么特别传授。"

黄 炎 培

黄炎培(1878～1965),号楚南,字任之,笔名抱一,江苏川沙县(今属上海市)人,曾受知于蔡元培。

1914年2月,因不满于袁世凯的倒行逆施,黄炎培辞去江苏省署教育司司长职务,随后,以《申报》旅游记者的身份,到安徽、江西、浙江三省考察教育。这次考察历时95天,行程数千里。考察结束后整理编辑成《黄炎培考察教育日记》第一辑。同年9月,黄炎培又北上山东、北京、天津实地考察教育,历时36天,撰写成《黄炎培考察教育日记》第二辑。

1915年初春,黄炎培获得了一次赴美国考察的机会。在美期间,黄炎培就自己认为国内教育最迫切需要解决的问题进行了深入的调查。比如:"教育与生计的关系,是中国教育存在的最大问题,美国是如何解决这一问题的?""如何解决普通中学毕业生的就业问题?""对小学生,如何进行使之容易就业的培训计划?"等等。同时,全面考察了美国从职业陶冶到举办职业学校、职业补习学校,进行职业指导,以及普通中学设置选科、分科等一套完整的职业教育制度、体系和实施方法。

1916年,黄炎培在江苏建立职业教育研究会,次年又在上海成立中国近代第一个研究、试验、推行职业教育的全国性团体——中华职业教育社,他被推为办事部主任,宣布成立中华职业教育社的目的是推广、改良职业教育,改良普通教育,使"无业者有业,有业者乐业",学校无不用之成才,社会无不学之执业,国无不教之民,民无不乐之生。为了宣传和实施职业教育,他创办了《教育与职业》杂志。1918年又在上海南市募款创办了职业学中华校,设木工、铁工、珐琅、纽扣四科,并设附属工厂。后又增设土木、留法勤工俭学、染织、师范、商业等科。

黄炎培职业教育思想的主要内容:职业教育的地位:一贯的、整个的和正统的。职业教育的功能:"谋个性之发展""为个人谋生之准备""为个人服务社会之准备""为国家及世界增进生产力之准备"。职业教育的目的:使无业者有业,使有业者乐业。职业教育的方针:社会化、科学化、平民化。社会化——强调的是职业教育须适应社会需要。科学化——用科学来解决职业教育问题。大众化——指贴近实际、贴近生活、贴近群众,普通化、大众化。职业教育的原则:手脑并用、做学合一。职业教育的德育：敬业乐群、劳工神圣。

经典品析

黄炎培是我国近现代爱国主义者和民主主义教育家，他自1917年在上海发起成立中华职业教育社后，便以全部精力从事职业教育工作。他在职业教育方面的实践和理论，不仅在当时起到了积极作用，在今天也仍具有借鉴价值。

黄炎培一生致力于研究、试验和推行职业教育，建立特色鲜明、体系完备的理论架构，进行广泛、丰富且卓有成效的办学实践活动，开创了我国近现代职业教育的先河，当之无愧地成为我国近现代史上教育改革和职业教育的先驱，有力地推动了我国近现代职业教育事业的发展。

黄炎培为国家和民族奋斗了一生，他坚持"教育救国"，兴教办学，培育社会英才；他始终忧国忧民，奔走呼吁，争取民主独立；他道德情操高尚、严于律己，堪称楷模。"一分精神全为国，一分光明全为民"，这是他一生奋斗不息的真实写照。

【相关链接】

黄炎培的"鸡毛掸子"

黄炎培十分关心儿女的成长。一天晚饭后，黄炎培看到儿女们正在做游戏，他走到楼上的书房里，故意把一个鸡毛掸子扔在地上，然后喊："孩子们，赶快上楼来，爸爸有事找你们！"

大女儿跑上楼，她一进门就看到了地上的鸡毛掸子，怕踩坏了它，便绕了一个弯跑到爸爸身边。小儿子看到地上的鸡毛掸子一大步跨过去，得了个第二名。小女儿赶到书房门口，看见鸡毛掸子，一脚踢开了。黄夫人以为有什么要紧事，也跟着孩子们走上楼来，她看见地上的鸡毛掸子，便弯下腰把鸡毛掸子捡起来，轻轻拍打后放回原处。

黄炎培严肃地问："刚才鸡毛掸子在哪里？""在地上！"孩子们回答。"是谁把它捡起来的呢？""是妈妈。""为什么你们就不知道把它捡起来呢？"父亲接着问，孩子们沉默了。黄炎培语重心长地说："这看起来是一件小事，却反映出你们的妈妈长期操持家务，养成了勤劳的习惯，可你们却什么事情都依赖大人。记得我小时候不好好读书，你们的祖母临终前痛心地对我说：'有谁像你这样闲荡过日子呢？你看，爷爷、奶奶是怎样劳作的，你的父亲又是怎样辛苦，农民们一个个都忙不过来。只有你，既不认真读书，又不好好做事，怎么对得起人呢？'这番话我至今难忘。我希望你们也要记住祖母的遗训,从现在起学做家务、学会照顾自己,这样长大了才能为国为民做实事。"

黄炎培曾给子女写了一则座右铭:"理必求真,事必求是;言必守信,行必踏实;事闲勿荒,事繁勿慌;有言必信,无欲则刚;和若春风,肃若秋霜;取象于钱,外圆内方。"

陶 行 知

陶行知(1891~1946),安徽歙县人,人民教育家、思想家,伟大的民主主义战士、爱国者,中国人民救国会和中国民主同盟的主要领导人之一。

陶行知深入研究西方教育思想并结合中国国情,提出了"生活即教育""社会即学校""教学做合一"等教育理论。他特别重视农村的教育,认为在农民中普及教育至关重要。陶行知在全国各地开办平民识字读书处和平民学校,推动平民教育运动,设想以教育为主要手段来改善人民的生活。

1934年,陶行知在《生活教育》上发表《行知行》一文,认为"行是知之始,知是行之成"。虽然王阳明学说含有主观唯心主义的成分,陶行知却从中悟出学习与实践相结合的道理,且终生以此自勉。

陶行知教育思想的精髓可以概括为一个理论、三大原理、四种精神、五大主张。一个理论即生活教育理论,这是陶行知教育思想的名称。三大原理:生活即教育,社会即学校,教学做合一。四种精神:"爱满天下"的大爱精神,"捧着一颗心来,不带半根草去"的奉献精神,"敢探未发明的新理,敢入未开化的边疆"的创造精神,"千教万教教人求真,千学万学学做真人"的求真精神。五大主张:行是知之始、在劳力上劳心、以教人者教己、即知即传、六大解放。行是知之始,是陶行知的哲学思想,陶行知认为认识来源于实践,实践是认识的基础。在劳力上劳心、以教人者教己、即知即传都是具体的教学方法。在劳力上劳心,即主张手脑并用;以教人者教己,即主张教学相长;即知即传,则是主张随学随教。

经典品析

陶行知是我国现代史上伟大的人民教育家,对我国教育的现代化作出了开创性的贡献。郭沫若曾经评价陶行知说:"两千年前的孔仲尼,两千年后的陶行知。"美国东南联合大学副校长布莱恩·库朋也曾高度评价陶行知:"陶行知先生的教育思想不仅是中华民族教育史上的一枝奇葩,也是世界教育之林的一面旗帜。"

陶行知毕生致力于教育事业,他不仅创立了完整的教育理论体系,而且进行了大量的教育实践。

陶行知以赤子之忱表达的思想和进行的实践,代表了近代中国先进文化的前进方向。他以"捧着一颗心来,不带半根草去"的赤子之忱,为中国教育探寻新路。最可贵的是,他不仅在理论上进行探索,又以"甘当骆驼"的精神努力践行平民教育,多年如一日矢志不移,其精神为人所同钦、世所共仰。

【相关链接】

四糖故事

有一个男生用泥块砸自己班上的男生,校长陶行知发现并制止后,让他放学后到校长室去。

放学后,陶行知回到校长室,男生早已等着挨训了。可是陶行知却笑着掏出一颗糖果送给他,说:"这是奖给你的,因为你按时来到这里,而我却迟到了。"男生接过糖果。随后陶行知高兴地又掏出第二颗糖果放到他的手里,说:"这是奖励你的,因为我不让你打人时,你立即住手了,这说明你很尊重我,我应该奖你。"男生惊讶地看着陶行知。这时陶行知又掏出第三颗糖果塞到男生手里,说:"我调查过了,你用泥块砸那些男生,是因为他们欺负女生;你砸他们说明你很正直善良,且有跟坏人作斗争的勇气,应该奖励你啊!"男生感动极了,他流着眼泪后悔地喊道:"陶校长,我错了,我砸的不是坏人,而是同学……"陶行知满意地笑了,他随即掏出第四颗糖果说:"为你正确地认识自己的错误,我再奖给你一块糖果,我没有多的糖果了,我们的谈话也可以结束了。"

柏拉图(古希腊)

柏拉图(前427～前347),古希腊伟大的哲学家、教育家。柏拉图和老师苏格拉底、学生亚里士多德并称为希腊三贤。他创造或发展的概念包括柏拉图思想、柏拉图主义、柏拉图式爱情等,他的主要作品为对话录,其中绝大部分都有苏格拉底出场。

柏拉图中年开始从事教育研究活动。他从理念先于物质而存在的哲学思想出发,在其教育体系中强调理性的锻炼。他要求3～6岁的儿童都要受到保姆的监护,会集在村庄的神庙里,进行游戏、听故事和童话。柏拉图认为这些都具有很大的教育意义。7岁以后,儿童就要开始学习军人所需的各种知识和技能,包括读、写、算、骑马、投枪、射箭等等。20～30岁,那些对抽象思维产生特殊兴趣的学生就要继续深造,学习算术、几何、天文学、和声学等学科,以锻炼他们的思考能力,使他们开始探索宇宙的奥秘。柏拉图指出每门学科对于发展抽象思维的意义。他主张未来的统治者在30岁以后,要进一步学习辩证法,以洞察理念世界。

柏拉图认为,每门学科均有其独特的功能,凡有所学,皆会促成性格的发展。他根据教学目的,吸收和发展了智者的"三艺"及斯巴达的军事体育课程,也总结了雅典的教学实践经验,在教育史上第一次提出了"四科"(算术、几何、天文、音乐),其后便成了古希腊课程体系的主干和导源,支配了欧洲的中等与高等教育达1500年之久。

就教学方法而言,柏拉图师承苏格拉底的问答法,把回忆已有知识的过程视为一种教学和启发的过程。他反对用强制性手段灌输知识,提倡通过问答形式,提出问题,揭露矛盾,然后进行分析、归纳、综合、判断,最后得出结论。理性训练是柏拉图教学思想的主要特色。在教学过程中,柏拉图始终以发展学生的思维能力为最终目标。

经典品析

柏拉图是西方教育史上第一个提出完整的学前教育思想并建立了完整的教育体系的人。

柏拉图的教育思想不仅内容十分丰富,同时特点也十分鲜明。由于柏拉图想要培养出哲学王式的统治者,所以十分注重辩证法的学习,通过一种启发式教育,使培养出来的人群达到身心和谐一致发展。

柏拉图的教育思想直到今天仍然具有重要的指导意义,主要包括以下三点:①注重辩证法的学习。柏拉图认为,人的灵魂由理性、激情和欲望三部分组成,而理性起着主导作用,所以在教育过程中要重视理性教育,而辩证法的学习是理性教育及其完善的顶峰。②注重身心和谐发展。柏拉图主张身体和心灵的和谐发展。他说:"教育就是用体操来训练身体,用音乐来陶冶心灵。"所以音乐和体育教育是最基本的两门教育。音乐教育除了我们通常所说的音乐,还包括诗歌、文学等。体育教育的主要内容除体操外,还包括保养身体的习惯和饮食卫生等。体育教育的目的不仅仅是锻炼身体、增强体质,更重要的是锻炼心灵中的激情部分,培养勇敢、坚毅、积极向上的品德。③注重启发式教育。柏拉图继承了苏格拉底这一理念,他认为我们的灵魂本来就是善的,只不过来到尘世之后,被种种虚幻的假象蒙蔽了双眼,所以我们要做的就是通过交流与问答,逐渐认识到知识与真理的内涵,使心灵不断转向,直至认识最终的"善"。

【相关链接】

柏拉图甩手的故事

大哲学家苏格拉底思想深邃、思维敏捷,关爱学生又为人谦和。许多青年慕名前来向他学习,听从他的教导,都期望成为像他那样有智慧的人。他们当中的很多人天赋极高,天资聪颖者济济一堂。大家都希望自己能脱颖而出,成为苏格拉底的继承者。

有一天,大家围在一起,问苏格拉底如何才能像他那样伟大博学,成为一个广受尊敬和赞誉的人。苏格拉底听后没有直接回答,只是说:"今天我们来做一件最简单也是最容易的事,每人把胳膊尽量往前甩,然后再尽量往后甩。"苏格拉底示范一遍后说:"从今天起,每天做300下,大家能做到吗?"学生们都笑了,这么简单的事,有谁做不到呢?

一个月后,苏格拉底问他的学生:"每天甩手300下,都有哪些同学坚持了?"有90%的学生骄傲地举起了手。又一个月后,苏格拉底再次问学生时,有80%的学生举手。一年后,苏格拉底再次问大家:"请告诉我,最简单的甩手动作,还有哪些同学坚持了?"这时,只有一位学生举了手,这位学生便是柏拉图。柏拉图继承了苏格拉底的哲学并创建了自己的哲学体系,同时,他也培养出了又一位伟大的哲人亚里士多德。

柏拉图绝对不是仅仅依靠每天简单的甩手就成功了,而是每天的坚持铸就了他坚强的意志,为他每天的学习、思考、研究提供了强大的动力之源,从而保证他的进步始终继续,并最终勇登西方哲学的山巅。

苏霍姆林斯基(苏联)

简　介

苏霍姆林斯基(1918~1970),苏联著名的教育实践家和教育理论家。苏霍姆林斯基持之以恒地探索和孜孜不倦地写作,奇迹般地写出了 40 部专著、600 多篇论文、约 1200 篇儿童小故事。

苏霍姆林斯基的著作都是面向教育家、教育者、父母和孩子的。他把自己的思索和见解全部倾注在了他的著作当中,即怎样培养"真正的人"。教师和父母应当历经何等艰难之路,才能使孩子成长为好学上进、聪颖、心地善良而高尚的好公民。

苏霍姆林斯基是具有执着的教育信念和顽强的工作作风的教育家,他的工作富有鲜明的独创性和革新精神,从不拘泥于传统的陋习,紧紧把握时代发展的脉搏,如他敢公开指出 20 世纪 30 年代苏共中央发动的对"儿童学的批判有过火之处,批判的结果是把孩子和洗澡水一起泼掉了"。又如,1955 年以前的一段时间内,苏联普通学校一度取消了劳动课,而苏霍姆林斯基主持的帕夫雷什中学却从未间断过。不仅如此,学生毕业时,既领取毕业证书,还领取职业证书。

苏霍姆林斯基从多角度论述了教育目的,提出了"培养共产主义建设者""培养全面发展的人""聪明的人""幸福的人""合格的公民"等。其中最集中的也最深刻的一个观点是要把青少年培养成为"全面和谐发展的人,社会进步的积极参与者",而培养这种人需要实现全面发展的教育任务,即应使"智育、体育、德育、劳动教育和审美教育深入地相互渗透和相互交织在一起,使这几个方面的教育呈现一个统一的完整的过程"。

经典品析

苏霍姆林斯基被称为"教育思想泰斗",他的书被称为"活的教育学""学校生活的百科全书",他所领导的帕夫雷什中学是世界上著名的实验学校之一。

苏霍姆林斯基在一生的教育实践中,既当校长,又当普通教师;既教课,又当班主任;既做具体工作,又搞科学研究。他是一位勤奋务实、笔耕不辍的杰出人物。这就使得他能从学校工作的不同侧面、不同角度,全面地观察、了解、研究有关学校教育、教学和管理的各种现象和问题,避免理论与实践中的片面性,及时总结经验教训,将其提升到理性的高度,逐步形成自己较为完整的教育思想体系。他的著作是近几十年来先进教育的经验宝库。

【相关链接】

"特殊奖励"

苏霍姆林斯基在对学生的教育过程中,善于因势利导,进行积极的鼓励,激发学生心灵的火花。人们把这赞为"特殊奖励"。

一次,苏霍姆林斯基把十二岁的儿子谢廖扎叫到眼前,给了儿子一把新铁锹,并对他说:"儿子,你到地里去,量出一块长宽各一百个脚掌的地块,把它刨好。"儿子很高兴地拿了铁锹,来到地里就刨了起来。

在没有用惯铁锹之前,谢廖扎感到很费力。随后干得越来越轻松了。可是待到他用铁锹准备翻出最后一锹泥土时,铁锹把折断了。

谢廖扎回到家里,心里感到忐忑不安:父亲一旦知道铁锹坏了,会怎么说我呢?"爸爸,您可别怪罪我,"谢廖扎说,"我让家里失掉了东西。""什么东西?"苏霍姆林斯基问。"铁锹坏了。"这时,苏霍姆林斯基并没有责怪谢廖扎,而是问:"你学会刨地了没有?刨到最后,是觉得越来越费劲,还是感到越来越轻松了呢?"

谢廖扎回答:"刨到最后,越来越轻松了。"这时苏霍姆林斯基说:"看来你不是失,而是得。"谢廖扎疑惑不解。苏霍姆林斯基继续说:"愿意劳动了,这就是最宝贵的收获。"这时谢廖扎一颗忐忑不安的心顿时平静下来。这不仅是精神上得到了一种愉悦,而且谢廖扎从中看到了劳动的价值,树立起了良好的劳动观念。

还有一次,一年级女学生季娜的祖母病得很重。季娜想给祖母采一朵鲜花,使她在病中得到一些欢乐。但是,时值严冬,到哪里去找鲜花呢?这时她想到学校的暖房里有许多菊花,其中最美的是全校师生都极为喜爱的那朵蓝色的"快乐之花"。季娜一心想着重病的祖母,忘记了学校的规定,她一清早就走进暖房,采下了那朵"快乐之花。"

这时,苏霍姆林斯基走进了暖房,当他看到季娜手里的菊花时,大为吃惊。但是,他很快注意到了季娜眼里那种无邪的、恳求的目光。他向季娜问明了情况后,非常感动地说:"季娜,你再采三朵花,一朵给你,为你有一颗善良的心。另外两朵送给你的父母,为他们教育出了一个善良的人。"

约翰·杜威(美国)

约翰·杜威(1859～1952),美国著名哲学家、教育家、心理学家,实用主义的集大成者,也是机能主义心理学和现代教育学的创始人之一,他被视为20世纪最伟大的教育改革者之一。

杜威的代表著作是《民主主义与教育》,这一著作与柏拉图的《理想国》、卢梭的《爱弥尔》被认为是人类教育发展的三个里程碑。

杜威反对传统的灌输和机械训练的教育方法,主张从实践中学习,提出"教育即生活,学校即社会"的口号。其教育理论强调个人的发展、对外界事物的理解以及通过实验获得知识,影响很大。"教育只是一种过程,除这一过程自身的发展以外,教育是没有目的的",这是杜威的名言。他的教育无目的论的提出是为了纠正不顾儿童特点,而由成人决定教育目的的旧教育,并非根本放弃教育目的。其实在他心目中,教育是有目的的,即"民主的生活方式"和"科学的思想方法"。

经典品析

杜威是现代西方教育史上最有影响的一位教育家,也是少有的一位毁誉参半的教育家。他在儿童观、教育价值观、课程及教学方法论等方面所提出的新观念、新思想对于传统幼儿教育的改革起了巨大的推动作用。他的教育主张成为美国进步主义教育运动的重要理论依据,对世界教育的发展也产生了重要影响。但是他的教育理论中过分重视儿童的兴趣和自由,有轻视系统理论知识传授的偏向,这些也是明显的缺陷。

杜威的教育思想曾对20世纪上半叶的中国教育界、思想界产生过重大影响。民国时期一些重要人物如胡适、陶行知、郭秉文、张伯苓、蒋梦麟等均曾在美国哥伦比亚大学留学,曾是杜威的学生。他反对传统的灌输和机械训练、强调从实践中学习的教育主张,对蔡元培、晏阳初、毛泽东等都有一定的影响。

【相关链接】

镰刀灭蚊子

小时候,在大家眼中,杜威是一个沉默寡言且不太聪明的孩子。

一年夏天,学校刚扩建完毕,很多地方需要清理。杜威的班级蚊子特别多,尤其傍晚,学生被叮咬得根本无心上课。一天放学时,老师吩咐学生自带工具,准备进行"灭蚊"行动。第二天,同学们带来了各种工具,大部分是捕蚊网、灭蚊拍,还有灭蚊药水等。

当杜威拿着一把镰刀走进教室时,同学们都露出了吃惊的表情,老师也不解地问:"你带镰刀干什么?"杜威回答:"灭蚊子呀!"同学们忍不住大笑起来,用镰刀灭蚊子?真是天大的笑话!杜威轻轻地摇了摇头,不置可否。

接下来,同学们在教室里忙了起来,直到累得筋疲力尽,蚊子还是不断冒出来,怎样都消灭不完。而杜威呢,他独自走出教室,来到后面的一片杂草丛旁,挥舞镰刀割起草来。同学们发现,随着杂草的清除,加上大家的努力,蚊子似乎消失了。

同学们这才佩服起杜威来,杜威则红着脸说:"昨天我发现,教室后面的杂草丛才是蚊子的来源和藏身之处,只有把杂草清理掉,蚊子才会彻底消失。"

艺 术 家

简单地说,艺术是社会意识形态的一种,是人类实践活动的一种形式,也是人类把握世界的一种方式。艺术起源于生产劳动并渗透到人类活动的各个方面,是人类自由创造能力的体现,它在发展过程中早已成为独立的精神活动领域。艺术活动是一个民族精神文明的重要组成部分,也是个人精神生活的重要组成部分。艺术随着社会发展而发展。优秀的艺术作品是全人类共同的精神财富,它促进人们之间的交往,推动历史的前进。艺术包括很多类别,有文学、绘画、雕塑、建筑、音乐、舞蹈、戏剧、电影、曲艺、工艺等。

艺术家指具有较高的审美能力和娴熟的创造技巧并从事艺术创作劳动而有一定成就的艺术工作者,既包括在艺术领域里以艺术创作作为自己专门职业的人,也包括在自己职业之外从事艺术创作的人。

王羲之

王羲之(303～361),字逸少,琅琊临沂(今山东省临沂市)人,东晋书法家,有"书圣"之称。

王羲之一生最好的书法作品,首推《兰亭集序》,宋代米芾称之为"天下行书第一"。

王羲之七岁开始学书,先后从师于出身书法世家的卫夫人和叔父王廙,以后又博览了秦汉篆隶淳古朴茂的精品,精研体势,心摹手追,广采众长,冶于一炉,创作出"天质自然,丰神盖代"的行书作品。北京大学教授李志敏评价:"王羲之的书法既表现以老庄哲学为基础的简淡玄远,又表现以儒家的中庸之道为基础的冲和。"晚年书法炉火纯青,达到了登峰造极的境界。

经典品析

王羲之兼善隶、草、楷、行各体,精研体势,心摹手追,广采众长,备精诸体,冶于一炉,摆脱了汉魏笔风,自成一家,影响深远。其书法平和自然,笔势委婉含蓄,遒美健秀,世人常用曹植的《洛神赋》中"翩若惊鸿,婉若游龙,荣曜秋菊,华茂春松。仿佛兮若轻云之蔽月,飘飘兮若流风之回雪"来赞美王羲之的书法。传说王羲之小的时候苦练书法,日久,用于清洗毛笔的池塘水都变成墨色。关于他的成语有入木三分、东床快婿等,王羲之书风最明显特征是用笔细腻,结构多变。

【相关链接】

错把墨汁当蒜泥

王羲之练字非常用心、刻苦,有时候甚至达到了废寝忘食的地步。

有一次吃午饭,书童送来了王羲之最爱吃的蒜泥和馍馍,几次催他快吃,他都连头也不抬,像没听见一样,专心致志地看帖、写字。眼看饭要凉了,书童没有办法,只好去请王羲之的母亲来劝他吃饭。母亲来到书房,只见王羲之手里正拿着一块沾了墨汁的馍馍往嘴里送呢,弄得满嘴乌黑。原来王羲之在吃馍馍的时候,眼睛仍然看着字,脑子里也在想这个字怎么写才好,结果错把墨汁当蒜泥吃了。母亲看到这情景,忍不住笑了起来。王羲之不知道怎么回事,听到母亲的笑声他还说:"今天的蒜泥可真香啊!"

王羲之数十年如一日地勤学苦练、临帖不辍,练就了很扎实的功夫,这为他以后成为"书圣"奠定了基础。

老 舍

老舍(1899~1966),原名舒庆春,字舍予,满族正红旗人,生于北京,杰出的语言大师,中华人民共和国成立后第一位获得"人民艺术家"称号的著名作家,代表作有《骆驼祥子》《四世同堂》等。

老舍的文学语言俗白精致,雅俗共赏。老舍说:"没有一位语言艺术大师是脱离群众的,也没有一位这样的大师是记录人民语言,而不给它加工的。"因此,他作品中的人物语言是提炼过的北京白话。其作品语言的"俗"是建立在精细的思考与研究的基础上的。它的"白",让读者易于理解却又颇有深度。用通俗、平白的文字反映时代和生活,是老舍作为语言大师的境界,可谓"清水出芙蓉,天然去雕饰"。

老舍的作品大多取材于市民生活。他善于描绘城市贫民的生活和命运,尤其擅长刻画浸透了封建宗法观念的保守落后的中下层市民,在民族矛盾和阶级搏斗中,在新的历史潮流冲击下,惶惑、犹豫、寂寞的矛盾心理,和进退维谷、不知所措的可笑行径。关于自然风光的色彩鲜艳的渲染和关于习俗人情的细致入微的描摹,增添了作品的生活气息和情趣。

老舍作品的另一个特点,是表现出鲜明的反帝爱国的题旨。老舍的作品中往往直接揭露帝国主义侵略罪行,从不同侧面描写它们的经济、文化、宗教渗透和种族歧视所给予中国人民的种种伤害。他表现民族觉醒、表彰民族气节,同时抨击在这些侵略和渗透面前卑躬屈节、为虎作伥的洋奴汉。

经典品析

老舍是一位注重实际生活体验的作家,他生在北京,长在北京,对北京市民生活有深刻的体验和理解,因而他的创作带有鲜明的北京地方色彩,即浓郁的

"京味儿"。老舍的市民小说,以写北京市民生活为基点。他的创作,以北京为中心,他的作品,写的是北京人,记的是北京事,给的是北京景,说的是北京话,从题材内容到语言形式,里里外外都透出"京味儿",地域色彩极为浓郁,京都文化蕴涵极深。由于老舍本身即北京市民一分子,由于他对北京市民生活深切的体验和文化心理乃至哲学层面的理解,因而老舍的"京味儿"便具有了市井味、现代性和写实化等诸多独特风韵,使之独步文坛、独领风骚。

【相关链接】

老舍的"瞎凑诗"

一次老舍家里来了许多青年人,请教怎样写诗。老舍说:"我不会写诗,只是瞎凑而已。"

有人提议,请老舍当场"瞎凑"一首。

　　　大雨洗星海,
　　　长虹万籁天;
　　　冰莹成舍我,
　　　碧野林风眠。

老舍随口吟了这首别致的五言绝句。寥寥20字把8位人们熟悉并称道的文艺家的名字,"瞎凑"在一起,形象鲜明,意境开阔,余味无穷。青年们听了,无不赞叹叫绝。诗中提到的大雨即孙大雨,现代诗人、文学翻译家。冼星海是人民音乐家。高长虹是作家。万籁天是戏剧、电影工作者。冰莹,现代女作家。成舍我曾任重庆《新蜀报》总编辑。碧野是当代作家。林风眠是画家。

梅　兰　芳

梅兰芳(1894~1961),名澜,又名鹤鸣,字畹华,别署缀玉轩主人,艺名兰芳。出生于北京,祖籍江苏泰州。著名京剧表演艺术大师。

梅兰芳出身于梨园世家,八岁学戏,九岁拜吴菱仙为师学青衣,十岁登台。后又求教于秦稚芬和胡二庚学花旦。于1949年前先后赴日本、美国、苏联演出,并荣获美国波莫纳学院和南加州大学的荣誉文学博士学位。

　　梅兰芳在50余年的舞台生涯中,发展和提高了京剧旦角的演唱和表演艺术,形成一个具有独特风格的艺术流派,世称"梅派"。其代表作有《贵妃醉酒》《天女散花》《宇宙锋》《打渔杀家》等,并先后培养学生100多人。

经典品析

　　梅兰芳的一生是创造美的一生,是追求光明的一生,是热爱祖国、热爱人民的一生,是色彩斑斓的一生。

　　梅兰芳创造了集京剧旦角艺术之大成,融青衣、花旦、刀马旦行当为一炉的表演形式和甜润、平和、优美、动听的梅腔。与程砚秋、尚小云、荀慧生合称"四大名旦"。

　　梅兰芳曾经多次出访日本、美国和苏联等国家,并且将京剧带到了国外的舞台上,这是非常重要的一步,在一定程度上促进了中外交流。

【相关链接】

蓄须明志

　　梅兰芳是一位有爱国气节的艺术家。1931年,日本侵略者发动了"九一八"事变,侵占了东北,然后又向华北进犯,威胁北平和天津。梅兰芳痛恨敌人,为了不当亡国奴,他举家迁到了上海。

　　在上海,他编演了《抗金兵》和《生死恨》两出戏。《抗金兵》讲的是南宋女英雄梁红玉抵抗金军的故事,《生死恨》是讲在敌人的统治下人民的痛苦生活和反抗精神。这两出表现爱国思想的新戏一上演,就受到观众喜爱。有一次,梅兰芳连演三场《生死恨》,观众踊跃买票,把票房门窗的玻璃都挤碎了。

　　1937年8月13日,日军在发动"七七"事变后,又进攻上海,不久就占领了这座大城市。日本人知道梅兰芳是闻名世界的大艺术家,要求他在电台播音,为他们的侵略服务。梅兰芳巧妙地说:"我马上要到香港和内地巡回演出了,不能做这件事。"

　　不久,他到了香港,演出结束后就留在了香港。为了摆脱敌人的纠缠,他决定不再露面,不再登台演出,就在家里练唱昆曲。1941年底,日军攻占了香港。他们知道梅兰芳正在香港,就到处找他。梅兰芳心想:"躲是没地方躲了,可我绝不为日本人唱戏!"

　　这一天,清晨洗脸时,梅兰芳第一次打破惯例,没有刮胡子。儿子见了很奇怪。

　　"爸爸,您不是每天都刮胡子吗?今天怎么不刮了?"

"我留了胡子,日本鬼子还能强迫我去演戏吗?"梅兰芳说。一天上午,日军司令酒井派人把梅兰芳接去。一见面,他就假装热情地说:"我过去看过您的戏,您还认识我吗?怎么,您留起胡子了?像您这样一位举世闻名的大艺术家,怎么能刚步入中年就退出舞台呢?"

梅兰芳坦然地说:"我已经快五十岁了。一个演旦角的,扮相和嗓子都不行了,已经失去了上台的资格。"

后来,梅兰芳又回到上海,靠画画卖钱养活家人和与他一起演出过的朋友。上海日伪政权多次请他出演,都被他拒绝了。他说:"一个人活到一百岁也总是要死的,饿死就饿死,没什么大不了的!"

一次,日军庆祝"大东亚圣战"一周年,派人让梅兰芳出演,还说如果不演,就要军法处置。梅兰芳事先得到消息,一连打了三次伤寒预防针。平时,他只要一打预防针就发烧,这次果然又高烧不止。日军军医来检查,一看梅兰芳烧得迷迷糊糊,只好走了。

1945年8月15日,传来了日寇投降的消息。梅兰芳高兴地流下了眼泪,笑着对夫人说:"天亮了,这群日本强盗可真完蛋了!"

这天,几位朋友兴高采烈地来到梅家道喜。只见梅兰芳身穿新衣精神焕发,手里的一把纸扇遮住了半张脸。

"梅先生,您一定剃了胡子,对吧?"

梅兰芳笑着把扇子一撤,露出了刮了胡子的面孔,说:"抗战胜利了,我要重返舞台了!"

不久,梅兰芳就在上海演出了,观众场场爆满。他们说:"我们就是要看看八年不给日本鬼子唱戏,如今刮了胡子的梅兰芳!"

达·芬奇(意大利)

达·芬奇(1452~1519),意大利文艺复兴中期的著名美术家、科学家和工程师。达·芬奇与米开朗基罗、拉斐尔并称文艺复兴三杰,尤以《最后的晚餐》和《蒙娜丽莎》等画驰名。他的艺术成就奠基于他在光学、力学、数学和解剖学等自然科学的研究。

达·芬奇在少年时已显露艺术天赋,15岁左右到佛罗伦萨拜师学艺,成长为具有科学素养的画家、雕刻家、军事工程师和建筑师。1482年应聘到米兰后,

在贵族宫廷中进行创作和研究活动。1513年起漂泊于罗马和佛罗伦萨等地。1516年侨居法国,1519年5月2日病逝。

说到艺术创作,在文艺复兴时期当数达·芬奇、米开朗基罗和拉斐尔的成就最高。他们的艺术成就达到了西方造型艺术继古希腊之后的第二次高峰,仅绘画而言,则达到了欧洲的第一次高峰。其中尤以达·芬奇最为突出,恩格斯称他是巨人中的巨人。在艺术创作方面,达·芬奇解决了造型艺术三个领域——建筑、雕刻、绘画中的重大课题:

1. 解决了纪念性中央圆屋顶建筑物设计和理想城市的规划问题;
2. 完成了15世纪以来雕刻家深感棘手的骑马纪念碑雕像的课题;
3. 解决了当时绘画中两个重要领域——纪念性壁画和祭坛画的问题。

经典品析

绘画作品主要有两个作用:第一是传播知识;第二是让人能欣赏到美。达·芬奇是人类历史上第一个真正意识到绘画的这两个作用的人。而且达·芬奇的绘画作品,完全起到了这两个作用。达·芬奇说,绘画是一门科学。绘画科学的第一条原理——绘画科学首先从点开始,其次是线,再次是面,最后是由面规定着的形体。物体的描绘,就此为止。事实上,绘画不能越出面,而是依靠面以表现可见物体形状的。

【相关链接】

画蛋

达·芬奇从小就表现出了绘画天赋,他画的小动物惟妙惟肖,于是父亲就把他送到著名画家和雕刻家佛罗基阿的画坊当学徒。

达·芬奇来到画坊以后,佛罗基阿就拿来一个鸡蛋让他画,达·芬奇很快就画了几张,可是老师让他继续画,一连几天都是如此。达·芬奇终于不耐烦了,认为教师小瞧了他,让他画这么简单的鸡蛋。教师看出了他的心思,意味深长地说:"这个蛋可不简单,世上没有两个完全相同的蛋,即使是同一个蛋,由于观察角度不同,光线不同,它的形状也不一样啊。"

达·芬奇恍然大悟,原来老师是为了培养他观察事物和把握形象的能力呀。从此以后,他废寝忘食地训练绘画基本功,学习各类艺术与科学知识,为他以后在绘画和其他方面取得卓越的成就,打下了坚实的基础。

贝多芬(德国)

简介

贝多芬(1770~1827),德国著名的音乐家,维也纳古典乐派代表人物之一。他的作品对世界音乐的发展有着非常深远的影响,因此被尊称为"乐圣"。

贝多芬的童年是痛苦的,人生对他来说就好像是一场悲惨而残暴的斗争。父亲急于开发他的音乐天分,使用暴力迫使他练习各种乐器。当他稍长大一些,厄运又一次降临到了他头上,他失去了最亲爱的母亲,贝多芬悲痛欲绝,只有写信向朋友哭诉。

苦难中长大的贝多芬也是幸运的,法国大革命爆发之时,贝多芬曾遇见莫扎特,并相互交流,接着又拜海顿为师,后来贝多芬开始崭露头角。就在贝多芬初次尝到成功的甜蜜的时候,痛苦又一次降临。慢慢的,贝多芬的听力越来越衰退,他的内脏也受着剧烈的痛苦的折磨。但他还是瞒着所有人,直到他再也不能隐瞒了,才写信给韦格勒医生和阿曼达牧师这两位好友。贝多芬耳聋的程度是逐渐增加的,但没有完全聋。可以说,几乎贝多芬所有的作品都是耳聋后写的。

经典品析

贝多芬在音乐史上的地位是极其突出的,他不仅是古典主义风格的集大成者,同时又是浪漫主义风格的开创者。作为音乐大师,贝多芬对艺术歌曲同样予以相当程度的关注,他是德国艺术歌曲创造的先驱。他的艺术歌曲以其丰富的表现手法和形式来展现,表达属于全人类的情感。贝多芬对音乐的最重要贡献是交响曲,被誉为"交响乐之王"。

贝多芬的创作集中体现了他那巨人般的性格,反映了那个时代的进步思想,他的革命英雄主义形象可以用"通过苦难——走向欢乐、通过斗争——获得胜利"加以概括。他的作品既壮丽宏伟又极朴实鲜明,他的音乐内容丰富,同时又易于为听众所理解和接受。贝多芬的音乐集中体现了他那个时代人民的痛苦和欢乐、斗争和胜利,因此它过去总是那样激励着人们,鼓舞着人们的斗志,即使在现在也使人们感到亲切和鼓舞。

【相关链接】

欣然忘食

　　一天,贝多芬来到一家饭馆用餐。点过菜后,他突然来了灵感,便顺手抄起餐桌上的菜谱,在菜谱的背面作起曲来。不一会儿,他就完全沉浸在美妙的旋律之中了。侍者看到贝多芬那十分投入的样子,便不敢去打扰他,打算等一会儿再给他上菜。大约一个小时之后,侍者来到贝多芬身边问道:"先生,上菜吗?"贝多芬如同刚从梦中惊醒一般,立刻掏钱结账。侍者如丈二和尚摸不着头脑:"先生,您还没吃饭呢!""不!我确信我已经吃过了。"贝多芬根本听不进侍者的一再解释,他照菜单上的价格付款之后,抓起写满音符的菜谱,冲出了饭馆。

职业篇

马克思在《青年在选择职业时的考虑》里指出,选择好职业是青年的首要责任。

青年在选择职业时不应该为一时的兴趣、激情、幻想、虚荣心和名利观念所左右,应该在充分考虑个人的体质、能力和社会关系后,选择最能为人类的幸福和我们自身的完美而劳动,能给我们带来尊严,使我们变得高尚的职业。

古今中外,许多工人、匠师、企业家,正是立足于这样一种职业信念,仰望星空,脚踏实地,孜孜以求,才从无到有、从小到大,成就了无数科技发明,打造了无数知名企业,创造出无数知名品牌。

当今社会,正处在知识经济、智能经济时代,科技发展,一日千里。我国正在决胜全面建成小康社会,实现经济社会现代化,急需各种各样的人才,机遇与挑战共存,"三百六十行,行行出状元"。但机会从来只留给那些有准备的人,未来社会的竞争不仅是知识的竞争,也是能力和素养的竞争。

青年们正处在学习知识和技能的重要时期。中职生思想活跃、兴趣广泛,动手能力强,在校期间,既要学习知识,又要发展技能。行业和专业本身并没有高低贵贱之分,都是经济社会发展的需要,只要学有所需、学有所用,能用创造性的劳动服务社会、服务人民,开创一番事业,为自己和他人带来财富和尊严,就是一项好的职业。所以,我们无论学习哪种专业,都应该学一行、精一行,努力学好自己的专业知识,熟练掌握自己的专业技能,圆满完成学业。这样,无论将来从事什么行业、何种工作,都可以立足岗位,找到自己的位置,实现自身的价值,展现自己的风采。

社会发展的最终目标是使"无业者有业,有业者乐业"。只要我们坚信"天生我材必有用",从基层做起,从零做起,干一行、爱一行,敬业乐业,就一定能成为对国家、对人民有用的人,创造出一番业绩、一份幸福。

名 企

名企，顾名思义，指在当地或跨区域范围内知名度和美誉度都较高的企业，有时特指国家或国际一流的企业。如中国的全聚德、同仁堂、华为、联想，美国的福特、微软、亚马逊，韩国的三星等。

这样的企业往往有优秀的企业家领导，一个高效能的领导集团，精简高效的组织机构，优化的人才结构，优秀的员工队伍；有精良的机器设备，先进的技术水平，充裕的资金；有正确的经营战略，成熟的经营机制；有优秀的企业形象，良好的企业信誉，先进的企业文化，过硬的品牌产品。

名企在选拔人才时一般注重员工的意志力、问题解决能力、适应力、团队协作能力和创新精神。

全 聚 德

中国全聚德（集团）股份有限公司，始建于清同治三年（1864），创始人杨全仁，起始店位于北京前门。中华人民共和国成立后，全聚德进行了公私合营，新设了和平门、王府井以及亚运村等分号。

全聚德以北京"挂炉烤鸭"闻名，至今已有156年的历史，是名副其实的中华老字号。

全聚德烤鸭色泽光亮油润，皮层酥脆，外焦里嫩，滋味鲜美，香而不腻。有到北京"不到万里长城非好汉，不吃全聚德烤鸭真遗憾"的说法。备受各国元首、政府官员、社会各界人士及国内外游客喜爱，被誉为"中华第一吃"。周恩来总理曾多次把全聚德"全鸭席"选为国宴。

如今，全聚德已形成以全聚德烤鸭为龙头，集"全鸭席"和400多道特色菜品于一体的全聚德菜系，在25个国家注册了商标，走上了集团化、国际化、标准化经营之路。平均每月都有10余种新菜与面世。除满足就席点菜外，全聚德还增设外卖服务，满足了更多基层消费者对正宗"全聚德烤鸭"的需求。

1999年1月，全聚德被国家工商总局认定为中国第一例服务类"驰名商标"。2007年9月,在第二届亚洲品牌盛典中,全聚德品牌荣获第320强,是亚洲餐饮行业唯一进入亚洲500强品牌的企业。

目前,全聚德正向着"中国第一餐饮,世界一流美食,国际知名品牌"宏伟愿景而奋勇前进。

经典品析

中华老字号数北京的最出名,北京的老字号数全聚德最出名。全聚德烤鸭成为北京烤鸭的精品代表,驰名中外,主要有以下几方面的原因:

首先是优质的原材料。北京填鸭品种优良,体形丰满,肌肉细嫩,有脂肪层。早年全聚德有自己专门的鸭房,从外面购进鸭雏后,自己喂养。现在全聚德与京郊的鸭场签订了购销合同,指导鸭场按全聚德的质量标准喂养,从而保证鸭子的质量。

其次是加工设备先进、烹饪队伍实力雄厚。全聚德有自己专门的鸭坯生产线,老技师众多,经验丰富,技术精湛。新厨师都经过严格培训考核持证上岗。

再次,也是最主要的原因,是品牌创新经营。全聚德集团自成立以来,始终按照当年周恩来总理对全聚德"全而无缺,聚而不散,仁德至上"的诠释,发扬"艰苦创业、开拓创新、争创一流"的精神,扎扎实实地进行体制创新、机制创新、管理创新、营销创新、科技创新、文化创新、精神文明建设创新"七大创新",使全聚德在市场需求不断变化中历久弥新,保持了基业长青。可以说,没有品牌创新经营,就没有现在的全聚德。

老字号代表的是高超的传统工艺、热情周到的服务态度和有口皆碑的商业信誉,其无形资产高不可估。然而我们遗憾地发现,由于种种原因,很多老字号在现代市场竞争中黯然失色,处境艰难。面对残酷的事实,我们不禁沉思:昔日光彩照人的老字号何以如此沉沦?如何才能使它们重振雄风呢?在高端餐饮业总体不大景气的情况下,全聚德集团却能"逆势生长",其集团化、国际化、标准化的品牌创新经营举措,确实值得老字号同行借鉴。

【相关链接】

全鸭席

全鸭席首创于北京全聚德烤鸭店,是以北京填鸭为主料,加上山珍海味精心烹制的各类鸭菜组成的筵席。一席之上,除烤鸭之外,还有用鸭的舌、脑、心、血、肝、胗、胰、肠、脯、翅、掌、蛋等为主料烹制的几十道著名菜品,如芥菜鸭掌、卤水鸭胗、盐水鸭肝、盐水鸭、糟溜鸭三白、宫保鸭翅、芋艿烩鸭汤、炸胗肝、鸭丝烹掐菜、鸭油蛋羹、水晶鸭宝等。全鸭宴是"全都有鸭"而非"全部是鸭"。

吃烤鸭的讲究

烤鸭不像烧鸡、扒鸡,烤炙时不添加任何佐料,没有咸淡味,吃时必须配上佐料吃。吃鸭肉有三种佐料:一种为甜面酱加葱条、黄瓜条、萝卜条等,一种是蒜泥加酱油、萝卜条等,一种是白糖,这种吃法适合女士和儿童。吃烤鸭有什么讲究呢?

首先是吃烤鸭季节。春、秋、冬三季鸭肉比较肥嫩,无论温度、湿度都最适宜于制作烤鸭。

其次是烤鸭的片法。烤鸭制作技巧一半在烤,一半在片。现烤现片现吃,吃到嘴里,皮是酥的,肉是嫩的,最为鲜美。

最后是主食,主食有两种:荷叶饼、空心芝麻烧饼。将片好的鸭子蘸上甜面酱卷荷叶饼吃是最传统的吃法。空心芝麻烧饼可以"中餐西吃",在烧饼上放一层鸭肉,夹上两片随热菜吃的青菜,一起夹好,用手抓起来吃,有点中式鸭肉汉堡包的感觉。

同 仁 堂

中国北京同仁堂(集团)有限责任公司,始创于清康熙八年(1669),创始人乐显扬。"同仁堂"店名为康熙所赐,是全国首批中药行业著名的"中华老字号"。

至今,同仁堂已发展成为拥有10家公司(两家上市)、两个生产基地、两院(同仁堂研究院、同仁堂中医医院)、两中心(同仁堂信息中心、同仁堂培训中心)的大型国企,横跨现代制药业、零售药业和医疗服务三大板块,员工人数超过2万。

从最初的同仁堂药室、同仁堂药店到现在的北京同仁堂集团,同仁堂经历数代而不衰,可谓药业史上的一个奇迹。其长盛不衰的最根本原因是坚持质量第一、一切为了患者的质量观、荣誉观和形象观。历代同仁堂人恪守"炮制虽繁必不敢省人工,品味虽贵必不敢减物力"的古训,树立"修合无人见,存心有天知"的自律意识,造就了制药过程中兢兢小心、精益求精(同仁堂为皇宫内廷制药,来不得半点马虎,稍有不慎就有可能招致杀身之祸)的严细精神,创制了"乌鸡白凤丸""安宫牛黄丸""牛黄清心丸""大活络丹""狗皮膏""再造丹""参茸卫生丸""女金丸""牛黄解毒片""安神健脑液"等同仁堂"十大名药",以"配方独特、选料上乘、工艺精湛、疗效显著"而享誉海内外,产品行销40多个国家和地区,赢得了国内外人士的广泛赞誉和青睐。

同仁堂在全国中医药行业是第一个也是唯一取得"中国驰名商标"称号的企业,"同仁堂中医药文化"被国务院批准列入"第一批国家级非物质文化遗产名录"。

经典品析

数据显示,我国商务部认定的中华老字号1128家,普遍经营状况不佳,中医药行业尤其如此。同仁堂算是经营得不错的,但2018年12月的"过期蜂蜜门"事件也让同仁堂深陷信任危机。原因是事发之后,同仁堂所做的第一件事不是担责,而是甩锅,声明第一条就是:事情不是同仁堂干的,是同仁堂的委托代加工企业干的,与上市公司无关。

对于消费者而言,老字号赖以生存的法宝就在于质量,没有一以贯之的质控体系,就不会有老字号的口碑和声誉。反观国外的一些老字号,虽然也完全采用委托加工的生产方式,却依然享誉世界,为什么?就是因为"品控"。同仁堂过期蜂蜜事件只是一个小小的导火索,它至少暴露出同仁堂对合作企业及委托加工业务存在监管不到位的问题。希望同仁堂集团及其他中华老字号从中深刻汲取教训:在时代蓬勃发展的今天,吃老本就是死路一条;没有严格的品控体系,没有质量,老字号也会没有未来,也会成为令后人惋惜的反面教材。

中国医学是中国的国粹,中医药价值已为临床实践所证实,为世界医学作出过突出贡献。中医现代化是一个漫长的发展过程,需要国家的重视,需要社会的关心,更需要几代中医药工作者的不懈努力。需要国家加强中药标准建设,加强中医药文化交流,和国际接轨,打破技术、文化、经济壁垒,让全世界认可中药文化,认可中药的安全性和有效性。只要我们正视现实、展望未来,中医药事业必定前景广阔、大有作为,必将同西医药一样,为世界卫生健康福祉作出贡献。

【相关链接】

代顾客煎药

代顾客煎药是同仁堂药店的老规矩,尽管煎药岗位上的操作工换了一茬又一茬,但从未间断,也从未发生任何事故。在1985年,当时每煎一服药就要赔5分钱,但同仁堂药店为方便群众,把这一服务于民的做法坚持了下来。现在同仁堂药店每年平均要代顾客煎药近2万副,此举深受患者和顾客欢迎。

一分钱的生意

1984年,一外地顾客到同仁堂药店求购4克天仙藤。一位老售货员收方后说:"这药4克值4厘钱,给你10克,收1分钱。"顾客满意地笑了。为了这一分钱的生意,这位老售货员柜前堂后跑了两趟。事后,顾客投书称赞同仁堂可贵的风格,认为像同仁堂这样的大药店仍能保持做好小生意的精神,确实难能可贵。

华　为

华为技术有限公司,简称"华为",于1987年正式注册成立,是一家民营通信科技软件和信息技术服务公司。创始人任正非,总部位于深圳市龙岗区坂田华为基地。

华为是全球领先的信息与通信技术(ICT)解决方案供应商,专注于ICT领域,在电信运营商、企业、终端和云计算等领域,构筑了端到端的解决方案优势,为运营商客户、企业客户和消费者提供有竞争力的ICT解决方案、产品和服务,并致力于实现未来信息社会、构建更美好的全连接世界。

华为主要经营IT、无线电、微电子、通讯、路由与程控交换机等,品牌是智能手机、终端路由器、交换机、电脑。

华为秉持"以客户为中心,以奋斗者为本"的企业文化,"稳健经营、持续创新、开放合作"的经营理念,"非极致而不为"的品牌理念,构建万物互联的智能世界。

2013年,华为首超全球第一大电信设备商"爱立信",产品和解决方案已经应用于全球170多个国家,服务全球运营商50强中的45家及全球1/3的人口。

2018年,沃达丰和华为完成首次5G通话测试;2019年,华为正式发布鸿蒙系统。

2018年,美国《财富》杂志发布的世界500强名单中,华为排名第72位。

2018年,"中国500最具价值品牌"中华为居第6位。

2019年,"中国民营企业500强"发布,华为排名第1。

如今,华为在5G技术及商业应用、6G通信技术研究上均处于世界领先地位。

> 经典品析

华为刚成立时员工不足 20 人,注册资本仅 2 万元,只是个小作坊。如今华为已发展成拥有 18 万员工,年销售额 7000 多亿的世界 500 强企业,这不能不说是一个通信业的奇迹。华为的崛起,可谓占尽了"天时""地利""人和",很难再被复制。

华为的崛起首先是时代造成的。当时中国通信业一片空白,国外设备不仅价格昂贵,而且服务傲慢,这使得中国的通信制造业占了价格的便宜。

其次是"地利"。中国通信市场是全球最大的,以 4G 基站为例,中国三大运营商的 4G 基站数量,中国移动 241 万,中国电信 138 万,中国联通 132 万,这个数量远远大于全世界的 4G 基站数量。

再次是"人和"。华为的成长和华为"狼性团队"的拼搏分不开,正是一代代华为员工的努力,使华为成为全球第一大通信制造企业。

如果说华为的崛起是凭借着"低成本+产业集群+狼性团队"的优势,确立了世界工厂的地位,成为全球经济的亮点,那么华为的辉煌则是凭借"后世界工厂时代"的"自主创新"。

"自主创新"谈何容易,它需要知识的土壤、人才的培养、制度的突破、管理的提升、文化的引导……很多企业等不到那一天,更多的企业也不知道如何走到那一天。任正非非常懂得员工的需求、员工的价值,懂得只有知识密集型企业才能创造高附加值产品,所以他知道如何"对症下药"去留住人才为他所用。任正非是舍得花钱的,不仅仅是研发费用,华为每年给员工的工资就占了华为大部分的支出,更别谈企业分成了,华为很多员工都持有公司的股份。华为的崛起模式很难再复制,但华为的自主创新可以学习,这就是华为给我们的启示。

> 【相关链接】

任正非与狼性文化

任正非经历过失败、欺骗,甚至曾濒临破产。因此他对危机特别警觉,管理理念也略带"血腥",他认为做企业要像狼一样。因为狼有三大特性:一是敏锐的嗅觉,二是不屈不挠、奋不顾身的进攻精神,三是群体奋斗。华为员工也做到了这一点,正是这凶悍的企业文化,使华为成为连跨国巨头都寝食难安的一匹"土狼"。

任正非:面子是给狗吃的

任正非常说:"我要的是成功,面子是虚的,不能当饭吃,面子是给狗吃的。""谁最要脸面？是那些没有学问、没有本事的人！""知识分子不要脸面才能进步。""我最不要面子，因为我知道自己有本事。"

任正非说他最不要脸面，所以他进步最快，他也要求所有干部，应该不要脸面，要脸面的干部没多大出息。

福特(美国)

美国福特汽车公司简称福特，1903年由亨利·福特和11个股东共同创立于美国密歇根州迪尔伯恩市。商标来自亨利·福特常用的签名字体。

福特汽车公司成立后仅几个星期，便向加拿大一位客户售出了一部A型汽车，从此开始了走向世界的伟大历程。

1908年，福特在试造了几种车型后，生产出世界上第一辆属于普通百姓的T型车，世界汽车工业革命就此开始。

1913年，基于"为全世界大多数人造车"的理想，福特开发出了汽车行业中的第一条流水线，造就了千千万万的有车阶级，使T型车的足迹遍布世界，缔造了一个至今仍未被打破的世界纪录，亨利·福特为此被尊为"为世界装上轮子"的人。

福特现有两大业务集团：福特汽车业务集团和金融服务集团，除了生产汽车和汽车零件、拖拉机、电视机、收音机、电子通讯系统、导弹控制系统、卫星和地面站设备等，福特金融主要经营购车金融、车辆租赁和汽车保险方面的业务。

福特旗下曾拥有八大汽车品牌：福特、林肯、水星、马自达、阿斯顿·马丁、路虎、捷豹、沃尔沃。其中阿斯顿·马丁、路虎、捷豹和沃尔沃已经被卖出，不再属于福特。2008年印度塔塔集团出资23亿美元，成为捷豹和路虎两大品牌的新主人。

2009年，由于通用汽车公司破产重组，福特汽车公司成为全美最大的汽车制造商，世界第一大卡车生产厂家，第二大汽车生产厂家(第一为日本丰田公司)。

福特汽车公司在中国的历史可追溯到1913年，第一批T型车销售到中国。1978年，福特汽车公司董事长亨利·福特二世得到了邓小平的会见，表达了福特汽车公司与中国汽车工业合作的愿望。

福特汽车中国有限公司成立于1995年，现拥有江铃汽车股份有限公司30%的股份，于1997年底成功推出了"全顺"商用汽车。到目前为止，已成功地推出了多达13种商务车型。

2001年,福特汽车公司和长安汽车集团共同投资9800万美元成立了长安福特汽车有限公司,双方各拥有50%的股份,专业生产满足中国消费者需求的轿车,已经成功推出了福特"嘉年华"和"蒙迪欧"两款轿车。

2003年,福特运动型多功能车(SUV)"翼虎"正式推向中国市场,加速了福特汽车在中国市场的步伐,成为福特加速完善中国产品线的重要举措。

在1999年的世纪末评选中,福特T型车被评为"世纪之车",亨利·福特本人也被《财富》杂志评为"二十世纪商业巨人",以表彰他和福特汽车公司对人类工业发展所作出的杰出贡献。

经典品析

亨利·福特成功的秘诀只有一个:尽力了解人们内心的需求,用最好的材料,最好的员工,制造多数人都买得起的好车。

福特一直把"提升顾客的价值"作为企业追求的最高宗旨,亨利·福特说:"消费者是我们工作的中心所在。我们在工作中必须时刻想着我们的消费者,提供比竞争对手更好的产品和服务。"

福特在质量和追求提升质量的解决之道上从不妥协,自始至终都在为用户提供可靠而且价格适宜的汽车。从第一辆大众T型车到20世纪90年代的畅销车Taurus(金牛),福特始终处于全球最受欢迎的轿车和卡车品牌的行列。

福特董事长比尔·福特说:"当一个市场成为福特汽车公司全局的一部分,当那里的员工成为福特全球大家庭的成员时,我们就不仅仅把自己视为在这个国家做生意的外国公司,我们更要把自己当作这个国家的'公民',一个具有国家感和责任感的公民。"

今天,福特汽车公司仍然是世界一流的汽车企业。可以说,正是这种"提升顾客的价值"的顾客意识和质量提升的责任心成为福特汽车公司成功的不二法门,值得所有世界品牌汽车学习效仿。

亚马逊(美国)

亚马逊公司,简称亚马逊,是美国最大的网络电子商务公司,世界网络电商的鼻祖。1995年由杰夫·贝佐斯创立于华盛顿州西雅图。一开始名字叫Cadabra,是一家网络书店,后改名为"Amazon"。公司成立不到两年即成为"地球上最大的书店"。

1997年上市后,亚马逊开始商品品类扩张,到2001年已成为世界最大的综合网络零售商,为客户提供上千万种商品,包括图书、影视、音乐和游戏、数码下载、电子和电脑、家居和园艺用品、玩具、婴幼儿用品、杂货、服饰、鞋类、珠宝、健康和美容用品、体育、户外用品、工具以及汽车和工业产品等,并将不同商品进行分类,使客户可以一站式地购买众多商家的品牌商品,并对不同电子商品实行不同的折扣价格策略,提供免费送货服务。亚马逊通过提高销量来弥补折扣费用和增加利润,每收入1美元就拿出24美分搞营销、拉顾客,以此来争取更多的顾客,形成有效的良性循环。

2001年,亚马逊开始大规模推广第三方开放平台(marketplace)、网络服务(AWS云计算服务)、Prime服务、外包物流服务(FBA)、自助数字出版平台(DTP)等,成为一家综合服务提供商。亚马逊正努力把自己打造成"最以客户为中心"的服务型企业。

2004年亚马逊全资收购中国卓越网,成立亚马逊中国网站,为消费者提供图书、音乐、影视、手机数码、家电、家居、玩具、健康、美容化妆、钟表首饰、服饰箱包、鞋靴、运动、食品、母婴、运动、户外和休闲、IT软件等上千万种产品,并承诺"天天低价、正品保证、送货上门、货到付款",为中国消费者提供便利、快捷的网购体验。

2018年,《财富》世界500强排行榜发布,亚马逊位列第18位。

2018年,在世界品牌实验室编制的2018世界品牌500强中,亚马逊排名第1位。

2019年,在福布斯全球数字经济100强榜上,亚马逊位列第6位。

2019年,在全球最具价值100大品牌榜上,亚马逊位列第3位。

2019年,亚马逊中国开始停止为第三方国内卖家提供亚马逊物流卖家服务(FBA),意味着用户再不能在亚马逊上购买国内商家商品。

经典品析

亚马逊作为世界上最早最大的网络零售商,给购物者带来比传统零售更丰富、更便宜、更快捷的消费体验,其"天天低价、正品保证、送货上门、货到付款"的承诺,从某种角度上做到了"最以客户为中心"。但承诺不等于实现,网络零售要想做到商品质量、售后服务、退换货像传统实体销售那样方便有保障,实现最大

盈利,还必须做好以下四个方面的工作:

一是数据管理。一致的、优质的、引人入胜的内容对受众决策的影响远胜于其他任何技术,不仅能够为跨境电商卖家带来高度的相关性,以此降低广告费用,同时还能提高客户信心、增强转化率、改善转化量。

二是全渠道引流。卖家在打造品牌的时候,不应当仅局限于站内推广,还需要考虑如何在搜索引擎、社交媒体、线下门店等渠道进行曝光,进行全渠道引流,让消费者通过不同渠道都能找到卖家产品,快速下单。

三是优化效率。力求避免内容不一致、产品同质化、重复商品上下架、库存监控修改、账号重复编辑等员工重复劳动,从而降低广告人力成本,减轻团队管理困难,提高人均产出率。

四是提升平台销量。保证平台产品的优质,控制好产品的价格优势,管理好店铺的排名、好评率、ppc(点击付费)广告,从而吸引最大流量,提升平台销量。

相信,随着物流业、第三方支付的发展,网络零售定能克服自身不足,给消费者带来更实惠的利益、更完美的购物体验,真正实现"以客户为中心"。

【相关链接】

亚马逊平台特色[①]

1. 重产品,轻店铺
2. 重推荐,轻广告
3. 重产品详情,轻客服咨询
4. 重视客户反馈
5. FBA
6. 大数据

[①] 选自章学拯、苏庆新:《国际贸易电子化实务与跨境电子商务》,上海:格致出版社、上海人民出版社,2019年,第246-247页。

名 匠

工匠指有工艺专长的匠人,通常也被称为大师傅、技术员,也有的被称为大师。现在有时也特指企业的经济师、会计师、工程师和销售专家等。

工匠大多学有专长。他们专注于某一领域,对产品研发或加工全身心投入,能精益求精、一丝不苟地完成整个工序的每一个环节。他们能独当一面,是企业在某一方面进行决策的主要助手,在分管的范围内有较高的权威。

没有一流的职工,就没有一流的效益,职工素质的高低,对企业的成败有直接影响。自古以来,中国对手工艺人都非常重视,给予他们很高的地位。

百工圣祖——鲁班

鲁班(前507～前444),姬姓,公输氏,字依智,名班,春秋时期鲁国人,人称公输盘、公输般、班输,尊称公输子,又称鲁盘、鲁般。集工匠、大匠师、技术家、发明家于一身,是中国能工巧匠的祖师,土木建筑、木匠的鼻祖,被称为百工圣祖。

鲁班出身于世代工匠家庭,从小就跟随家人参加许多土木建筑工程劳动。他善于思考研究,常常就着身边小事而发明创造新的劳动工具。有关鲁班发明的小故事有很多,传说他因发现小草叶子两边长着许多小齿,锋利无比,便研究发明了锯子;他和妻子在亭子下避雨,因妻子说"要是能多建点亭子就好了",他就发明了可移动的亭子——"伞"。据古籍记载,木工用的工具曲尺、斧头、墨斗、刨子、钻子、铲子等都是鲁班发明的。古代攻城用的云梯、舟战用的钩拒、空战用的木鹊也是他发明的。其他的发明还有很多,如鲁班锁、机井、石磨、雕刻、机封等。

后世人为纪念鲁班,在建筑、木工等方面都喜欢以"鲁班"冠名。如明代撰写的关于建筑技术的图书命名为《鲁班营造法式》,木工行业专用书籍叫《鲁班经》。1987年,中国建筑业联合会为奖励优质建筑工程,设立了"鲁班奖",是中国建筑行业工程质量方面的最高荣誉奖。此外,还有民间流传下来的"鲁班井""鲁班庙"等,无不显示出人们对鲁班的敬仰之情。

2008年5月16日,鲁班纪念馆在鲁班出生地山东省滕州市奠基,2009年2月26日开工建设,是目前我国建筑体量最大、功能最全的鲁班纪念馆。

经典品析

古往今来,能工巧匠比比皆是,鲁班却能够被称为"百工圣祖",名留青史,这绝非偶然。

他不仅把手工当成职业,更把它当成一种追求。他善于观察、勤于思考、富于智慧、勇于创新,把工匠技巧发挥到了极致。更重要的是当他将自己的想法行动化时,从不半途而废。那数不胜数的发明创造,无一不是他对于自己心中那份信念的坚持。他用自己的发明创造使工匠们从原始繁重的劳动中解放出来,成倍地提高了劳动效率,使土木工艺出现了崭新的面貌。

时至今日,鲁班已成为一种精神象征,成为传承、创造、钻研、精益求精的大国工匠精神的典范。

可惜,鲁班及其弟子没能用文字记载下他的光辉思想和卓越成就,好在作为中国古代工匠的杰出代表,其非凡的社会影响和广泛的民众基础,大多还是以丰富多彩的民间传说的形式保存下来,给我们职校学生以无尽的人生启示。

1. 对职业的热爱是成功的根本。鲁班的成就来自于对岗位的敬畏,对工作的热爱,对职业操守的坚持,来自于"干一行、爱一行、精一行,精益求精、追求卓越"的职业精神。我们走上工作岗位后,也要把这种精神融入自己的岗位工作,把每一个产品都做成精品,于平凡中展现伟大。

2. 发明源于劳动智慧。鲁班只是一个普通工匠,并没有非凡的学识。他在劳动实践中留心观察思考,勇于实践创新,模仿生态学,创造了多项发明,再次证明了伟大发明无一不是在劳动智慧中产生的这一伟大真理。

3. 发明创造就在身边。鲁班通过观察"长着利齿的叶子"和"能靠小齿磨碎叶片的蝗虫"得到启发,并联想到"齿状的工具能很快地锯断树木",从而发明了锯子的故事告诉我们,只要平时留心工作,细心观察,用心思考,肯动脑筋,发明创造就在身边,劳动智慧也就慢慢地养成了。

【相关链接】

有眼不识泰山

有一天,鲁班到杭州游玩,见一店铺门口挤满了人,他很好奇,也跟着进去瞧瞧。只见店内摆满各种各样的竹编制品,有桌、椅、床、柜、篮、筐等,且这些竹编制品手艺精细,众人争相购买。鲁班打算拜访一下店里的竹编师傅,并当面请教。说明来意后,店里的伙计请来了竹编师傅,两人一照面,才知这位师傅正是当年因"学艺不精"被鲁班赶走的徒弟"泰山"。原来,当年泰山跟鲁班学艺时,他看到竹子比木头柔韧,就常常偷偷抽空到竹园里去练习劈篾、编竹,因为还没学好,又怕鲁班不同意,所以一直没敢说出来。鲁班听了很后悔,感慨地说:"我真是有眼不识泰山,要这瞎眼何用?"从此以后,鲁班只用一只眼干活。现在的木匠在检查木料曲直时,总是眯起一只眼来看,据说便是为了纪念祖师爷鲁班。就这样,"有眼不识泰山"这句话就在民间流传开来。

大国重器、民族脊梁——黄旭华

2017年11月17日,人民大会堂上,看到九十多岁的他站在代表们中间,习近平总书记挪开前排的椅子,握住他的手,一再邀请他坐到自己身旁。他就是被称为民族脊梁、大国之"定海神针"的黄旭华。2019年9月22日,九十三岁的他被授予"共和国勋章"。2020年1月10日,获得2019年度国家最高科学技术奖。

看完他的故事,中国为什么能行,相信你心中就会有答案。

黄旭华,1926年3月生于广东海丰县,受父母影响自小立志要做个医生。上学后开始明白:弱国就会受人欺凌、受人宰割。黄旭华说:"我不学医了,我要造飞机、造大炮、造军舰,中国国防科技太落后了。"

1945年,黄旭华以优异的成绩被保送到南京中央大学航空系,后又以第一名的成绩考入上海交通大学造船系。

1954年,在外国专家的指导下,黄旭华设计制造出中华人民共和国第一艘扫雷艇和第一艘猎潜艇。

1958年,为打破美苏等国对核潜艇技术的垄断,中央批准研制导弹核潜艇。1959年赫鲁晓夫访华,中国政府向他提出对中国核潜艇研制提供技术支持。赫鲁晓夫傲慢地回应:核潜艇技术复杂,花钱又多,你们中国搞不出来,只要我们苏联有了,大家建立联合舰队就可以了。毛泽东主席听后愤怒地说:"核潜艇,一万年也要搞出来!"

黄旭华被密召进京,他们成立了一个代号为"19"的研究所。几天后,聂荣臻元帅亲自给大家开会,在这次会上,年轻的黄旭华被任命为核潜艇研制总工程师。

此后30年黄旭华一家就在父母面前"消失"了,只因肩负着重要使命,离国家秘密最近。

可是核潜艇研发举步维艰：核潜艇必须集成航海、导弹、计算机、核反应堆等几十个专业学科才能将它制造出来。一艘核潜艇的发电量可以满足一座中等城市的照明用电，艇内仅控制阀门就有一万多个，各种仪表几千个，制造工艺的复杂程度可想而知。关键所有的人根本就没见过核潜艇。而且当时没有电脑，所有数据只能靠算盘和计算尺。黄旭华他们克服的困难，根本不是我们能用文字形容出来的。

在黄旭华和所有工程师的共同努力下，1970年12月26日，中国自己建造的第一艘鱼雷攻击型核潜艇"长征一号"下水。至此，我国仅用了13年时间就走完了美苏至少要用30年才能走完的核潜艇研发之路，成为世界上第5个拥有核潜艇的国家，这简直是一个奇迹。

潜水艇在交付使用之前，必须进行极限深潜试验。1963年，美国王牌核潜艇"长尾鲨号"深潜试验时，不到200米就沉没海底了，160个官兵无一生还。1988年4月29日，中国新型号核潜艇按照设计极限也要做300米深潜试验。试验之前，艇员心理包袱很重，有人给家里留了遗书，有人唱起了《血染的风采》。得知这一情况后，六十二岁的黄旭华说：我跟你们一道下去！核潜艇开始以50米、10米下潜，后陆续以5米、1米慢慢越潜越深，快到300米时，潜艇顶壳多个位置咔咔作响，令人毛骨悚然。黄旭华镇定指挥试验人员记录各项有关数据，直至最后胜利。这次深潜试验，黄旭华的眼底、耳朵和牙龈都因承受压力过大而渗出了血……黄旭华也成为世界上核潜艇总设计师亲自下水做深潜试验的第一人。

直到1987年，一部长篇报告文学《赫赫而无名的人生》问世，黄旭华这三个字才终于被"解密"！母亲才知道里面所讲的黄总设计师，就是30年没有回过老家，被弟妹们误解为不孝的三儿子。

如今，九十四岁高龄的黄旭华，依然每周在中国船舶重工集团719研究所工作5个半天。从1958年开始到现在，黄旭华一直都在核潜艇的岗位上，为祖国呕心沥血，无怨无悔！

经典品析

世界上有两样东西亘古不变，一是高悬在我们头顶上的日月星辰，一是深藏在每个人心底的情怀信仰。对于黄旭华来说，他的情怀信仰是祖国需要。有人问他，祖国是什么？他这样回答："列宁说过的，要他一次把血流光，他就一次把血流光；要他把血一滴一滴慢慢流，他愿意一滴一滴慢慢流。如果祖国需要，我的血可以一滴滴地慢慢流，直至流光。"

都说最是情怀动人心。心有大我、至诚报国，九十余载岁月如歌。大爱无声,却有力,足以支撑起大国科技崛起的筋骨;大智无形,却有道,足以挺立起民族智慧的脊梁。

一辈子的坚守,就是人生的伟业。这是黄旭华老人的人生实践,也是他留给我们的人生启示。

现如今,黄旭华老人已成为无数科技工作者的精神标杆,似一座灯塔,为后来者点燃心灯、照亮前路。他培养出的众多学生正在重要的岗位上为科技强国大厦添砖加瓦。

中国为什么能行,中国为什么让人敬畏,就是因为中国有一群像黄旭华这样的人。中华民族的伟大复兴,需要更多黄旭华,愿我们都能成为黄旭华。

航空手艺人——胡双钱

2019年10月1日,在庆祝中华人民共和国成立70周年盛大的阅兵式群众"游行方阵"的24号彩车上,有一位工人观礼代表,与一起参与游行的伙伴高喊"团结起来,振兴中华"的方阵口号。他就是被称为"最美职工""航空手艺人"的胡双钱。

胡双钱,生于1960年7月,中国商飞上海飞机制造有限公司高级技师,曾荣获"全国劳动模范""全国敬业奉献模范""全国最美职工"等荣誉称号以及上海市质量金奖。现任中国商飞上海飞机制造有限公司数控车间钳工组组长,主要负责ARJ21—700飞机项目零件生产、C919大型客机项目技术攻关及青年员工的培养。

作为一名技术工人,能获得如此多的殊荣,定是平凡中有着不平凡!

胡双钱从小就特别喜欢飞机,经常跑到机场看飞机。那时,他暗暗发誓:"一定要当一名航空技术工人,造出世界一流的飞机。"

1980年,从技校毕业的胡双钱进入上海飞机制造厂5703厂(以下简称上飞)维修车间实习,他每天的活多半是跑工具间,来回取送不同工具。虽然工作简单枯燥,但胡双钱没有不乐意。他想,要掌握好技术,就得学会准确分辨和了解工具。实习期满后,胡双钱来到了数控车间钳工组。在车间里,他从不挑活,通过完成各种各样的急件、难件,他的技术能力慢慢积累提高了。

在上飞,他亲自参与并见证了中国人在民用航空领域的第一次尝试——"运

10"研制与首飞。那一刻他强烈感受到"造飞机是一件很神圣的事"。然而,由于多种原因"运10"最终下马。"运10"下马后,原本聚集了一大批航空人才的上飞渐渐冷清下来。一些争抢飞机技师的公司把专车开到了厂门口,一家私营企业的老板为胡双钱开出了3倍工资的高薪,但胡双钱还是选择了留下坚守。

"运10"下马后,工厂只能承接一些民品。那段时间,他做过电风扇、大客车座椅等民品零部件的加工制造。胡双钱自豪地说,用造飞机的技术生产出的电风扇、绞肉机等民品,质量特别好,深受老百姓欢迎。之后,胡双钱与同事一起陆续参与了中美合作组装麦道、波音、空客飞机零部件的转包生产,练就了技术上的过硬本领。

20多年后,当我国启动ARJ21新支线飞机和大型客机研制项目后,胡双钱几十年的积累和沉淀终于有了用武之地。他深知ARJ21民用飞机是首创,承载着全国人民的期待和梦想,风险和要求极高。胡双钱的"质量弦"绷得更紧了,再简单的加工,他都会在干活前认真核校图纸,操作时小心谨慎,完工后多次检查,一周有六天泡在车间里,核准、画线、锯掉多余的部分,拿起气动钻头依线点导孔,握着锉刀将零件锐边倒圆、去毛刺、打光……这样的动作,他重复了几十年。正因他"慢一点、稳一点、精一点、准一点"的高要求精神,在30年的航空技术制造工作中,他经手的零件上千万,没有出过一次质量差错,成为一位本领过人的飞机制造师。

经典品析

胡双钱是个普通人,他出生在普通的工人家庭,技校毕业后当了一名普通工人。但他又不普通,学生时代的他不仅学到了精湛的技能,更树立了做人的品格。尽管只有技校文凭,但他几十年如一日,不断琢磨自己的产品,不断改善自己的工艺,硬是用自己的双手,演绎了手工打磨产品35年无次品的传奇,追求到了工作的完美和极致,塑造和铸就了敬业奉献、勤学苦钻、追求极致的"工匠精神"。

干一行、精一行、执着追求、精益求精、一丝不苟是对胡双钱的准确评价,也给我们职校学生以有益的人生启迪:

首先,心中有梦想,未来才有希望。在企业冷清不景气的时候,面对私企高薪招聘,胡双钱选择坚守,诠释了朴素的爱国爱岗情怀。胡双钱心中执着坚信在自己这一代人的努力付出下,经自己制造的飞机飞上蓝天的梦想定能实现。在处于困境时,我们要秉承此种精神;在发展强大时,更需执着努力,只有这样才能勇攀高峰,屹立于时代前沿。

现实中,有许多像胡双钱一样的优秀在岗人员,他们无论做什么工作都全力以赴、精益求精,完成自己的分内职责。正因为有他们的积极付出,我们的祖国才能从一穷二白成为令世界瞩目的大国。

其次,只要勤学苦干,技校生一样可以成才,一样可以创造奇迹。虽然胡双钱只有技校文凭,但他靠一双手和一台传统的铁钻床,练就了一个多小时打出36个大小不一样的0.24毫米孔的"金属雕花技能"。这不是传说,而是他无数个日夜在一线刻苦钻研的结晶。只要我们能吃苦、肯拼搏,下一个创造奇迹的人有可能就是我们。

QQ帝国创始人——马化腾

马化腾,腾讯公司董事会主席兼首席执行官,互联网新锐企业家。

马化腾1971年出生于海南省东方市,1989年考入深圳大学,主修计算机及应用专业。1993年大学毕业后进入深圳润迅通讯发展有限公司做软件工程师,负责寻呼机软件的开发,一直做到开发部主管。这一段经历培养了他敏锐的市场感觉,于是他向公司提出利用互联网做无线寻呼(BB机)业务,可惜没有得到公司的支持,这坚定了马化腾自主创业的决心。

1998年,马化腾与同学张志东合资注册了深圳腾讯计算机系统有限公司。创业之初,由于没有风险资金介入,每一笔支出都让马化腾和伙伴心惊肉跳。由于不懂市场运作,腾讯开发的产品被运营商拒之门外,资金和技术都陷入困境。

1999年,马化腾偶然接触了一个以色列人开发的即时聊天工具ICQ,可ICQ版本没有中文的,用起来很不方便。于是,马化腾就仿照ICQ开发出一个中国的OICQ。由于抢了ICQ的用户群,遭到ICQ公司侵权控诉,最终被判败诉,停止使用OICQ名称,归还OICQ域名给ICQ公司,并做出经济赔偿,腾讯陷入最为困难的时期。被逼无奈,马化腾将OICQ改名为QQ,想以60万元卖给深圳电信数据局,但终因价格原因告吹。软件卖不掉,用户数量却在疯长,运营投入越来越大,马化腾只好拿着计划书四处筹钱,寻找国外风险投资,最后,碰到了IDG和盈科数码,终于获得了第一笔投资。到2000年6月,QQ注册用户破千万,基本占领了中国在线即时通讯接近100%的市场,公司发展开始步入正轨。

2003年,腾讯推出"QQ游戏",再度引领互联网娱乐体验。一个月后,QQ用户注册数升到2亿。

2004年,腾讯在香港交易所主板挂牌上市。

2011年,腾讯推出微信聊天软件。几年时间,微信成为国民级的互联网社交工具和社交平台,拥有近十亿活跃用户。

马化腾凭借自己敏锐的市场意识、顽强的意志品质和坚韧不拔的毅力,在不经意模仿间打造了一个庞大的QQ帝国,从此改变了中国人沟通的方式。如今,腾讯已经发展成中国最大的互联网综合服务提供商,业务范围涉及社交和通信服务(QQ及微信等)、社交网络平台(QQ空间)、娱乐游戏(QQ游戏、影业、电竞、动漫、音乐、文学等)、门户网站(腾讯网)、腾讯新闻客户端、网络视频服务(腾讯视频)、金融服务(微信支付、QQ钱包、财付通、理财通等)、慈善基金、云服务等。

马化腾还是一个具有强烈社会责任感的企业家,成功后不忘回报社会,早在2007年,就成立了中国第一大慈善基金会"腾讯公益慈善基金会",致力于慈善公益事业,关爱青少年成长。

经典品析

马化腾创业成功,从个人角度讲,首先是他具有敏锐的市场眼光、顽强的意志品质和坚韧不拔的毅力。当初做即时通讯,根本挣不到钱,即便在那样极端困难的情况下,他也没有放弃。在为QQ融资的过程中,他做了两次腰椎手术,手术后躺在床上仍在坚持工作。

其次是他具有严谨的经营作风。马化腾是一个制定企业战略的高手,他知道在企业发展的每一个阶段,企业该做什么,自己该做什么。他稳扎稳打,不喜欢作秀,QQ的很多新产品总是在无声无息间推出。腾讯在摆脱生存危机、进入全面扩张后,也曾多次受到消费者的公开指责、不满和非议,马化腾于是开始致力于全力以赴解决用户的不满,消除不良业务的负面影响,将腾讯打造成为受人尊重和注重社会责任的互联网企业。

再次是他正直、善于合作、低调的为人。马化腾是中国最富有的人之一,也是最低调的人之一。他为人低调内敛,从不张扬。关于马化腾的报道几乎全都与工作有关,私生活报道非常少,更没有负面新闻。有人问马化腾:"你认为经商最应该具备什么呢?"他的回答是:"正直、合作、创新。"当年一起创业的几个伙伴至今都还在腾讯抱团发展,团队之稳定,互联网行业少见。

马云曾经在一次演讲中表态,阿里没有竞争对手,如果有,只有腾讯。也许腾讯并不完美,小企鹅也不完美,但马化腾在很多人的心目中却几近完美。他成了很多创业者的偶像,年轻人心目中的时代英雄。对于我们中职生来说,我们可以学马化腾的胸怀、眼光、格局、品质,学他创业的一步一步一个脚印。

软件帝国缔造者——比尔·盖茨(美国)

1955年比尔·盖茨诞生于美国西雅图。他从小酷爱读书,是个读书迷,最喜欢看的是《世界图书百科全书》。他常常陷入沉思,人类历史将越来越长……那么以后的百科全书不是越来越大?如果能发明一种东西,包罗万象地把一大本百科全书都收进去,该有多方便。这个奇妙的思想火花,后来竟给他实现了。

盖茨不论做什么事情都会全心全意,花上所有时间最出色地完成。一次老师布置同学写一篇不超过20页的故事,盖茨浮想联翩,竟写出长达100页的神奇而又曲折无比的故事,使老师和同学都十分惊讶!大家都说:"不管盖茨做什么事,他总喜欢来个登峰造极,不鸣则已,一鸣惊人,不然他是不会甘心的。"

1968年,13岁的盖茨在湖畔中学就读,当时该校有一台计算机,盖茨很快就被它迷住了。他与同学保罗·艾伦利用一本指导手册,开始学习Basic编程。1971年,盖茨为湖畔中学编写了一款课表安排软件。1972年,盖茨卖掉了他的第一个电脑编程作品——一个时间表格系统,买主是他的高中学校。

1973年,盖茨考进了哈佛大学。1775年,他和艾伦为第一台"个人微型计算机"MITS Altair(罗伯茨研制)开发了Basic编程语言,编写出可在Altair 8800上运行的程序,出售给MITS公司(微型仪器和遥感系统公司)。

1976年,21岁的盖茨和23岁的艾伦注册了"微软"(Microsoft)商标。1977年1月,盖茨从哈佛大学辍学,全身心投入微软公司。盖茨和艾伦深信个人计算机将是每一部办公桌面系统以及每一个家庭的非常有价值的工具,并为这一信念所指引,开始为个人计算机开发软件。

1980年,盖茨与IBM(美国国际商业机器公司)签订合同,同意为IBM的PC机开发操作系统。他购买了一款名为QDOS的操作系统,对其稍加改进后,将该产品更名为DOS,然后将其授权给IBM使用。与IBM合作使微软在短时间内拥有了庞大的用户群,大部分计算机厂家都是用微软的操作系统。

1985年,Windows系列的第一款产品Microsoft Windows1.0诞生了。

1995年,微软发行了内核版本号为4.0的一个混合了16位/32位的Windows系统——Windows 95,这一款电脑系统可以说是跨时代的作品。一直到现在的Windows10,具有更加稳定、强大、快速、人性化的操作界面,使计算机进入家庭不仅成为需要,而且成为可能。

1995年,盖茨荣登福布斯全球亿万富翁排行榜榜首,个人财富为129亿美元,当时盖茨年仅三十九岁。此后13年,他蝉联了世界财富富豪榜榜首。时至今日,微软在整个电子计算机行业依然占有霸主地位,盖茨功不可没。

1994年,盖茨创立了"盖茨基金会",该基金会赞助了一系列盖茨本人及其家庭感兴趣的活动,包括教育、世界公共卫生和人口问题、非营利的公众艺术机构以及一个地区性的投资计划——puget sound(普吉特海湾)。

2008年,盖茨宣布退出微软日常管理,将主要精力投入慈善事业,将自己的580亿美元财产,全数捐给名下的盖茨基金会,希望以最能产生正面影响的方式回馈社会,对全世界有正面的贡献。

经典品析

比尔·盖茨是一个勤奋的人。他热爱自己的工作,对书和计算机的迷恋可以说达到了共命运的地步,没有他的奋斗就没有他今天的成功,他成为亿万富翁后依然经常加班。

比尔·盖茨是一个有远见的人。他的远见卓识以及他对个人计算机的先见之明,成为微软软件业成功的关键。在比尔·盖茨的领导下,微软使软件更加易用、省钱和富于乐趣。比尔·盖茨对软件的贡献,就像爱迪生对灯泡的贡献一样。

比尔·盖茨是一个富于主见和自信的人,他不管别人的看法,不被他人所左右,专注于自己该专注的,创造属于他的王国。在创业的路上,他坚持做自己,开发操作系统Windows HT时,第一个、第二个版本都不成功,第三个版本还是不挣钱,他坚持下来了,后来Windows2000成为微软最重要的一款产品。试想下,当时在几次失败和员工的怀疑下,他如果没有相信自己,动摇了,那他还会有Windows2000的成功吗?

热爱自己的工作,勤奋自信,创造财富,并乐于奉献,坚持做自己喜欢的事情,是比尔·盖茨给我们中职学生的最好的人生启示。

名　训

　　企业在生产经营和管理活动中所创造的具有该企业特色的精神财富和物质形态统称企业文化，它是企业经营理念、经营目的、经营方针、经营行为、经营形象、企业愿景、企业使命、价值观念、企业精神、道德规范、社会责任、历史传统、企业制度、文化环境乃至企业产品本身等的总和，是企业员工普遍认同的价值观。企业的价值观是企业文化的核心，是企业生存、竞争和发展的灵魂和精神支撑，是企业个性化的根本体现，企业名训是企业文化的外在表现，常以训典、口号、广告词的形式出现。

经营理念——"顾客就是上帝"

　　在中国，我们常常会听到"顾客就是上帝"的说法。

　　西方通常并不会用上帝来表示对顾客的尊重，往往代之以"顾客优先""顾客总是对的""顾客就是国王"等。

　　"顾客总是对的"这句话可追溯到19世纪中后期英国的马歇尔百货公司。这家公司的创始人马歇尔·菲尔德和他当时的手下，后来创建了英国塞尔福里奇百货公司的哈里·戈登·塞尔福里奇一同提出了"顾客总是对的"这一影响深远的营销理念。

　　与"顾客就是上帝"更为相近的说法其实来自日本。有趣的是这说法并非出自制造业，也不是出自服务业。它是由日本歌手三波春夫1961年提出的，三波春夫的原话应该是"顾客就是神"，意思是指自己对观众唱歌的时候，就好像是在对神明祈祷一般。

　　后来这句话迅速被服务业追捧成为口号，加上中国式的意译，就成了"顾客就是上帝"这句名训。

> 经典品析

首先,"顾客就是上帝"是市场经济条件下企业对待顾客的基本理念。一家企业的存在价值,很大程度上在于其产品或服务能够得到顾客的接受或欢迎,有了顾客才有市场。因此,企业的经营方针必须紧紧围绕着顾客需求来制定,最大限度地满足顾客需要是企业一切工作的根本指针。

其次,"顾客就是上帝"也是企业搞好顾客公众关系的基本准则。

搞好顾客公关工作,要充分发挥企业公关部门的信息咨询功能。通过广泛的公众调查,了解顾客的需要,然后将顾客的需求分类整理、用于企业的经营决策,只有这样才能保证企业的产品是适销对路的。同时,公关部门还应当自觉站在公众立场上对决策进行评价,防止伤害各类公众利益的行为发生。

搞好顾客公关工作,还要充分发挥企业公关部门的信息宣传和感情沟通功能,使公众了解自己、信任自己,以便在市场上建立比较稳定、持久的交换关系。在发达的市场条件下,顾客的选择是多样的,同等价格下,同类商品的相同之处总是多于不同之处,顾客肯定选择自己比较信任的品牌。

再次,"顾客就是上帝"的原则,并不是说企业要满足顾客的一切要求。对于顾客合理但企业目前尚不能满足的需求,企业应当耐心地向顾客作出解释。对于顾客违反国家法令或社会道德,损害广大公众利益的要求,公关部门应当予以拒绝,不可盲从。

"顾客第一""顾客至上"的口号已经喊了很多年,好像从没有人怀疑过它的科学性。然而,美国西南航空公司却倡导"员工第一,顾客第二"。事实上,对企业来说,员工也是顾客,是企业的内部顾客。从这个角度来说,"员工第一"理念的提出,非但没有否定与弱化"顾客至上",反而是对"顾客至上"的一种更深层次的理解,它丰富和发展了"顾客"的内涵,使之更具有现代意味。这才是真正的以人为本。

在我们看来,员工和顾客是同等重要的!他们是在用不同的方式,创造着企业的效益。所以,作为一家企业,既要让员工满意,也要让顾客满意!

【相关链接】

"员工第一"

美国西南航空公司总裁凯勒说:如果认为"顾客总是对的",那就是企业主对员工最严重的背叛。事实上,顾客经常是错的,我们不欢迎这种顾客。我们宁可写信奉劝这种顾客改搭其他航空公司的班机,也不要他们侮辱我们的员工。

诚然,没有顾客的存在也就没有企业的存在。但是企业的员工是顾客的直接接触者,是向顾客传递价值的关键。要想让顾客感到满意、得到尊重,企业必须首先让自己的员工感到满意、得到尊重;要想让顾客得到真诚完美的服务,企业必须首先对自己的员工提供真诚而完美的服务;要想为顾客提供一流品质的产品,必须首先将自己员工的素质塑造到一流。如果在顾客面前,员工必须矮人一等,必须抛弃自尊,如果员工连起码的人格尊严都得不到满足,他们又如何能够提供一流的服务?

企业愿景——万达:共创财富,公益社会

万达全称为大连万达集团股份有限公司,由王健林创立于 1988 年。万达下辖商业、地产、文化、金融四大集团,2016 年中国民营企业 500 强,名列第 6 位;2017 年《财富》世界 500 强,名列第 380 位;2019 年中国民营企业服务业 100 强,名列第 13 位。

万达自成立以来,始终以"共创财富,公益社会"为企业使命,把承担社会责任的落脚点放在慈善公益上。万达集团认为企业分三种:第一种企业只顾赚钱,甚至为赚钱不择手段。第二种企业守法赚钱,有社会责任感,肯做善事。第三种企业为社会而存在发展,发展的终极目标是为社会服务、为社会做贡献,这种企业称为社会企业。万达集团始终把做社会企业作为追求的最高目标。

王健林在首份《大连万达集团企业社会责任报告》中写道:"不管党和国家是否对万达提出要求,也不管人民群众是不是对万达提出要求,我们对自己提出的要求,就是要做中国民营企业的代表和典范。做一个既有规模、又有品牌、又有良好社会责任形象的企业,让世界看到,中国的民营企业就是这样的。"他是这么说的,也是这么做的。

关键时刻挺身而出

2008 年,四川汶川发生大地震,万达集团全国第一个向灾区捐款,累计捐款达 3.5 亿元,是当时全国民营企业中捐款最多的企业;

2010 年,西南地区遭受百年一遇的旱灾,万达集团率先捐款 4000 万元;青海玉树县发生大地震,万达集团第一时间捐款 1 亿元;甘肃舟曲发生泥石流灾害,万达集团第一时间捐款 1000 万元;吉林省遭受洪灾,万达集团捐款 3000

万元；

2012年，北京遭受特大暴雨灾害，万达集团捐款1000万元；

2013年，万达集团向四川雅安地震灾区捐款1000万元；

2014年，黑龙江遭受特大水灾，万达集团捐款1000万元；云南鲁甸发生地震，万达集团捐款1000万元；

2020年，万达集团向武汉市慈善总会捐款1000万元，用于帮助武汉人民抗击疫情。

创造精准扶贫模式

1994年开始，万达集团累计捐助对口扶贫单位大连普兰店市安波镇太阳村400多万元，使该村的人均收入由扶持之初的不足千元提高到上万元。

2014年开始，万达集团响应国家脱贫攻坚号召，投入15亿元在贵州丹寨实施包县扶贫。万达独创的教育、旅游、基金扶贫，成为中国旅游产业扶贫新模式的典范。

2016年，王健林获国家首届脱贫攻坚奖创新奖；2017年，万达集团获"万企帮万村"精准扶贫行动先进民营企业奖。

传承文明与行善并举

万达集团每到一地开发，都在当地捐建学校，已先后捐建上百所希望中小学和教育机构。

1990年，万达集团在刚成立并不富裕的情况下，捐款100万元建设了大连西岗区教师幼儿园；

1991年，万达集团捐款200万元，将原为水泥覆盖的大连市人民广场改造为绿化广场；

1993年，万达集团捐款2000万元兴建了大连市西岗区体育馆；

1994年，万达集团出资5亿元建设了占地106万平方米、一期建筑面积30万平方米的大连大学；

2000～2002年，万达集团三年累计向长春市捐资1200万元用于建设雕塑公园；

2005年，万达集团向大连市见义勇为基金会捐资500万元，这是该基金会成立以来收到的最大一笔捐款；带头向大连市有关部门捐助500万元，成立了全国首支农民工援助基金；向中国光彩促进会捐款600万元，向中华红丝带基金认捐1200万元；

2007年，万达集团带头向民政部捐助500万元，成立了全国首支应急救助基金；

2010年，万达集团捐款2亿元建设成都七中万达学校，这是国内中学教育的最大一笔企业捐款；王健林通过中华慈善总会捐款10亿元用于南京大报恩寺遗址公园建设，这是中华慈善史上最大一笔个人捐款；

2011年，万达集团与中国足球协会签订战略合作，签约出资6亿元，全面支持中国足球振兴；

2013年，万达向河北、辽宁两省慈善总会各捐款500万元，用于建立儿童重大疾病救助基金，由此拉开了全国救助重大疾病儿童"慈善关爱行动"的序幕；

2014年，万达集团出资1亿元捐建当地最好的广元万达中学。

多年来，万达集团奉献于社会慈善事业的现金累计超过60亿元，是中国民营企业中慈善捐款较多的企业之一，其中万达集团员工个人人均捐款1300元。

经典品析

王健林认为，企业家支配财富的方式是衡量他是否真正成功的标准。企业家赚钱和花钱有三个层次，最低的层次是为自己，第二层次是为事业、为成功，最高的层次是为他人和社会。只为自己的，只能称其为老板；真正成家的都是有抱负的人物，他必须向历史负责。

在万达集团，慈善已成为企业文化的重要内涵和企业制度的重要内容。每年年初万达都计划安排巨资用于慈善捐助，每年年底都要对企业承担社会责任情况进行总结。内部专门出台奖励善行义举的文件，员工的善行义举被视为成绩，与工作表现好、经营业绩好一样会得到集团的奖励提拔。万达几乎所有员工都做过义工，每人每年至少做一次义工，员工慈善行为蔚然成风。

万达曾9次荣获中华慈善奖，是全国唯一九获该奖的企业。王健林还担任中国慈善联合会副会长，被中华慈善总会授予荣誉会长称号，获得由中央统战部、全国工商联、中国光彩事业促进会等机构颁发的"中国光彩事业突出贡献奖"，国务院颁发的"全国扶残助残先进个人"和"全国社会扶贫先进个人"称号。

【相关链接】

我的理想是做一名慈善家

王健林，1954年生于四川省广元市苍溪县，父亲是一名老红军。王健林十五岁时就被父亲送进了军营，成了一名娃娃兵，一干就是17年。1986年，王健林响应政策，在团职干部任上转业进入政府部门，后下海经商。部队这个大熔炉，锻炼了王健林能吃苦的品质，形成并确立了他的世界观和价值观，使他头脑里充满了革命英雄主义和理想主义。当李嘉诚成为慈善楷模时,他学李嘉诚;当比尔·盖茨出现后,他又将比尔·盖茨作为自己的"标杆"。他说:"能力越大,责任越大。""我的理想就是做一名慈善家。"

企业使命——联想:为客户利益而努力创新

联想集团最初是由中科院计算所11名科技人员投资20万元创办的,成立于1984年,创始人柳传志。旗下现有智能设备集团(IDG)、数据中心业务集团(DCG)、联想创投集团(LCIG)、数据智能业务集团(DIBG)四大业务集团,全球员工约5.7万名,业务遍布180多个国家和地区。主要生产台式电脑、笔记本电脑、服务器、智能电视、打印机、掌上电脑、主板、手机、一体机电脑等。

凭借其领先的技术、易用的功能、个性化的设计以及多元化的解决方案,从1996年开始,联想个人电脑销量一直位居中国国内市场首位,连续8年保持中国排名第一。从2013年开始,电脑销售量居世界第一。2018年联想PC销售量居全球第一。

联想的成功源自于企业"为客户利益而努力创新"的企业发展使命:不懈地为客户开发、制造及销售最可靠的、安全易用的技术产品,提高生产力,提升生活品质。

作为全球领先的ICT科技企业、智能设备的领导厂商、企业数字化和智能化解决方案的全球顶级供应商,联想始终坚持创造世界最优秀、最具创新性的产品,同时像对待技术创新一样致力于成本创新。

联想将自身的使命上升为"四为":为客户,提供信息技术、工具和服务,使人们的生活和工作更加简便、高效、丰富多彩;为员工,创造发展空间,提升员工价值,提高工作生活质量;为股东,回报股东长远利益;为社会,服务社会文明进步。

未来的联想将秉承"智能,为每一个可能"的理念,践行"成就客户,创业创新,精准求实,诚信正直,多元共赢"的核心价值观,打造"高科技的联想、服务好的联想、国际化的联想"。

经典品析

创新是科技企业发展的基础,是科技企业实现引领的先决条件。1984年,当柳传志和联想的其他创业元老开始为中科院创立一家企业的时候,全球计算机的应用已经进行了一段时间,计算机个人化和小型化也已经开始。正是因为抓住并顺应了这次市场变革,推动PC在全社会的普及,造就了柳传志和他领导下的联想的传奇。联想的高速发展可以说是中国经济高速增长的一个缩影。

但柳传志并不满足于此,他看到了高科技行业面临的巨大风险。由于竞争的关系,社会赋予企业的新使命必然是创新,创新也是当下企业无可逃避的使命。柳传志常说,做企业,尤其做互联网企业,不创新只有死路一条。正是基于这一点,他用"积极创新"替代"可控变革",利用自身占据的市场条件和资源优势,向更有利于消费者利益的方向进行创新。联想每次大的战略部署都尽可能在业务上升期进行,即"拐大弯",一方面确保企业不会因为大的战略动作而"伤筋动骨",同时也确保调整的提前量与前瞻性,始终走在时代要求的前面。

【相关链接】

联想英文标识 Lenovo 的由来

联想一开始英文标识为"Legend",意思为"传奇"。2001年,联想在计划走向国际时,发现"Legend"在欧洲几乎被所有国家都注册了,范围涵盖计算机、食品、汽车等各个领域。于是2003年,联想开始将其英文标识更换为"Lenovo","Le"取自原标识"Legend",代表着秉承其一贯传统,新增加的"novo"是一个拉丁词根"新意",代表着联想的核心是创新精神:创新的联想。意为打江山时需要缔造"传奇",想基业常青则要不断"创新"。

服务理念——海尔:真诚到永远

海尔集团全称为青岛海尔股份有限公司,前身是青岛二轻局家电公司的一家电冰箱总厂,成立于1984年,

原是一家资不抵债、濒临倒闭的集体小厂。后来企业改制,张瑞敏成为总经理、首席执行官。经过30多年的创业创新,海尔现已发展成为全球第一的智能家电、智慧家居、物联网生态品牌,面向全社会孵化创客的平台,经营范围涉及智慧家庭、工业互联网、生物医疗。

海尔创业伊始,即提出"真诚到永远"的服务理念。海尔始终坚持"人的价值第一",坚持以"用户需求为中心",时刻把用户利益放在第一位,以高质量、高品质实现企业对用户的诚信承诺。

1985年,海尔通过"砸冰箱"砸出了员工的质量意识,产品高质量成为海尔创业的基石。

1988年,海尔冰箱斩获中国电冰箱史上的第一枚金牌,一跃成为中国家电品牌第一名。

1995年,在看到一位海尔用户丢失空调的报道后,海尔推出了"送装一体"的"星级服务"。在海外,海尔依托对本土用户需求的精准把握,以差异化的产品和服务,树立起中国家电的国际化名牌。

2005年,海尔董事长张瑞敏提出"人单合一双赢"(员工听用户的、企业听员工的共创共赢)模式,首创基于诚信的共创共赢的创业平台,使企业、员工、用户人人成为创客,打造出互联网时代的诚信品牌。

2020年,工信部公布2019年中国软件业务收入前百家企业名单,海尔位列第2位。

经典品析

说起服务,大家总是在揣测用户需要怎样的服务。其实只要我们用心回忆一下自己曾经享受过的服务,就能找到答案。

海尔人告诉我们,服务首先应该是一种对产品的质量意识、责任意识的坚持。海尔一直秉承"真诚到永远"的初心,坚持以用户为中心,把用户利益放在第一位。海尔人坚信营销不是"卖"而是"买",通过销售产品树立产品的美誉度,从而"买"到用户对自己产品的忠诚。

其次,服务还是一种市场意识。市场变,服务也要跟着变。海尔始终坚持"以市场为导向",紧盯市场变化,以高于竞争对手的水平开发市场,掌握市场的主动权,甚至在市场变化之前,就发现用户的需求,用最快的速度满足甚至超出用户的需求,创造新市场,从而引导消费来领先市场。

再次,服务也是一种创新。随着行业转型升级,产品合格已不是标准,用户满意才是目的,服务的好坏已成为消费者评价家电行业的重要指标。只有不断为用户提供他们最满意的产品和服务,用户才会给企业带来最好的效益。海尔一直把服务作为自己最看重的经营之道,不断创新服务方式及手段。"智慧家庭"就是在这种背景下产生的转型升级及促进服务水平提升的重要举措之一。直销员及员工每个人都懂方案,能服务,会上门做最佳用户服务体验。积极搭建小区认筹模式,建立用户生态圈。用户可根据自己需求以"成套定制"的方式实现全场景的N种智慧生活,彻底告别家电"东拼西凑"的时代。

在30多年的发展历程里,海尔有太多东西在改变——战略在变、人员在变、经营范围在变,服务在变,一切都在变,唯一没变的是海尔"真诚到永远",时刻把用户放在第一位,为消费者创造更美好生活的服务理念。

【相关链接】

海尔砸冰箱的故事

1985年,张瑞敏刚到海尔。一天,一位朋友要买一台冰箱,挑了很多台都有毛病,最后勉强拉走一台。朋友走后,张瑞敏派人把库房里的400多台冰箱全部检查了一遍,发现有76台存在各种各样的缺陷。张瑞敏把职工们叫到车间,问大家怎么办。多数人提出,也不影响使用,便宜点儿处理给职工算了。当时一台冰箱价格800多元,相当于一名职工两年的收入。

张瑞敏说:"我要是允许把这76台冰箱卖了,就等于允许你们明天再生产760台这样的冰箱。"他宣布,这些冰箱要全部砸掉,谁干的谁来砸,并抡起大锤亲手砸了第一锤!很多职工砸冰箱时流下了眼泪。

张瑞敏告诉大家——有缺陷的产品就是废品。三年以后,海尔人捧回了中国冰箱行业的第一块国家质量金奖。

企业名训——丰田广告:车到山前必有路,有路必有丰田车(日本)

提到丰田,大家会想到"车到山前必有路,有路必有丰田车"这句广告语。丰田的确用实力征服了很多人。

丰田汽车耐造的品质早已深入人心,而站在丰田质量神话顶端的车型恐怕要数"丰田皮卡"(Hilux)了。

为了验证这一点,英国知名汽车节目《Top Gear》曾

花费1000英镑买下一台远古成色的Hilux:13年30万公里。只有10公里是在正经公路上跑过的(主持人调侃的)。

测试开始,主持人先来个开胃菜:下个楼梯,蹭个墙,撞棵树。

接下来,主持人就把车辆带到了塞文河口,全球第二大潮所在地,潮高8米。5小时过后,潮退,把车拉上来,修理40分钟,复活。

然后砸,连驾驶舱也没有变形。

再用"火刑",内饰烤焦了,没有影响。

最后炸大楼,挖出来,大梁断了,没关系,车身撑着大梁,还能开。

更加"变态"的是,整个测试流程下来,全程不允许更换零件。如此"变态"的质量表现,请问还有谁不服吗?

经典品析

千金易得,好广告词难得。一句好的广告语不仅能体现产品特点,便于人们记忆,使品牌广为传播,还能吸引目标人群,刺激消费。

丰田公司的广告语"车到山前必有路,有路必有丰田车",综合了中国俗语"车到山前必有路,船到桥头自然直"及古诗"山重水复疑无路,柳暗花明又一村"的诗意,可谓文字简明,内涵丰富。

它没有直接宣传产品的质量,而是用销量来进行夸张;销量之大也不直接用数量表明,而是用上路的车多来间接表明。只要有路就会有丰田汽车,很形象地说明了丰田汽车受欢迎的程度。大家认同的,多数人选择的总没有错。

另外,它还表明了丰田汽车的适应性强,"有路必有丰田车",隐含着不管什么路,丰田车都可以纵横驰骋,往来自如。两个"必有",语气坚定,表现出了很强的自信心,给人可以信赖的感觉。

【相关链接】

丰田汽车公司简介

丰田汽车公司由丰田喜一郎于1937年在日本爱知县举田町创立,初始资金1200万日元,员工300多人。如今丰田已经发展成为拥有联合结算子公司542家,控股相关公司54家,30多万员工的民营集团公司。旗下产品范围涉及汽车、钢铁、机床、电子、纺织机械、纤维织品、家庭日用品、化工、建筑机械及建筑业等。2019年,《财富》世界500强,丰田汽车公司位列第10位;世界品牌500强,丰田排名第9位。

名　牌

名牌即驰名品牌,在市场上具有广泛知名度和美誉度的品牌或商标。一般具有以下三个主要特征:高市场占有率,高知名度,高品质。只有三者兼备,才能称得上名牌。

高知名度和高品质是名牌的必要条件,但不是充分条件。就是说,名牌必须是高知名度和高品质的,但高知名度和高品质的品牌并不一定就是名牌。

"高市场占有率"比较接近成为名牌的必要而充分的条件,加上定语"长期具有",即"长期具有高市场占有率"就成为名牌的充分必要条件。

从这个意义上讲,名牌是指在某产品类别中长期具有较高市场占有率的品牌。

中 国 高 铁

2004年,中国引进德国、日本等国的高速动车组技术,在消化吸收创新的基础上,生产出了"和谐号"系列高速动车组,满足了百姓快速出行的需要。

2007年4月18日零时,中国铁路第六次铁路大提速正式开始,新增了"D"字头的动车组。

2007年12月22日,首列国产时速300公里"和谐号"动车组列车(CRH2－300)在南车四方机车车辆股份有限公司竣工下线。

"和谐号"是基于不同平台研发的车型,标准不统一,不能互联互通,互为备用,运营和维修成本偏高。

2012年,由中国铁路总公司主导,中国铁道科学研究院技术牵头,中车所属企业设计制造,开展了中国标准动车组的设计研制工作。

2016年7月15日,"复兴号"原型车CRH－0207和CRH－0503以超过

420公里的时速在郑徐高铁上交会,创造了高铁列车交会速度的世界新纪录。

2017年6月25日,中国标准动车组被正式命名为"复兴号",6月26日,在京沪高铁两端的北京南站和上海虹桥站,"复兴号"双向首发。

2017年9月21日,中国铁路实行新的列车运行图,"复兴号"动车组在京沪高铁率先实现350公里时速运营,我国再次成为世界上高铁商业运营速度最快的国家。

2019年12月30日,被誉为中国铁路发展"集大成者"、智能高铁示范工程的京张高铁正式开通运营。这条高铁是全世界首条自动驾驶的高速铁路。从"中国第一"到"世界第一",京张高铁在令人们倍感自豪的同时,也彰显出中国高铁这张名片的魅力。

经典品析

我国高铁从无到有,经历了令人印象深刻的发展历程。1949年底,全国铁路营业里程不过21810公里,到1980年底,全国铁路营业里程增长到了49940公里。此后我国铁路建设步入快车道,到2019年底我国已经建成全世界最发达的铁路网和高铁网,全国铁路营业里程超过13.9万公里,高速铁路为3.5万公里,位居世界第一。

一百年前,一群中国工程师站在满目疮痍的国土上,顶着西方列强的压力,挺起了中华民族的脊梁。一百年后,在詹天佑铜像的注视下,新旧两条京张铁路线,穿越时空交汇,书写着新的历史篇章。百年巨变,一部京张铁路变迁史,就是一部中国发展史。今天的中国,成就足以告慰先辈。今天的中国,拥有自信从容的脚步。今天的中国,巍然屹立于世界民族之林。就像奔驰在神州广袤大地上的高速列车,中国将继续惊艳世界,驶向未来,驶向复兴!

中国铁路的巨变给我们带来以下深刻启示:一是只有目光长远才能树立品牌。事实证明,以低质量、低价格换取市场的时代已经过去。一个行业要真正强大,必须有长远的目光,不思长远发展,永远不会有屹立世界巅峰的那一天。二是要着力提高产品质量。在当今的世界市场竞争中,技术和质量的竞争是重头戏,技术和质量上的优势是获得和保持竞争优势的关键因素,是在竞争中制胜的关键力量。三是只有专注创新才能不断强大。在短短十几年里,中国高铁始终坚持"原始创新、集成创新、引进消化吸收再创新"的发展思路,攻克了高速转向架等九大核心技术。如果当初我们只是一味地引进使用外国技术,那么,就不可能有"高铁走出国门"的今天。

格力电器

珠海格力电器股份有限公司,成立于1991年,是一家集研发、生产、销售、服务于一体的国际化家电企业。主营家用空调、中央
空调、空气能热水器、手机、冰箱等产品,有格力、TOSOT、晶弘三大品牌,其中格力品牌空调,是中国空调业唯一的"世界名牌"产品。如今,格力业务已遍及全球100多个国家和地区。

2016年格力电器实现营业总收入1101.13亿元,净利润154.21亿元,纳税130.75亿元,连续15年位居中国家电行业纳税第一,连续9年上榜美国《财富》杂志"中国上市公司100强"。

2017年格力电器实现营业收入达1482.86亿元,同比增长36.92%,净利润224.02亿元,同比增45.27%。

2018年格力电器实现营业总收入2000.24亿元,同比增加33.33%。

经典品析

说到格力,不得不说格力传奇人物董明珠。董明珠1954年出生于南京一个普通人家,毕业于芜湖职业技术学院统计学专业,1975年在南京一家化工研究所做行政管理工作。1990年,加入格力做业务员,其间基本没有休过年假。1992年,董明珠在安徽销售额突破1600万元,占整个公司销售额的1/8。随后被调往南京,一年内个人销售额升至3650万元。1994年,格力经营困难,董明珠经受住了诱惑坚持留在格力,后被推选为公司经营部部长、副总经理、总经理。2012年,董明珠被任命为格力集团董事长。2013年,董明珠位列福布斯亚洲商界权势女性榜第11位,2015年上升到第4位。2019年,格力联手株洲中车、银隆新能源等5家企业共同设立了国创能源互联网创新中心(广东)有限公司,董明珠担任董事长。

2016年,董明珠在电视节目《开讲啦》中说要"对自己狠一点",道出了她从一个出身普通、学历不高,从一线业务员做起,成为网红董事长的原因,给我们将踏入职场的中职生提供了有益的启示:

一是职场不同情弱者。企业用你,是因为你能给企业创造价值,为企业带来大于支付给你的费用,这是职场人必须明白的事情。企业不会同情弱者,你只有把自己变得强大,变成对企业有用的人,才能立于不败之地。

二是要对自己狠一点。这是个人生存的需要,你不能指望父母养你一辈子;这也是自身价值的体现,当你的努力得到企业的认可,你所得到的不仅有物质上的收获,还有精神上的收获。

三是明白应该怎么做。要在职场上干得好一点,应该注重以下三个方面:职业态度的把握,专业能力、管理能力的提高。职业态度端正是必需的,专业能力和管理能力也是不可或缺的。

【相关链接】

雷军与董明珠的十亿赌局

2013年12月12日,在央视财经频道主办的第十四届中国经济年度人物颁奖盛典上,格力电器董事长兼总裁董明珠和小米科技有限责任公司董事长兼首席执行官雷军作为一对获奖人物共同出场,两人就发展模式展开激辩。雷军称5年内小米营业额将超过格力,如果超过的话,雷军希望董明珠能赔偿自己一元钱。董明珠回应称如果超过愿意赔10亿。2018年格力击败小米,董明珠赢得与雷军的"十亿赌约"。2019年3月26日,董明珠在2019博鳌亚洲论坛间隙回应媒体提问与雷军的赌局时表示,自己没有去找雷军要钱。

老乡鸡

安徽"老乡鸡"餐饮有限公司前身为"肥西老母鸡",于2003年在合肥开业,2012年品牌升级为"老乡鸡"。

老乡鸡开业之初,生意异常火爆。闲下来的时候,员工们喜欢坐在一起展望未来,讨论合肥能开多少家门店,结论是20家。十几年过去,如今老乡鸡仅在合肥一地就开了300多家门店,在全国拥有

800多家门店,年销售额超过30亿元。2018年7月,老乡鸡收购了武汉永和,持续高速发展。

2019年8月,安徽卫视大型经济人物访谈栏目《品格》,揭开了老乡鸡创始人束从轩的创业故事。束从轩出身于农村,学历不高,白手起家,从养殖肥西老母鸡到如今成为中式快餐明星企业缔造者,是中国消费变迁和餐饮市场变革的参与者和记录者。

老乡鸡的特色是以180天土鸡与农夫山泉炖制的肥西老母鸡汤;食材甄选一线品牌供应商,采购生产基地无公害蔬菜等食品,品质让人放心;餐厅设计采用透明化厨房,将烹饪全程呈现在顾客面前,干净卫生看得见。截至2019年老乡鸡已经服务消费者6亿人次,日均进店40万人次,顾客排队成为餐厅日常。

2019年7月,中国饭店协会联合新华网发布的《2019中国餐饮业年度报告》显示,老乡鸡为中国快餐小吃第一名。2019年10月,中国烹饪协会发布"2018年度中国快餐企业70强"名单,"老乡鸡"荣登中式快餐榜首。

经典品析

随着生活节奏加快,全国大中小城市的中式快餐蓬勃发展起来,出现和洋快餐分庭抗礼之势,安徽的老乡鸡就是其中之一。

在成为中国的"麦当劳"之前,老乡鸡其实还有很多问题要解决。首先是价格问题,大家选择快餐除了图方便,还图价格适宜。老乡鸡虽然号称走的是平民路线,但价格相对来说有点高了。其次是分量问题,一个人点一两个菜不够吃,点三个菜又吃不完。最后则是菜品问题,中国这么大,每个地方的饮食习惯都不同,主动适应当地消费者的口味,而不是让消费者去适应你,这很重要。

这些年,虽然中式快餐发展很快,但参差不齐,有的门庭若市,有的门可罗雀,表面好像是菜品、口味、卫生问题,实则是经营服务理念和管理水平问题。

随着我国经济快速发展,人们生活水平日益提高,类似老乡鸡的高品位快餐只会越来越多。随着规模效益不断扩大,对员工的素质要求会越来越高,对快餐经营者的专业管理也提出了挑战。对于打算从事快餐行业或立志成为快餐经营管理者的中职生来说,必须学会从基层工作做起,从解决小问题做起,并不断提高专业管理服务水平,多看、多学、多思,不断提高自己的实践能力,从而早日创造出世界级的中式快餐品牌。

瑞士手表(瑞士)

钟表作为计时器的一种,最初诞生于中国。英国著名科技史学家李约瑟在《中国科学技术史》中记载,公元1088年,我国宋代科学家苏颂和韩工廉等人制造了天文观测仪器——"水运仪象台",这是世界上最早的机械计时装置。

14世纪初,意大利、英国、法国等国的教堂等建筑物上开始出现了机械报时钟。

瑞士钟表业于16世纪中叶出现在日内瓦,此后,瑞士人始终将钟表王国的桂冠牢牢地戴在自己头上。它拥有世界上第一只手表、第一只石英手表、第一只防水手表、最薄的手表、最小的手表、最昂贵的手表等。在世界钟表业数百年的发展进程中,手表几乎已成为瑞士的某种象征。

瑞士手表历史悠久、工艺精良、质量超群、品牌众多,如百达翡丽、爱彼、宝珀、宝玑、伯爵、欧米茄、劳力士等品牌,誉满全球。

瑞士手表的标志是"瑞士制造"。瑞士有关法律规定对"瑞士制造"作出了比较详尽的解析。在《表类"Swiss"标识使用条例》中,详细规定了使用"瑞士制造"标识的手表所必须达到的要求。这一条例的基本原则是,判断一块瑞士表的质量要看其有多少工序是在瑞士境内完成的。即便有时需使用部分外国部件,但表的机芯及整体组装,以及对机芯和成品表的最终检验都必须在瑞士境内完成。瑞士产的零部件必须占到50%以上的比例。

根据瑞士《表类"Swiss"标识使用条例》的第1条款,只有满足以下三个条件,方可在手表外表使用"Swiss made""Swiss"或其他含"Swiss"一词的表达方式,即机芯为瑞士产,组装在瑞士完成,生产者的最后检测在瑞士完成。

对于很多中国消费者来说,"劳力士"是瑞士手表的极品。其实不然,在瑞士众多的手表品牌中,很多表无论是价值还是制造工艺都绝不在"劳力士"之下,只是知名度不如"劳力士"而已。根据瑞士制表协会提供的材料,在一般情况下,瑞士市场习惯上根据售价将表分为四个档次:

廉价表,出口价在100瑞郎以下;中档表,出口价在101~500瑞郎;高档表,出口价在501~1500瑞郎；豪华表，出口价在1500瑞郎以上。

经典品析

瑞士手表以走时精准著称，其成为奢侈品的代表，不是毫无原因的。归结起来，有以下三方面：

一是瑞士人精益求精、不落人后的性格。瑞士制表技术是向法国人学习的，但瑞士钟表工艺更精良，这得益于瑞士人精益求精的工匠精神、不落人后的性格。

二是瑞士人勤奋坚持、自主创新的精神。瑞士手表也曾遇到过日本、美国、中国香港石英手表、电子手表的挑战，但瑞士钟表匠总是很快就能学会这些技术，并且做得更好更精。瑞士拥有自己的品牌设计和制造大师。世界上只有瑞士人把手表做成了自己的民族品牌，这得益于瑞士人勤奋坚持、自主创新的精神。

三是瑞士人制定了目标营销策略和知识产权保护制度。瑞士手表品牌众多，而且价格昂贵。世界各地曾一度出现众多山寨高仿表，为此，瑞士人适时调整了目标营销策略，把瑞士手表分为四个档次，并以法律的形式对生产、销售、宣传、广告、包装等制定了严格的知识产权保护制度，从而使仿表无处遁形。这为我们的品牌战略提供了有益的启示。

阿斯麦尔EUV光刻机（荷兰）

阿斯麦尔成立于1984年，是全球最大的半导体设备制造商之一，向全球复杂集成电路生产企业提供领先的综合性关键设备。公司拥有员工约16500人，其中研发人员超过6000人，研发人员占比超过36%。1995年，阿斯麦尔在纽约纳斯达克交易所和荷兰阿姆斯特丹交易所上市。

半导体产业所需集成电路里的晶体管是通过光刻工艺在晶圆上做出来的，光刻工艺决定了半导体线路的线宽，同时也决定了芯片的性能和功耗。光刻机是半导体行业的最关键设备，因为它决定了光刻工艺的水平。阿斯麦尔的光刻机按照使用的光源不同，可以分为 DUV 光刻机和 EUV 光刻机。DUV 是 Deep Ultra Violet，即深紫外光；EUV 是 Extreme Ultra Violet，即极紫外光。DUV 光刻机的极限工艺节点是 28nm，要想开发更先进的制程，就只能使用 EUV 光刻机了。

2013 年阿斯麦尔的 EUV 光刻机研发成功，使用的光源是 22nm；2017 年更先进的 EUV 光刻机研发成功，使用的光源是 13nm，使 7nm 线宽的制程可以实现。为了能够顺利买到 EUV 光刻机，半导体行业三大巨头英特尔、三星和台积电都已经入股了阿斯麦尔。

经典品析

科技公司分为两类，一类是普通的公司，被动适应行业的发展；一类是伟大的公司，主动推动行业的发展，阿斯麦尔属于后者。

目前市场上能提供量产商用光刻机的厂商有三家：阿斯麦尔（ASML）、尼康（Nikon）和佳能（Canon），但只有阿斯麦尔一家公司有能力制造 EUV 光刻机，能不能获得阿斯麦尔 EUV 光刻机，将直接决定其所生产出的产品制程能不能达到 10nm 以下。半导体巨头英特尔、三星和台积电要想开发 10nm 以下的半导体制程，都只能使用阿斯麦尔的 EUV 光刻机。不管三大巨头之间怎么竞争，阿斯麦尔都可以坐收渔翁之利。

近年来，我国在突破西方科技壁垒上已经做了很大的努力，国外先进企业在时刻提防着中国，害怕我们弯道超车，打压行动越来越厉害。2018 年 5 月中芯国际花费约 1.2 亿美金从阿斯麦尔订购了一台 EUV 光刻机，当时约定 2019 年初交货，但以美国为代表的西方势力处处设置障碍，以致到现在，中芯国际仍未获得该机器。现在各行业全球化程度越来越高，只有掌握核心科技的企业才能立足于世界，并且在相应的领域有话语权，不被人执牛耳。尽管这条道路十分艰难，却是我国科技企业不得不走的道路。路漫漫其修远兮，相信我们的科技企业会勇攀高峰，迎头超越。

特斯拉新能源汽车(美国)

特斯拉(Tesla)是美国一家电动车及能源公司,总部位于美国加利福尼亚州硅谷的帕罗奥多。2003年由马丁·艾伯哈德和马克·塔彭宁共同创立,主要经营高性能纯电动汽车。

2004年,埃隆·马斯克进入并领导了公司A轮融资。与传统汽车厂商思路不同,特斯拉主要用IT理念来造车,常常被看作一个硅谷小子大战底特律巨头的故事。埃隆·马斯克表示,特斯拉努力为每一个普通消费者提供其消费能力范围内的纯电动车辆,公司愿景是加速全球向可持续能源的转变。

2008年,特斯拉第一款汽车产品Roadster发布,为一款两门运动型跑车。

2012年,特斯拉发布了第二款汽车产品——Model S,一款四门纯电动豪华轿跑车。

2015年,第三款汽车产品Model X——豪华纯电动SUV开始交付。

2017年,第四款汽车Model 3开始交付。

2018年7月10日,特斯拉和上海市政府签署合作备忘录,在临港地区独资建设集研发、制造、销售等功能于一体的特斯拉超级工厂,预计每年为中国客户生产大约50万辆汽车。7月13日,特斯拉(北京)科技创新中心设立,主要从事包括电动汽车及零备件、电池、储能设备及信息技术的研究、开发等。

2018年12月,特斯拉入围世界品牌500强,列第81位。

2019年1月10日,马斯克确认,特斯拉新一代跑车Roadster能够飞离地面,在地面上空盘旋。

2019年2月,马斯克宣布将开放所有特斯拉电动汽车的专利,任何人都可以善意使用,以应对环境变化。

2019年3月,特斯拉宣布,将把所有销售活动转移到网上。

2019年11月22日,马斯克在美国加州洛杉矶举办的活动上发布了特斯拉第一辆电动皮卡,名为Cybertruck。

2020年1月8日,特斯拉上海超级工厂正式投产,第一辆车下线交付。

经典品析

从特斯拉宣布来华意向,到工厂选址落户上海临港,到首款生产车型公布价格区间,最后到首辆车下线交付,一切都来得太快,又仿佛太慢。这把高悬于国产车企头顶的"达摩克利斯之剑"终于落下。

可以预见的是,这一事件必将对中国的乘用车市场和中国的新能源汽车工业带来巨大的冲击。特斯拉领先的技术和观念,为成长中的中国车企提供了跟随和学习的最佳对象。

短期来看,新能源车型的价格下探势在必行,长期来看,新一轮的技术突破和功能提升也将成为必然。期待国产新能源汽车能够乘势而上,绝地反击。

生活篇

如同著名哲学家罗素所说,"幸福的生活是一种由爱鼓舞,由知识指导的生活"。"只有热爱生活,才会奋斗不止,哪怕颠沛流离,总有立足之地。只有热爱生活,才能信念恒持,哪怕命途多舛,也会得道多助。"

热爱生活的前提是了解生活方面的知识,生活方面的知识非常丰富,我们选取了一些与和我们日常生活联系密切的知识供广大中职生了解,希望大家都成为会学习、爱生活的人。

名 茶

茶叶为山茶科植物茶的芽叶,又名茗茶、细茶,主要含鞣酸、儿茶酸、硅酸、咖啡碱、果胶、芳香类物质、维生素C、蛋白质、核黄素等成分。

中国是茶叶的故乡,有着悠久的种茶历史,在浙江余姚的田螺山遗址发现的最早的人工种植茶叶遗迹,距今已6000多年。2015年,陕西汉阳陵出土的植物样品被中国科学院证实为古代茶叶,距今已2100多年。2016年,汉阳陵出土的茶叶获得了吉尼斯世界纪录认证,成为迄今为止发现的最古老的茶叶。

陕西汉阳陵出土的植物样品

茶叶最早被作为祭品,春秋后期被作为菜食,西汉中期发展为药用,西汉后期发展为宫廷高级饮料,西晋以后普及民间作为普通饮料,后享誉世界。

饮茶的起源

饮茶也始于中国。有的认为起于上古,有的认为起于周,还有的认为起于秦汉、三国、南北朝、唐代等等。造成众说纷纭的主要原因是唐代以前无"茶"字,只有"荼"字的记载,直到《茶经》的作者陆羽,将"荼"字减一画书写,才有了"茶"字。而起源的主要观点有时代起源说和功能起源说。

时代起源说主要有四种:一是神农说,唐朝陆羽《茶经》中有"茶之为饮,发乎神农氏"的记载;二是西周说,晋代常璩《华阳国志·巴志》中有"周武王伐纣,实得巴蜀之师……茶蜜……皆纳贡之"的记载;三是秦汉说,现存最早较可靠的茶学资料是在汉代,以王褒撰的《僮约》为主要依据,此文是《茶经》之前茶学史上最重要的文献,说明了当时茶文化的发展状况;四是六朝说,或起于"孙皓以茶代酒",或起于"王肃茗饮",或起于"达摩禅定"。

功能起源说主要有五种：一是祭品说，茶叶做祭品时有人尝食发现没有危害，便"由祭品，而菜食，而药用"，最终成为饮料；二是药物说，《神农本草经》中"神农尝百草，日遇七十二毒，得茶而解之"有渊源；三是食物说，"古者民茹草饮水""民以食为天"等，说法符合人类社会的进化规律；四是同步说，最初作为口嚼的食料，也可能作为烤煮的食物，同时也逐渐为药料饮用；五是交际说，《尔雅·释木》和《载敬堂集》均说明了茶的珍贵和效用，《客来》更是从理论上把茶引入待人接物的范畴，突显了交际场合的一种雅好。

【相关链接】

宋太祖赵匡胤"废座撤茶"

茶始盛于唐，到宋朝时不仅成待客必需品，更发展成一种博大精深的文化。推动者据说是宋太祖赵匡胤。

如果说"杯酒释兵权"解除了武将对赵家皇权的威胁，那宋太祖的"废座撤茶"则是在文臣面前立威。

建隆元年(960)二月，赵匡胤召宰相范质等议政。范质行礼完毕刚要坐下，赵匡胤就说："朕最近有些眼花，看不清东西，烦请爱卿将奏折拿到朕面前。"在范质上前递折子的空当，早已受命的内侍将范质的座位与茶全部撤走。范质回身欲坐，发现座位与茶都不翼而飞，只好站着搭话。从此，大臣们上殿议政再也不能与皇帝平起平坐。

宋太祖这一举动，对大臣们而言，皇帝赐座赏茶就成了荣耀、就是给面子。如此一来，得到皇帝所赐御茶便成了大臣梦寐以求的事。皇帝要的就是这个效果，因而"赐茶"成了皇帝施恩臣子的妙招。

茶叶的分类

茶叶种类繁多，较为普遍的分类方式以著名茶学家陈宗懋主编的《中国茶经》为据，把茶分为绿茶、黄茶、乌龙茶、红茶、黑茶、白茶六种。

1. 绿茶

不发酵的茶(发酵度为零)，主要有炒青绿茶、烘青绿茶、晒青绿茶和蒸青绿茶。代表茶类有龙井、碧螺春、闽浙烘青、滇青、川青、煎茶、玉露等。

绿茶　　　　　　　　　　　　　碧螺春

2. 黄茶

微发酵的茶（发酵度为 10%～20%），主要有黄芽茶、黄小茶和黄大茶。代表茶类有蒙顶黄芽、君山银针、温州黄汤、北港毛尖、霍山黄大、广东大叶青等。

黄茶　　　　　　　　　　　　　君山银针

3. 乌龙茶

又称青茶，属半发酵茶，即制作时适当发酵，使叶片稍有红变，是介于绿茶与红茶之间的一种茶叶。主要有闽北乌龙、闽南乌龙、广东乌龙和台湾乌龙。代表茶类有武夷岩、安溪铁观音、凤凰水仙、冻顶乌龙等。

乌龙茶　　　　　　　　　　　　武夷岩

4. 红茶

全发酵的茶（发酵度为 80%～90%），主要有小种红茶、工夫红茶和红碎茶。代表茶类有正山小种、烟小种、祁红、滇红、闽红、叶茶、碎茶、片茶等。

红茶

滇红

5. 黑茶

后发酵的茶(发酵度为 100%)，主要有湖南安化黑茶、湖北老青茶、四川边茶、滇桂黑茶、陕西黑茶等。

黑茶

安化黑茶

6. 白茶

轻度发酵的茶(发酵度为 20%～30%)，主要有芽茶和叶茶，代表茶类有白毫银针、白牡丹等。

白茶

白毫银针

另外，还有按茶叶采制的季节将茶分为春茶、夏茶、秋茶和冬茶，按再加工而成的茶分为花茶、紧压茶、萃取茶、果味茶、药用保健茶、茶饮料、抹茶等。

中国十大名茶

西湖龙井

1. 西湖龙井

属绿茶类,产于浙江省杭州市西湖周围的群山之中。杭州不仅以西湖闻名国内外,也以西湖龙井茶誉满全球。西湖龙井外形扁平光滑、苗锋尖削,色泽嫩绿泛黄,滋味清爽浓醇,素以"香高、味鲜、色翠、形美"而著称。

2. 洞庭碧螺春

属绿茶类,产于江苏省吴中区太湖的东洞庭山和西洞庭山。碧螺春条索纤细、卷曲成螺、满披茸毛,色泽银绿、翠碧诱人,滋味清爽持久、鲜爽味醇,深受喜爱。

碧螺春

【相关链接】

康熙赐名"碧螺春"

碧螺春原名吓煞人香,相传在清康熙年间,有一年洞庭东山碧螺峰上的茶树长得特别繁茂,采茶姑娘们采下来的茶用竹筐装不下了,就把多余的茶放在怀中。茶得热气后透出一阵异香,采茶姑娘们争呼吓煞人香(吴中方言),此茶由此得名。

后康熙皇帝下江南,巡抚宋荦以此茶进献,康熙帝对此茶大加欣赏,但觉其名不雅,便据其采撷于碧螺峰,茶色碧绿,形曲似螺,又值于早春采撷,因此钦定茶名碧螺春。从此以后碧螺春茶就成为历年进贡之茶中珍品。

3. 信阳毛尖

属绿茶类,产自河南省信阳地区的群山之中,"五山两潭"——车云山、震雷山、云雾山、天云山、脊云山和黑龙潭、白龙潭为主要产地。这些地区属于大别山区,海拔在800米以上,为制造独特风格的茶叶提供了天然的良好条件。信阳毛尖条索细圆紧直、色泽翠绿、白毫显露、滋味鲜醇、香气鲜高,素来以"细、圆、光、直、多白毫、香高、味浓、汤色绿"的独特风格饮誉中外。

信阳毛尖

4. 黄山毛峰

属绿茶类,产于安徽省太平县以南、歙县以北的黄山。黄山毛峰外形细扁如雀舌,芽似锋,白毫显,色似象牙,经久耐泡,嫩绿油润,滋味醇厚回甘,为茶中的上品。

黄山毛峰

5. 安溪铁观音

属乌龙茶类,历史悠久,产于福建省泉州市安溪县,条索肥壮紧结、卷紧而重实,色泽乌润砂绿,有桂花香,香气馥郁持久,滋味醇厚甘爽生津、"砂绿起霜"是铁观音高品级的标志,有"绿叶红镶边,七泡有余香"的美誉。

安溪铁观音

6. 都匀毛尖

属绿茶类,贵州三大名茶之一,产于贵州都匀市。都匀毛尖又名"白毛尖""细毛尖""鱼钩茶""雀舌茶",外形条索紧结、纤细卷曲,披毫,芽头肥壮,叶底明亮,色泽翠绿,香气清嫩,滋味鲜浓,回味甘甜。都匀毛尖以"三绿透黄色"为特色,即干茶色泽绿中带黄,汤色绿中透黄,叶底绿中显黄,品质极佳。

都匀毛尖

7. 祁门红茶

属红茶类,著名红茶精品,产于安徽省祁门县一带。祁门红茶简称祁红,外形条索紧细匀整,锋苗秀丽,颜色乌润,俗称"宝光"。香气香甜持久,又似兰花香,俗称"祁门香",滋味甘鲜醇厚。祁门红茶与印度大吉岭红茶和斯里兰卡乌伐的季节茶并列为世界公认的三大高香茶。美称"群芳最""红茶皇后"。

祁门红茶

8. 武夷岩茶

属乌龙茶类,产于福建武夷山,茶树生长在岩缝之中。武夷岩茶叶端扭曲,似蜻蜓头,叶底软亮,呈绿叶红镶边或叶缘红点泛现。色泽铁青带褐,滋味醇厚滑润甘爽,带特有的"岩韵"。武夷岩茶具有绿茶之清香、红茶之甘醇,其中以大红袍享誉世界。

武夷岩茶

9. 六安瓜片

属绿茶类,产自安徽省六安市大别山一带,唐称"庐州六安茶"。明始称"六安瓜片"清为朝廷贡茶。六安瓜片的外形,似瓜子形的单片,自然平展,叶缘微翘,色泽宝绿,大小匀整,不含芽尖、茶梗,叶底绿嫩明亮,清香高爽,滋味鲜醇回甘,在全球绿茶中,六安瓜片是唯一无芽无梗的茶叶。

六安瓜片

生活篇 189

10. 白毫银针

白毫银针

属白茶类，原产地在福建，主要产区为福鼎、政和、松溪、建阳等地，芽头肥壮，遍披白毫，挺直如针，色白似银。福鼎所产茶芽茸毛厚，色白富光泽，汤色浅杏黄，味清鲜爽口。政和所产茶汤味醇厚，香气清芬。其外观特征挺直似针，满披白毫，如银似雪。

健康饮茶

1. 饮茶时间

中国大部分地区是季风气候，春温、夏热、秋凉、冬寒，四季极为分明。因此，不同季节喝茶也应作相应调整，一般主张春饮花茶、夏饮绿茶、秋饮青茶、冬饮红茶。

另外，饮茶的时间最好在饭后，因为空腹饮茶会伤身体，尤其对于不常饮茶的人来说，会抑制胃液分泌，妨碍消化，严重的还会引起心悸、头痛等"茶醉"现象。晚上喝茶时要少放茶叶，不要将茶泡得过浓，不要饮用隔夜茶。需要注意的是，一般夏季温度较高，茶水不宜超过12小时。也不宜用保温杯泡茶，避免营养成分流失。

2. 饮茶注意事项

（1）茶叶味苦性寒，能促使消化液分泌，增强消化机能，还能清热解毒。如在茶中加糖，就会抑制这些功能。不过也有茶叶配白糖治病的偏方，作为食疗可以，若平时饮茶则不宜配糖。

（2）食用某些肉食和药物时不宜饮茶。因为茶叶中含有鞣酸，鞣酸会与肉中的蛋白以及药物结合产生反应，影响人的消化及药物吸收，不利于健康。

（3）酒后喝茶有利有弊。喝茶能加速体内酒精的分解，且其利尿作用可帮助分解后的物质排出，因此有助于解酒；但同时，这种加速分解会增加肾脏的负担，因此肾脏不好的人最好不要用茶解酒，特别是不能在酒后喝浓茶。

3. 巧喝新茶

相对来说，新茶喝起来味道更好，但喝法不当易伤身体。从中医理论讲，刚加工的茶叶存有火气，这种火气需存贮一段时间才会消失。因此，饮用过多新茶会使人上火。另外，新茶刚采摘回来，存放时间短，含有较多的未经氧化的多酚类、醛类及醇类等物质，这些物质对健康人群没有多少影响，但对胃肠功能差尤其本身就有慢性胃肠道炎症的病人来说，这些物质会刺激胃肠黏膜，更容易诱发胃病。因此新茶不宜多喝，存放不足半个月的新茶更不要喝。

此外,新茶中还含有较多的咖啡因、活性生物碱以及多种芳香物质,这些物质会使人的中枢神经系统兴奋,有神经衰弱、心脑血管病的患者应适量饮用,而且不宜在睡前或空腹时饮用。正确方法是放置半个月以后再饮用。平时情绪容易激动或比较敏感、睡眠状况欠佳和身体较弱的人,晚上还是以少饮或不饮茶为宜。

需要注意的是,并非所有种类的茶都是新的比陈的好,比如普洱茶等黑茶适当陈化后品质会更好。

世界茶区

根据茶叶生产分布和气候等条件,世界茶区可分为东亚、南亚、东南亚、西亚、欧洲、非洲和南美等。

1. 东亚茶区

东亚茶区主产国有中国、日本和韩国。日本茶区主要分布在九州、四国和本州东南部,包括静冈、琦玉、宫崎、鹿儿岛、京都、三重、茨城、奈良、九州、高知等县(府),其中静冈县产量最高,占日本茶叶总产量的45%。韩国最大的产茶地位于宝城,茶叶产量占韩国茶叶总产量的40%左右。

2. 南亚茶区

南亚茶区产茶国主要有印度、斯里兰卡和孟加拉三国。印度的茶区分布在北部(包括东北部)和南部,北部又分为阿萨姆茶区和西孟加拉茶区,阿萨姆茶区是印度的主要茶区,茶叶产量占全印度茶叶总产量的50%以上。印度茶叶以红茶为主,饮用方式包括纯茶和加奶两种。斯里兰卡地处印度半岛东南,是一个热带岛国。全岛地势以中部偏南为最高,茶园多集中在中部山区,主产区为康提、纳佛拉、爱里、巴杜拉和拉脱那浦拉,其茶园面积占斯里兰卡茶园总面积的77%,茶叶产量占其75%。孟加拉国位于恒河下游,印度阿萨姆邦和孟加拉邦之间,茶区主要分布在东北部的锡尔赫特和东南角的吉大港以及位于上述两区间的帖比拉。西孟加拉茶区主要分布在杜尔斯附近,茶叶产量占孟加拉总产量的20%左右。南部茶区主要分布在马德拉斯和喀拉拉(爪盘谷、交趾)。

3. 东南亚茶区

东南亚产区产茶国有印度尼西亚、越南、缅甸、马来西亚等,所产茶叶占世界总产量的8.4%。

4. 西亚、欧洲茶区

西亚、欧洲茶区主要产茶国有欧洲的葡萄牙、俄罗斯的索契和亚洲的格鲁吉亚、阿塞拜疆、土耳其、伊朗等。

5. 非洲茶区

非洲茶区主要产茶国有东非的肯尼亚、马拉维、乌干达、坦桑尼亚、莫桑比克、南非的纳塔尔地区、中部的扎伊尔、卢旺达、喀麦隆、南溯河印度洋中的毛里求斯等。

6. 南美茶区

南美自20世纪初才有茶树栽培,产茶国有阿根廷、巴西、秘鲁、厄瓜多尔、墨西哥、哥伦比亚等国,南美茶叶产量约占世界茶叶总产量的1.8%。

2016年统计显示,就茶叶种植面积而言,世界各茶区主要产茶国中,中国茶叶种植面积居世界第一位,印度居第二位,斯里兰卡居第三位。

国外饮茶大观

全世界有一百多个国家和地区的居民喜爱饮茶,每个地方的饮茶文化各不相同,有的地方甚至把饮茶作为一种艺术进行推广。

1. 美国茶文化

美国不产茶叶,美国人喝的茶全靠进口。他们一般只重视茶叶的汤色而不太重视茶叶的外形,所以美国茶往往都是袋泡茶、速溶茶、混合冰茶粉等。他们一般冲泡后放入冰箱冷却,饮时加入冰块、方糖、柠檬,或蜂蜜、甜果酒调饮,甜而酸香,开胃爽口。

2. 日本茶文化

除了特有的相扑、艺妓和寿司,日本茶道也已经成了日本文化的代名词。在茶道方面,除我国以外,最有名的就是日本了。在制作上,我国绿茶多用炒制杀青,泡出来的茶汤香味突出,茶味浓;日本茶叶多用蒸汽杀青,再在火上揉捻焙干,或者直接在阳光下晒干,这样的茶色保持翠绿,茶汤味道清雅圆润。日本出产的茶叶中超过九成都是绿茶,绿茶的分类极为细致,依照制法和茶叶生长的位置,细分出各种名称的茶来,而这些茶的香气、味道、口感又各有不同,喝的场合也有讲究。

日本已经将茶道融入日常生活,作为礼仪教育,传统茶艺的鞠躬、屈膝、手势和眼神,在泡茶仪式中受到重视。茶道是日本中小学生课余学习的重要科目,起到了修身养性、提高国民文化素质的作用。

3. 印度茶文化

印度是茶叶大国,产茶量曾远远超过世界上其他国家。茶叶在印度不仅大量出口,而且很受当地人的欢迎,成为生活必需品之一。印度政府把印度三大类茶——大吉岭、阿萨姆、尼尔吉里红茶作为国家的茶叶商标在国际上注册,有独特的标志,在世界范围内流通。凡种植经营这三种茶叶的企业都要向国家申请备案,获得资格许可证,只有这样才能上市、出口。

印度大吉岭红茶

此外,还有许多国家和地区也存在一些有趣的饮茶文化,如英国人喜爱现煮的浓茶,放一两块糖,加少许冷牛奶;加拿大人泡茶时先将陶壶烫热,放茶叶,然后以沸水注于其上,浸七八分钟,再将茶叶倾入另一热壶供饮,通常加入乳酪与糖。俄罗斯人泡茶,常加上柠檬,也有用果浆代替的。在冬季则会加入甜酒以预防感冒;斯里兰卡的居民酷爱喝浓茶,该国红茶畅销世界各地;泰国人喜欢在茶水里加冰;蒙古人喜欢喝砖茶,他们把砖茶放在木臼中捣成粉末,放进开水,再加牛奶和羊奶;新西兰人把喝茶作为人生的享受之一,许多机关、学校、厂矿等还特别订出饮茶时间,各乡镇茶叶店和茶馆比比皆是;埃及人的甜茶很有名,他们常以加了许多白糖的热茶待客;北非人喜欢在绿茶里加新鲜薄荷叶和冰糖,有客来访,客人得将主人向他敬的三杯薄荷茶喝完才算有礼貌;南美许多国家用当地的马黛树的叶子制成茶,既提神又助消化。

埃及甜茶　　　　　　　　北非薄荷茶

名 吃

民以食为天，人类从诞生之日起就开始吃，近年来还诞生了网络热词"吃货"。古往今来，全世界人民都在研究如何利用手中的食材烹制出色、香、味俱全的美食。正所谓"一方水土养一方人"，不同的地域以及历史的传承性，使得世界各地的饮食各具特色，这些美食是各族人民辛勤劳动和智慧的结晶。中国是世界"三大烹饪王国"之一，饮食文化源远流长。本书选取中国传统饮食八大菜系和颇具风味特色的四大地方小吃来介绍中国美食。世界美食不胜枚举，流行于世界的美食大部分来自亚洲、欧洲和美洲。本书采用列举的方法，介绍部分享誉世界的美食。

八大菜系

我国有句古话"靠山吃山靠水吃水"，由于气候、物产、饮食习惯、地理及历史等因素的不同，各地区形成了不同的烹饪技巧和风味，在地方菜系中具有代表性的是我国八大菜系，分别是鲁菜、川菜、粤菜、苏菜、浙菜、闽菜、湘菜和徽菜。

一、鲁菜

鲁菜即山东菜，是我国北方历史最悠久、技法最丰富、难度最大、最见功力的菜系，有"北方代表菜之称"。鲁菜的形成和发展与当地的物产、历史文化有很大的关系。山东地处东部沿海、黄河下游，境内山川纵横、河湖交错，物产丰富，国家统计局发布的《关于2019年粮食产量数据的公告》显示，山东省粮食产量居全国第三位；蔬菜种类多样，品质优良，号称"世界三大菜园之一"。鲁菜发展历史源远流长，鲁菜系的形成最早可以追溯到春秋战国时期，北魏的《齐民要术》对黄河流域的烹调技术作了全面总结，明清时期鲁菜又有了新的发展，鲁菜进入宫廷，成为御膳的支柱。

鲁菜口味偏于咸鲜，以盐提鲜，以汤壮鲜，突出本味。烹调技法多样，尤其善用爆和扒技法，注重用火的功底。鲁菜由济南、济宁、胶东三种风味组成。

鲁菜的代表名菜：糖醋鲤鱼、九转大肠、德州脱骨扒鸡、葱烧海参、燕窝四大件、奶汤蒲菜、氽西施舌、诗礼银杏等。

1. 奶汤蒲菜

奶汤蒲菜，是山东省济南市的特色传统风味名菜之一。用奶汤和蒲菜烹制而成，汤呈乳白色，蒲菜脆嫩鲜香，入口清淡味美，是高档宴席之上乘汤菜，素有"济南汤菜之冠"的美誉，历来被誉为济南第一汤菜。

2. 西施舌

西施舌是一种舌状海鲜,肉质细嫩,可做多种佳肴。制作方法是将西施舌肉洗净放入汤碗,再用净勺将清汤、精盐、料酒去浮沫,倒入汤碗中,撒上香菜并淋上鸡油即成。相传,清末文人王绪曾参加青岛聚福楼开业庆典,宴席将结束时,上了一道用大蛤腹足肌烹制而成的汤肴,色泽洁白细腻,鲜嫩脆爽。王绪询问菜名,店主回答尚无菜名,求王秀才赐名,王绪乘兴写下"西施舌"三个字。从此,此菜得名"西施舌"。

3. 诗礼银杏

在鲁菜中,用白果做的诗礼银杏是孔府最上等名菜之一。此菜清香甜美、柔韧筋道,可解酒止咳。相传,孔子教其子孔鲤学诗习礼时说"不学诗,无以言;不学礼,无以立",事后传为美谈,其后裔自称"诗礼世家"。至五十三代衍圣公孔治,建造诗礼堂,以表敬意,堂前有银杏树两株,苍劲挺拔,果实硕大丰满。孔府宴中的银杏,即取此树之果,故名"诗礼银杏"。

二、苏菜

苏菜即江苏菜,又称淮扬菜,目前国宴大部分菜肴属于淮扬菜,因此也被称为国菜。江苏省地处东部沿海,长江三角洲平原,河湖密布,是著名的"鱼米之乡","春有刀鲚夏有鲥,秋有肥鸭冬有蔬",一年四季水产蔬菜禽畜供应不断,物产丰富为苏菜的发展提供了物质基础。

苏菜口味清鲜平和,刀工精细,善于运用炖、焖、煨、焐等技法;用料广泛,以江河湖海水鲜为主;菜品风格雅丽,形质均美。苏菜主要由苏锡、金陵、淮扬、徐海四种风味构成。

苏菜的代表名菜:松鼠鳜鱼、太湖银鱼、盐水鸭、霸王别姬、沛公狗肉、三套鸭、清炖蟹粉狮子头、大煮干丝、鸡油菜心等。

1. 松鼠鳜鱼

相传清代乾隆皇帝下江南时,曾微服至苏州松鹤楼菜馆用膳,厨师用鲤鱼出骨,在鱼肉上刻花纹,加调味稍腌后,施上蛋黄糊,入热油锅嫩炸成熟后,浇上熬热的糖醋卤汁,形状似鼠,外脆里嫩,酸甜可口。乾隆皇帝吃后很满意,后来苏州官府传出乾隆在松鹤楼吃鱼的事,此菜便名扬苏州。后来,经营

者又用鳜鱼制作,故称"松鼠鳜鱼"。

2. 盐水鸭

盐水鸭又叫桂花鸭,是中国地理标志产品,久负盛名,至今已有2500多年历史。盐水鸭皮白肉嫩、肥而不腻、香鲜味美,具有香、酥、嫩的特点。而以中秋前后桂花盛开季节制作的盐水鸭色味最佳,名为桂花鸭。

3. 清炖蟹粉狮子头

清炖蟹粉狮子头是扬州的传统名菜,狮子头肥嫩异常,蟹粉鲜香,青菜酥烂清口,食后清香满口,齿颊留香,令人久久不能忘怀,是"扬州三头"之一。具有补虚养身调理、气血双补调理、健脾开胃调理、营养不良调理之功效。

4. 霸王别姬

"霸王别姬"以鳖、鸡为主材蒸制而成,味道鲜美,造型优美,味道馥香,是初春和冬季的上等佳肴,营养丰富。据《徐州文史》载:霸王别姬原名龙凤烩。项羽称霸王都彭城(徐州)举行开国大典时,为盛典备有"龙凤宴",相传是虞姬娘娘亲自设计的。

三、粤菜

粤菜即广东菜。广东地处亚热带,物产富饶,是我国最早对外通商口岸之一,在长期与西方经济往来和文化交流中,博采外来各种烹饪原料和烹饪技巧。加上华侨把欧美、东南亚的烹调技术带回家乡,促进了粤菜的发展。

粤菜历来以选料广博奇杂、菜肴新颖奇异而闻名全国。广东各地对鱼虾、禽畜、野味烹制均有专长,尤其是对蛇的制作更有独到之处。粤菜口味清淡,较重汤菜,由广府、东江、潮汕三种风味组成。

粤菜的代表名菜:龙虎斗、白灼海虾、脆皮乳猪、白云猪手、太爷鸡、香芋扣肉、黄埔炒蛋、炖禾虫、五彩炒蛇丝、东江盐焗鸡、爽口牛丸、油泡鲜虾仁等。

1. 脆皮乳猪

烤乳猪是广州最著名的特色菜,并且是"满汉全席"中的主打菜肴之一。早在西周时此菜已被列为"八珍"之一,那时称为"炮豚"。烤乳猪也是许多年来广东人祭祖的祭品之一,是家家户户都少不了的应节之物,用乳猪祭完先人后,亲戚们再

聚餐食用。

2. 梅菜扣肉

梅菜扣肉也称为烧白,通常是将五花肉上汤锅煮透,加老抽、油炸上色,再切成肉片。之后加葱、姜等调料炒片刻,再下汤用小火焖烂。五花肉盛入碗里,上铺梅菜段,倒入原汤蒸透。走菜时,把肉反扣在盘中。成菜后,肉烂味香,吃起来咸中略带甜味,肥而不腻。

3. 护国菜

护国菜是一道广东潮汕地区的特色传统菜式。相传在公元1278年,宋朝最后一个皇帝——赵昺逃到潮州,寄宿在一座深山古庙里。庙中僧人听说是宋朝的皇帝,对他十分恭敬,看到他一路上疲劳不堪、又饥又饿,便采摘了一些新鲜的番薯叶子,去掉苦叶,制成汤菜。

赵昺正饥渴交加,看到这菜碧绿清香、软滑鲜美,吃后倍觉爽口,于是大加赞赏。赵昺看到庙中僧人为了保护自己、保护宋朝,在无米无菜之际,设法为他制作了这碗汤菜,十分感动,于是就封此菜为"护国菜"。

四、川菜

川菜即四川菜,起源于古代的巴国和蜀国,历史悠久。经过不断发展,逐渐成为我国一个主要地方菜系,蜚声海内外,有"食在中国,味在四川"之说。同时也是最有特色的菜系,民间最大菜系,被冠以"百姓菜"。

川菜具有用料广博、味道多样、菜肴适应面广三个特征,味型多样,变化巧妙。调味多用三椒(辣椒、花椒、胡椒)和鲜姜、豆瓣酱等,通过不同的配比,变化出怪味、鱼香、糖醋、麻辣、酸辣、椒麻、蒜泥、红油等各种味型,有"一菜一格,百菜百味"之誉。川菜分为蓉派(成都、乐山)、渝派(重庆、达州)和盐帮(自贡、内江)菜三类。

川菜的代表名菜:鱼香肉丝、宫保鸡丁、夫妻肺片、麻婆豆腐、回锅肉、灯影牛肉、樟茶鸭子、干煸牛肉丝、酸菜鱼、毛血旺、辣子鸡、怪味鸡等。

1. 麻婆豆腐

麻婆豆腐是四川汉族传统名菜之一,主要原料为豆腐和配料,麻来自花椒,辣来自辣椒,这道菜突出了川菜"麻辣"的特点。此菜大约在清代同治初年,由成都市北郊万福桥一家名为"陈兴盛饭铺"的

小饭店老板娘陈刘氏所创。因为陈刘氏脸上有麻点,人称陈麻婆,她发明的烧豆腐就被称为"陈麻婆豆腐"。

2. 酸菜鱼

酸菜鱼以其特有的调味和独特的烹调技法而著称。以鲜草鱼为主料,配以四川泡菜煮制而成。此菜鱼片嫩黄肉滑、肉质细嫩,汤酸香鲜美。相传,酸菜鱼始于重庆江津的江村渔船,渔夫将捕获的大鱼卖钱,往往将卖剩的小鱼与江边的农家换酸菜吃,渔夫将酸菜和鲜鱼一锅煮汤,想不到这汤的味道还真有些鲜美,酸菜鱼开始渐渐流行。

3. 水煮牛肉

汉族传统名菜,主料为瘦黄牛肉。因菜中牛肉片是在辣味汤中烫熟,故名水煮牛肉。此菜麻辣味厚,滑嫩适口,香味浓烈,具有川味火锅麻、辣、烫的风味。

五、浙菜

浙菜即浙江菜,南宋时,杭州的饮食业相当繁荣,浙菜就是就此逐渐发展起来的一个菜系。

浙菜有比较明显的特色风格,具有选料讲究、烹饪独到、注重本味、制作精细四个特点。主要由杭帮菜、宁波菜、绍兴菜、温州菜和金华菜组成。

浙菜的代表名菜:西湖醋鱼、龙井虾仁、东坡肉、宋嫂鱼羹、冰糖甲鱼、苔菜拖黄鱼、梅干菜焖肉、清汤越鸡、糟鸡、三丝敲鱼、双腿荷花爪、金华筒骨煲等。

1. 东坡肉

东坡肉以猪肉为主要食材。菜品薄皮嫩肉,色泽红亮,味醇汁浓,酥烂而形不碎,香糯而不腻口。相传,宋元祐年间,苏东坡出任杭州刺史,发动民众疏浚西湖,大功告成,为犒劳民工,吩咐家人将百姓馈赠的猪肉,按照他总结的经验:慢著火少著水,火候足时它自美,烹制成佳肴。与酒一起分送给民工,家人误将酒肉一起烧,结果肉味特别香醇可口,人们敬佩苏东坡的为人,就将此独特风味的块肉命名为"东坡肉"。

2. 冰糖甲鱼

冰糖甲鱼又称"独占鳌头",口感鲜美肥腴,有入口甜、收味咸的特点,宁波十大名菜之首。此菜

是一种滋补品,甲鱼与冰糖同炖,具有滋阴、调中、补虚、益气、祛热等功能。

六、闽菜

闽菜即福建菜,经历了中原汉族文化和当地古越族文化的交融而逐渐形成。福建是著名侨乡,旅外华侨从海外引进新品种食材和调味品,丰富了闽菜体系。

闽菜注重刀功,有"片薄如纸、切丝如发、剖花如荔"之美誉。多汤菜,烹制时通过精选各种辅料加以调制,使不同菜肴味道各具特色,有"一汤变十"之说。闽菜由福州、闽南、闽西三种风味构成。

闽菜代表名菜:佛跳墙、糟醉鸡、七星鱼丸、盐水虾、荔枝肉、煎糟鳗鱼、扳指干贝、沙茶焖鸭块。

1. 佛跳墙

佛跳墙,又名满坛香、福寿全。制作这道美食,先将十几种食材分别独立制作成菜,再汇聚到一起,加入高汤和绍兴酒,文火煨制十几个小时。佛跳墙富含营养,可促进发育、美容、延缓衰老、增强免疫力,乃进补佳品。

2. 扳指干贝

"扳指"是福州地方曲艺"评话"先生所戴的戒指,用以说书时击锣配音,玉质,比一般戒指厚大。"扳指干贝"是以白萝卜制成形似"扳指"的圆筒,中间酿有干贝,故名。菜品黄白相间,素雅美观,鲜嫩软润,清淡芳香。

七、徽菜

徽菜即安徽菜,起源于南宋时期的古徽州,由于明清时期徽商的崛起,徽菜也被带到全国各地。

古徽州地处皖南山区,以烹制山珍野味而著称。徽菜的烹调特点是"三重":重油、重色、重火工。徽菜汤浓味厚,质地酥软,有"吃徽菜,要能等"的说法。徽菜由皖南、沿江、淮北三大部分组成。

徽菜的代表名菜:符离集烧鸡、火腿炖甲鱼、无为熏鸡、雪冬烧山鸡、葫芦鸭子、臭鳜鱼、问政山笋、黄山炖鸽等。

1. 臭鳜鱼

臭鳜鱼又称臭桂鱼、桶鲜鱼、桶鱼、腌鲜鱼。臭鳜鱼闻起来臭,吃起来香,肉质鲜嫩、醇滑爽口,保持了鳜鱼的本味原汁。制法独特,香鲜透骨,鱼肉酥烂。

2. 问政山笋

问政山笋是用歙县问政山所出产的竹笋炖烧而成,此山长出的竹笋质地鲜嫩。刚挖出来的笋子剥衣后,用两个指头一捏,汁水便不住地往外冒。问政山笋箨红肉白,质嫩味鲜,加之在烹饪过程中加佐料提味,成菜后,脆嫩可口,笋味微甜,如同鲜笋一样。

八、湘菜

湘菜即湖南菜,其最大的特点一是辣、二是腊。"辣味烈性一相逢,便胜却人间无数"。湖南地势低平、气候潮湿,当地习惯用辣椒去湿。湘菜刀工精细,形味兼具,调味多变,注重香辣、酸辣,烹制技法多样。湘菜主要由湘江流域、洞庭湖区和湘西山区三部分组成。

湘菜的代表名菜:腊味合蒸、麻辣仔鸡、洞庭肥鱼肚、板栗烧菜心、吉首酸肉、组庵鱼翅、百鸟朝凤、剁椒鱼头等。

1. 腊味合蒸

腊味合蒸是用腊猪肉、腊鸡、腊鱼、鸡汤和调料,下锅清蒸而成。做法简单,腊香浓重,咸甜适口,色泽红亮,柔韧不腻,稍带厚汁,且味道互补,有开胃的功效。

2. 组庵鱼翅

组庵鱼翅又称红煨鱼翅,此菜用料讲究,制作方法独特,颜色淡黄、汁明油亮、软糯柔滑、鲜咸味美、醇香适口。相传此菜为谭组庵家家厨所创,故名"组庵鱼翅"。

地 方 小 吃

南京夫子庙秦淮小吃、苏州玄妙观小吃、上海城隍庙小吃和长沙火宫殿小吃并称为中国四大小吃。

一、南京夫子庙秦淮小吃

南京夫子庙小吃历史悠久,从六朝发展至今已有千年历史。名点小吃,有荤有素,有咸有甜,有80多个品种,被称为中国四大小吃之首。

夫子庙小吃工艺精细、造型美观、选料考究、风味独特,有六朝风味。夫子庙小吃与周围的环境相互交融,青砖小瓦、粉墙坡屋、红灯民谣营造了夫子庙温馨欢乐的氛围。

夫子庙的代表小吃秦淮八绝:

一绝:魁光阁的五香茶叶蛋、五香豆、雨花茶;

二绝:永和园的开洋干丝、蟹壳黄烧饼;

三绝:奇芳阁的麻油干丝、鸭油酥烧饼;

四绝:六凤居的豆腐脑、葱油饼;

五绝:奇芳阁的什锦菜包、鸡丝面;

六绝:蒋有记的牛肉汤、牛肉锅贴;

七绝:瞻园面馆的薄皮包饺、红汤爆鱼面;

八绝:莲湖糕团店的桂花夹心小元宵、五色糕团。

二、苏州玄妙观小吃

苏州玄妙观小吃位于苏州闹市中心观前街,俗语有云:"到苏州不可不去观前街,到观前亦不可不去玄妙观。"千年古城苏州美食众多,老字号鳞次栉比。

苏州玄妙观的代表小吃:玄五芳斋的五香排骨、升美斋的鸡鸭血汤、小有天的藕粉圆子、炸酥豆糖粥、千张包子、净素菜包子、盐金花菜、腌黄连头、油氽黄豆、酱螺蛳、油氽臭豆腐、油氽粢饭糕、烘山芋、油三角粽等。

1. 玄五芳斋五香排骨

五香排骨是一道色香味俱全的传统名菜,此菜慢卤收汤汁,排骨熟软入味,五香味浓,肉香味美。色泽酱黄,酥香入味,冷、热均可吃。

2. 藕粉圆子

藕粉圆子是传统美食,已

有200多年历史。小有天的藕粉圆子除以藕粉做外皮外,其馅心也很精美。形似鸽蛋,色泽棕红,入口甜爽。在清咸丰年间,莲藕被钦定为御膳贡品。因与"偶"同音,故民俗用食藕祝愿婚姻美满,又因其出污泥而不染,与荷花同作为清廉高洁的人格象征。

3. 油氽粢饭糕

油氽粢饭糕属油炸类糕点,南方有些地方称之为炸糍粑,粢饭糕外层呈金黄色,内层为雪白的软糯糍饭。食之喷香松脆,口感脆、咸、鲜。

三、上海城隍庙小吃

上海城隍庙小吃形成于清末民初,地处上海旧城商业中心,是上海小吃的重要组成部分。上海城隍庙小吃有蒸、煮、炸、烙,品种众多。汤包、百叶、油面筋,是人们喜欢的"三件",口味以清淡、鲜美、可口著称。

城隍庙的代表小吃:南翔小笼、白果酒酿圆子、八宝饭、重油酥饼、枣泥酥饼、面筋百叶、糟田螺、氽鱿鱼、三丝眉毛酥、甜酒酿等。

1. 南翔小笼

南翔小笼驰名中外,已有百年历史。初名"南翔大肉馒头",后称"南翔馒头",再称"古猗园小笼"。南翔小笼品种多样,如鲜肉小笼、野菜小笼、菌菇小笼等。小笼包小巧玲珑,皮薄、肉多、汁多,戳破面皮,蘸上香醋,就着姜丝,咬一口细细品味上海传统饮食文化。

2. 三丝眉毛酥

三丝眉毛酥是上海著名的特色点心,烹制时油酥面团和水油面团要揉匀饧透,揉至表面光滑不粘手为宜;油炸时要用小火,以便酥层分明。点心色泽淡黄,吃起来口齿留香。

3. 糟田螺

糟田螺用个大肥美、肉头厚实的安徽屯溪产的龙眼田螺为原料,进店后先用清水养两天,使其吐净泥沙,然后再放入锅内,加上茴香、桂皮等煮较长时间。最后将烧好的田螺放上陈年香糟,糟制而成。糟田螺呈褐灰色,肉质鲜嫩,汁卤醇厚,入口鲜美,十分受欢迎。

四、长沙火宫殿小吃

火宫殿始建于清乾隆年间,位于长沙坡子街中段,是汇聚了长沙乃至湖南的民俗文化、火庙文化和饮食文化于一体的大众场所。火宫殿殿堂造型古朴,风味小吃各具特色,全国闻名。

火宫殿的代表小吃:姜二爹的臭豆腐、姊妹团子、八宝果饭、张桂生的馓子、李子泉的神仙钵饭、胡桂英的猪血、邓春香的红烧蹄花、罗三的米粉、三角豆腐、牛角蒸饺等。

1. 臭豆腐

在湖南有句俗语:"住在长沙冒吃过臭豆腐,不为地道长沙人。"意思就是说来到长沙不吃臭豆腐,就白来长沙走一遭。臭豆腐的制作关键是卤水,火宫殿的卤水是清朝著名豆腐世家姜氏亲传配方。用这种卤水制作出来的臭豆腐,保持了纯正的臭与黑,炸熟后外焦里嫩、质地细腻、芳香爽口,深受大众喜爱。

2. 姊妹团子

相传,卖团子的是年轻漂亮的姜氏姐妹,她们制作的团子既好吃又好看,被人称赞,姊妹团子由此得名。团子颜色瓷白、晶莹透亮、小巧玲珑,糖馅团子甜而不腻,肉馅团子鲜嫩可口。外形上一高一矮,高的馅咸,矮的馅甜;一团一尖,圆的矮的像荸荠,尖的高的像蒜球。其滋味细腻油润、鲜香爽口。

3. 红烧蹄花

相传火宫殿邓姓人家,卖的红烧猪脚远近闻名,后来邓姓人家有一能干媳妇,把红烧猪脚牌子做得更红火了,取店名为"邓春香"。邓春香红烧蹄花选料讲究,做出来的猪脚色泽油亮,骨肉分离而不烂,肥而不腻,味浓鲜香,受到广大食客的喜欢。

国外美食

一、亚洲

1. 日本——寿司

日本是一个岛国,海产品丰富,最初为了保存,把海鲜放在醋里浸泡一晚,然后和米饭攥在一起吃,这样做出来的食物还可以携带作为干粮,这种吃法慢慢地在日本广泛流传开来。寿司的种类也渐渐丰富起来,有握寿司、军舰寿司、卷寿司、细卷寿司等。后来寿司受到了世界各地人民的喜欢,成为日本的代表美食。

2. 韩国——泡菜

韩国泡菜代表韩国的烹饪文化。由于韩国地处高纬度地区,冬季寒冷而漫长,不适合新鲜蔬菜的生长,每年到冬季韩国人就会腌制蔬菜用来过冬。韩国泡菜以白菜、萝卜、韭菜、黄瓜等为主要原料。泡菜的吃法多样,有直接吃、有做汤吃、有烤着吃。泡菜属于发酵食物,富含丰富的微量元素。在韩国,泡菜不仅是一道小菜,也是一种文化。在韩国很多家庭,一坛泡菜的原味卤汁可以传承几代人,韩国泡菜也被称为"用母爱腌制出的亲情"。

3. 印度——咖喱

咖喱发源于印度,是用多种香料调制而成的酱料。正宗的印度咖喱辣度强烈浓郁,多用肉汁或酱汁,搭配米饭或面包。相传,咖喱是佛祖释迦牟尼所创,因为咖喱的辛辣与香味可帮助遮掩羊肉的腥骚,可以帮助不吃猪肉与牛肉的印度人。咖喱是印度菜中不可缺少的一部分。

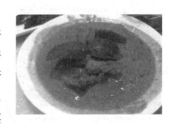

二、欧洲

1. 意大利——披萨

意大利披萨的通常做法是在发酵的圆面饼上面覆盖番茄酱、奶酪以及其他配料,然后烤制而成。意大利人非常喜欢吃披萨,据统计,意大利有两万多家披萨店。2017

年意大利南部那不勒斯披萨制作被联合国世界遗产委员会评选为人类"非物质文化遗产"。

2. 法国——鹅肝

法国鹅肝是用鹅的肝脏为主要材料制作而成的。鹅肝重量一般在700到900克,除了重量,鹅肝的颜色和完整度也非常重要。欧洲人把鹅肝、鱼子酱和松露并列为"世界三大珍馐"。相传,2000多年前的罗马人发现鹅肝配着无花果食用非常美味,将之呈献给恺撒大帝,恺撒视其为佳肴非常喜爱。鹅肝肉质细腻、营养丰富,可以降低胆固醇、血脂、软化血管和延缓衰老等,有"世界绿色食品之王"的美誉。

3. 土耳其——土耳其烤肉

土耳其烤肉也称为旋转烤肉,起源于土耳其帝国宫廷烤肉宴会,后来流传至民间。土耳其烤肉利用十多种调料对牛、羊、鸡等肉类进行浸泡腌制,然后采用旋转式烤肉机,加热烤熟后从烤肉柱上一片片削下,佐以沙拉、配料制作而成。其外皮酥脆,入口香气四溢。

三、美洲

1. 巴西——烤肉

巴西烤肉主要有烤牛肉、烤鸡腿、烤猪肉、烤香肠甚至烤水果,把原料腌制后分别串在一个长约一米带凹槽的扁平铁棍上,放在炭火上慢慢烤,烤至两面金黄、肉香扑鼻的时候,就可以食用了。巴西烤肉注重肉的原汁原味,在鲜美粗犷的味道中保留一股松木的芬芳。

2. 美国——汉堡

汉堡包最开始是用两片小圆面包夹一块牛肉饼制成,现代汉堡制作原料更加丰富,除夹牛肉饼外,还在圆面包的第二层中涂黄油、芥末、番茄酱、沙拉酱等,再夹入番茄片、洋葱、蔬菜、酸黄瓜等。19世纪中叶汉堡随着移民传入美洲,后来美国人对汉堡进行改良,成为快餐。

3. 加拿大——枫糖

加拿大人非常喜欢枫树,加拿大被称为"枫叶之国",加拿大的枫糖产量占全世界的75%。枫糖是由枫树树叶熬成的糖,味道鲜美,深受加拿大人喜欢。枫糖富含丰富的矿物质、有机酸,能为体质虚弱的人补充营养。枫糖常被用来制作枫糖布丁、点心等,是加拿大著名的特产之一。

名 酒

作为文明古国,中国的制酒史源远流长。黄酒是世界上最古老的酒类之一,早在商周时代,中国人就独创了酒曲复式发酵法,开始大量酿制黄酒。宋代时中国人发明了蒸馏法。

酒在人类文化的历史长河中,不仅是一种客观的物质存在,更是一种文化象征。酒文化以酒为载体,以酒行为为中心形成独特的文化形态。酒文化具有鲜明的民族性与时代性,同时还对社会生活各个方面产生很大的影响。

酒的起源

中国是世界上最早酿酒的国家之一,早在龙山文化时期,我们的祖先就已经掌握了酿酒技术,但这项技术是谁发明的没有定论,有关中国酒的起源,有四种说法:猿猴酿酒、仪狄酿酒、杜康酿酒和黄帝酿酒。

1. 猿猴酿酒

猿猴酿酒在我国的许多书中都有记载,如明代文人周旦光的《篷栊夜话》和李日华的《紫桃轩杂缀》等,里面都提到猿猴酿酒的故事。猿猴以野果为生,且有善于藏果的特性。在自然界中,果实的生长有着严格的季节性,所以常要有所储存。洪荒时代的古猿将一时吃不完的果实藏于岩洞、石洼中,久而久之,果实腐烂,含有糖分的野果通过自然界的野生酵母菌自然发酵而生成酒精、酒浆,因而有了"猿猴善采百花酿酒""于石岩深处得猿酒"等传说。

2. 仪狄酿酒

仪狄酿酒是最通行的说法。一般认为始载于西汉刘向编订的《战国策》,在鲁共公劝谏魏惠王的言辞中,出现了仪狄造酒,这既是对酒的创始者的最早记录,又是对酒之诱惑力及禁酒行为的最早记录。

3. **杜康酿酒**

旧时代的训蒙读本、唱本、宝卷、劝善书等大都是这种说法,所以在民间特别流行。东汉《说文解字》中解释"酒"字的条目中有"杜康作秫酒",曹操的乐府诗《短歌行》中也提到"何以解忧,惟有杜康",人们把杜康当作了酿酒的祖师,现代还有不少注释这首诗的人把杜康注释为最早酿酒者。

4. **黄帝酿酒**

汉代成书的《黄帝内经》中有相关的记载,黄帝与岐伯讨论如何酿酒,这个时期的酒主要用于医用,并不用于人们日常生活的饮用。除了酿酒,书中还提到一种更为古老的酒——醴酪,据说是用动物的乳汁酿成的一种甜酒。

【相关链接】

巧捉猿猴

唐人李肇所撰的《唐国史补》一书,对人类如何捕捉聪明伶俐的猿猴,有一段极为精彩的记载。

猿猴是十分机敏的动物,它们居于深山野林,出没无常,很难捉到。经过细致的观察,人们发现猿猴"嗜酒"。于是,人们便在猿猴出没的地方,摆上香甜浓郁的美酒。猿猴闻香而至,先是在酒缸前流连不前,接着便小心翼翼地蘸酒吮尝。时间一久,终因经受不住美酒的诱惑畅饮起来,直到酩酊大醉被人捉住。这种捕捉猿猴的方法并非中国独有,东南亚一带的人民和非洲的土著民族捕捉猿猴或大猩猩,也都采用类似的方法。

酒 的 分 类

酒的化学成分是乙醇,一般含有微量的杂醇和酯类物质,通常我们把含有0.5%～65%(V/V)乙醇的饮料酒称为酒类。

按酿制工艺,酒分为发酵酒、蒸馏酒和配制酒。

1. **发酵酒**

发酵酒又称酿造酒或压榨酒,是用粮食或含有糖分的其他原料,经破碎、润料、蒸熟,加进酒曲、酵母或酒药,倒入池中或缸内发酵,经过滤、提取原汁原液,再经杀菌、装瓶等工序酿制成的酒。发酵酒酒精含量较低,一般在3%～8%(V/V)之间,保质期短、不宜长期储存,刺激性小,固形物含量较多,如黄酒、啤酒、果酒及葡萄酒等。

2. 蒸馏酒

蒸馏酒是用粮食或含有糖分的其他原料,经粉碎、加入水润料、蒸煮糊化、摊凉,加进酒曲或酵母,拌匀倒入发酵池、地窖或缸内,糖化发酵4至40天不等,出醅,拌入副料、蒸馏、接酒、入库贮存,经15天至3年不等,再经调兑、过滤、装瓶等工序酿成的酒。蒸馏酒酒精含量比较高,一般在30%(V/V)以上,刺激性较大,固形物含量较少,如白酒、白兰地、威士忌、俄得克、兰姆酒、金酒及烧酒等。

3. 配制酒

配制酒又称再制酒,是用酿造的基酒,辅以一定比例的芳香果类物质、动植物药材、天然色素、糖等食品添加剂,经调配、勾兑、陈贮、过滤或复蒸等工序酿造而成的酒。配制酒酒精含量不高,一般在18%~38%(V/V)之间,但若以蒸馏酒为基酒勾兑而成,则其含量最高可达50%(V/V),如各种露酒、保健酒、汽酒或利口酒等。

按商品大类,酒分为白酒、黄酒、啤酒、葡萄酒和果露酒。

1. 白酒

白酒是指以曲类、酒母为糖化发酵剂,利用淀粉质(糖质)为原料,经蒸煮、糖化、发酵、蒸馏、陈酿和勾兑酿制而成的酒。白酒是中国特有的一种蒸馏酒。根据原料的不同,白酒又分为粮食白酒、薯干白酒和代酿白酒三种。根据香型的不同,白酒又可分为清香型白酒、酱香型白酒、浓香型白酒、米香型白酒、凤香型白酒和其他香型白酒六种。

2. 黄酒

黄酒是指以糯米、黍米、大米、玉米等为原料,经传统糖化、发酵、压榨、煎酒等工序而酿成的酒。因其色泽黄亮,故称黄酒。黄酒是中国的特产,世界三大酿造酒之一。与白酒不同的是,黄酒没有经过蒸馏,酒精含量低于20%。以浙江绍兴黄酒为代表的麦曲稻米酒是黄酒历史上最为悠久、最具代表性的产品。山东即墨老酒是北方粟米黄酒的典型代表。福建龙岩沉缸酒、福建老酒是红曲稻米黄酒的典型代表。

浙江绍兴黄酒

山东即墨老酒

3. 啤酒

啤酒是指以大麦芽、酒花、水为主要原料,经糖化、发酵、过滤等工序而酿成的酒。啤酒是继水和茶之后世界上消耗量排名第三的饮料。啤酒于19世纪末输入中国,属外来酒种。

啤酒

4. 葡萄酒

葡萄酒是指以葡萄为原料,经破碎、发酵、过滤等工序而酿成的酒。通常分为红葡萄酒和白葡萄酒两种,前者是红葡萄带皮浸渍发酵而成,后者是葡萄汁发酵而成。

葡萄酒

【相关链接】

葡萄养生酒

葡萄酒含有较多的糖分和矿物质以及多种氨基酸、柠檬酸、维生素等营养成分。

三国时的魏文帝曹丕曾经盛赞它:"甘于曲蘖,善醉而易醒。道之固以流涎咽唾,况亲食之邪!"唐太宗李世民不仅十分喜爱饮用葡萄酒,而且还亲自督造。大臣魏征擅长酿制葡萄酒,李世民曾写诗称赞魏征酿制的葡萄酒"千日醉不醒,十年味不败"。明代著名医药学家李时珍说葡萄酒"驻颜色、耐寒",著名养生学家高濂在《遵生八笺》中将它列为"养生酒"。

5. 果露酒

果露酒又称色酒,是果酒和露酒的合称。果酒是以各种水果为原料经破碎、发酵、过滤等工序而酿成的酒。露酒又称混成酒、配制酒或保健酒,是指以白酒、黄酒、葡萄酒、果酒或食用酒精为基酒,辅以芳香成分、药材等配成的酒。由于古代多采用鲜花浸泡或复蒸工艺,所以取名为露酒,后来由于统计或管理的需要,把两者统称为果露酒。

果露酒

按酒精含量,酒分为高度酒、中度酒和低度酒。

1. **高度酒**

高度酒是指酒精含量在38%(V/V)以上的酒类,这类酒主要是蒸馏酒,如白酒、白兰地等。

2. **中度酒**

中度酒是指酒精含量在20%~38%(V/V)之间的酒类,如配制酒、低度白酒等。

3. **低度酒**

低度酒是指酒精含量在20%(V/V)以下的酒类,有黄酒、啤酒、葡萄酒、果酒等发酵酒,配制而成的汽酒和以发酵酒配制而成的酒品等。

按曲药不同,酒分为大曲酒、小曲酒和麸曲酒。

1. **大曲酒**

大曲酒是以大麦、小麦、豌豆等为原料制成曲坯,经保温自然发酵制成大曲,大曲又分为中温曲、高温曲和超高温曲,以高粱等粮谷为原料,先蒸煮、冷却,以大曲为糖化发酵剂,经过15~120天的双边发酵,通过蒸馏得到原酒;再经过3个月至3年后熟陈酿,勾兑得到成品。大曲酒所酿的酒质量较好,国内名优白酒大多属于大曲酒。

2. **小曲酒**

小曲酒是以高粱或其他粮谷为原料,以小曲为糖化发酵剂,经半固发酵和蒸馏制成。小曲的发酵能力较强,产酒的效率比大曲的高,但是由于曲药体积小,不能带来"包包"大曲的那种丰富的变化性,产香的能力也就偏弱了。

3. **麸曲酒**

麸曲酒是以麦麸做培养基,以接种的纯种曲霉做糖化剂,用纯种酵母为发酵剂生产出的酒。麸曲酒发酵时间短、生产成本低,所以产量是最大的。

中国名酒

我国进行过多次对酒的国际级评比,评比出八大名酒。

1. 茅台酒

茅台

酱香型大曲酒,世界三大名酒之一。产于贵州省仁怀县茅台镇,以优质高粱为原料,用小麦制成高温曲,用曲量多于原料。用曲多、发酵期长、多次发酵、多次取酒等独特工艺,是茅台酒风格独特、品质优异的重要原因。

茅台酒的特点是色清透明、醇香馥郁、入口柔绵、清洌甘爽、回香持久。悠久的酿造历史、独特的酿造工艺、上乘的内在质量和深厚的酿造文化,使茅台酒在中国政治、外交、经济生活中发挥着无可比拟的作用,是当之无愧的"国酒"。

2. 五粮液

浓香型大曲酒。产于四川省宜宾市,以高粱、小麦、大米、玉米和糯米五种粮食为原料,以纯小麦制曲作糖化发酵剂,酿造时使用陈曲和岷江江心的水。发酵窖是陈年老窖,有的窖还是明代遗留下来的。发酵期在70天以上,用老熟的陈泥封窖。在分层蒸馏、量窖摘酒、高温量水、低温入窖、滴窖降酸、回酒发酵、双轮底发酵、勾兑调味等一系列工序上,五粮液酒厂都有一套丰富而独到的经验,充分保证了五粮液的优异品质,在中外消费者中赢得了美名。五粮液酒无色,清澈透明,香气悠久,滋味醇厚,入口甘绵,入喉净爽。

五粮液

3. 泸州老窖

浓香型大曲酒。产于四川省泸州市,泸州古称江阳,酿酒历史久远,自古便有"江阳古道多佳酿"的美称。泸州酒史可追溯到秦汉时期,以泸州出土的汉代陶角酒杯、汉代饮酒陶俑以及汉代画像石棺上的巫术祈祷图为证。

泸州老窖

泸州老窖以当地的优质糯高粱为原料,用小麦制曲,大曲有特殊的质量标准,酿造用水为龙泉井水和沱江水,酿造工艺是传统的混蒸连续发酵法。蒸馏得酒后,再用"麻坛"贮存一两年,最后通过细致的评尝和勾兑,达到固定的标准,保证了泸州老窖的品质和独特风格。

泸州老窖无色透明,窖香浓郁,清洌甘爽,饮后尤香,回味悠长,具有浓香、醇和、味甜、回味长四大特色。

剑南春

4. 剑南春

浓香型大曲酒。产于四川省绵竹县,绵竹古属绵州,归剑南道管辖,酿酒历史悠久。以高粱、大米、糯米、玉米、小麦五种谷物为原料,小麦制大曲为糖化发酵剂,工艺考究,有红糟盖顶、回沙发酵、去头斩尾、清蒸熟糠、低温发酵、双轮底发酵等,配料合理,操作精细。剑南春酒质无色,清澈透明,以芳香浓郁、醇和回甜、清洌净爽、余香悠长的特点闻名于世。

5. 汾酒

清香型白酒,因产于山西省汾阳市杏花村,又称"杏花村酒"。汾酒以晋中平原的"一把抓高粱"为原料,用大麦、豌豆制成糖化发酵剂,采用"清蒸二次清"的独特酿造工艺,酿成的杏花村酒,酒液莹澈透明,清香馥郁,入口香绵、甜润、醇厚、爽洌。酿酒师傅的悟性在酿造过程中起着至关重要的作用,像制曲、发酵、蒸馏等都是经验性极强的技能。千百年来,这种技能以口传心领、师徒相延的方式代代传承,并不断得到创新、发展,在现代汾酒酿造的流程中,仍起着不可替代的关键作用。

汾酒

【相关链接】

尽善尽美杏花村

相传明末起义领袖李自成从陕西东渡黄河,曾路过汾阳杏花村。村民扶老携幼,夹道欢迎,赠以美酒。闯王深为感激,于村中探贫恤苦,驻军三日。临行,极赞杏花村人尽善、酒尽美,并倚马立书"尽善尽美"四字,自此杏花村又名"美善村"。

至今有诗传颂:"醇香汾酒献英雄,万民拥戴起义军。闯王留得题辞在,尽善尽美杏花村。"

6. 西凤酒

凤香型大曲酒。产于陕西省宝鸡市凤翔县柳林镇。柳林镇地域辽阔,土肥物阜,水质甘美,颇具得天独厚的兴农酿酒的地利,是中国著名的酒乡。西凤酒以当地特产高粱为原料,用大麦、豌豆制曲。工艺采用续渣发酵法,发酵窖分为明窖与暗窖两种。工艺流程分为立窖、破窖、顶窖、圆窖、插窖和挑窖等,自有一套操作方法。蒸馏得酒后,再经3年以上的贮存,然后进行精心勾兑方可出厂。

西凤酒

西凤酒无色清亮透明,醇香芬芳,清而不淡,浓而不艳,集清香、浓香于一体,被誉为"酸、甜、苦、辣、香五味俱全而各不出头"。适时饮用,有活血驱寒、提神祛劳的益处。

7. 董酒

董酒

其他香型大曲酒。产于贵州省遵义市,因厂址坐落在北郊董公寺而得名。董酒是我国白酒中酿造工艺最为特殊的一种酒品,采用优质高粱为原料,以厂区西面八公里的水口寺地下泉水为酿造用水,小曲小窖制取酒醅,大曲大窖制取香醅,酒醅香醅串蒸而成。其工艺简称为"两小,两大,双醅串蒸",再经量质摘酒、分级陈酿、科学勾兑、严格检验、精心包装而出厂。这一独特精湛的酿造工艺使董酒既有大曲酒的浓郁芳香,又有小曲酒的柔绵、醇和、回甜,还有微微的、淡雅舒适的百草香和爽口的微酸。

8. 古井贡酒

浓香型大曲酒。产于安徽省亳州市,厂内一口古井已有1400年历史。当地多盐碱,水味苦涩,唯有此井的水清澈甜美,用以酿酒,酒香浓郁,甘美醇和,该井被称为"天下名井"。

古井贡酒

古井贡酒是传统工艺与现代微生物技术相结合的产物,以本地优质高粱为原料,以大麦、小麦、豌豆制曲,沿用陈年老发酵池,继承了混蒸、连续发酵工艺,并运用现代酿酒方法,加以改进,博采众长,形成自己的独特工艺。古井贡酒呈香、呈味的酯类物质,在种类和含量上普遍多于其他浓香型大曲酒。同时,古井贡酒中还有一个完整的有机酸丙酯系列,这是其他浓香型大曲酒所没有的。所以,古井贡酒具有"色清如水晶,香醇如幽兰,入口甘美醇和,回味经久不息"的特点。

国 外 名 酒

不只是中国有许多名酒,国外也有不少名酒,现简要介绍几种。

1. 白兰地

广泛意义上,所有由水果发酵并蒸馏得到的水果蒸馏酒都称为白兰地,但现在,已经习惯把以葡萄为原料,经发酵、蒸馏、贮存、调配而成的酒称作白兰地。若是以其他水果为原料制成的蒸馏酒,则在白兰地前面冠以水果的名称,例如苹果白兰地、樱桃白兰地等。白兰地因在橡木桶中陈酿的缘故,酒液呈现出琥珀色,香味纯正,口感柔和,特别适合作为调制鸡尾酒的基酒。著名白兰地品牌有拿破仑 VSOP、轩尼诗 VSOP、轩尼诗 XO、名士马爹利、人头马 XO 等。

拿破仑 VSOP　　轩尼诗 VSOP　　轩尼诗 XO　　人头马 XO

2. 威士忌

起源于苏格兰，已有 500 多年的历史，是世界最受欢迎的烈酒之一。它以大麦、黑麦、玉米等谷物为原料，以大麦芽为糖化剂，经糖化、发酵、蒸馏所得，并在橡木桶中贮藏 3 年以上，最后勾兑而成。威士忌既可净饮，也可加冰或苏打水、姜啤等，风味均佳。一般用于做餐前开胃酒、调制鸡尾酒或其他混合饮料。著名威士忌品牌有杰克丹尼、芝华士 12 年、格兰菲迪、蓝方、尊爵、皇家礼炮等。

杰克丹尼　　格兰菲迪　　尊爵　　皇家礼炮

3. 金酒

最初产于荷兰，是荷兰的国酒，又称杜松子酒。它先用麦芽、玉米、黑麦等原料制成食用酒精，再用稀释的酒精浸泡杜松子和一些香料数日后，经再次蒸馏配制而成。金酒分为荷兰金酒、英国金酒（干性金酒）和其他金酒。著名金酒品牌有哥顿金、添加利金、必发达金等。

哥顿金　　添加利金　　必发达金

4. 伏特加

最早起源于东欧国家，是一种纯正的烈性饮料酒。以小麦、大麦、玉米、土豆、黑麦等为原料，用大麦或黑麦的麦芽浆糖化，发酵后反复蒸馏，通过白桦的炭使之纯正，形成近似纯酒精的制品。伏特加酒质晶莹澄澈，无色且清淡爽口。著名伏特加品牌有瑞典伏特加、芬兰伏特加、皇冠伏特加、红牌伏特加等。

　瑞典伏特加　　芬兰伏特加　　皇冠伏特加　　红牌伏特加

5. 朗姆酒

原产于古巴,也称海盗之酒。以甘蔗汁、蔗糖或糖蜜为原料,选择特殊的生香酵母和产酸的细菌发酵,经蒸馏、过滤等生产工艺制成的酒精饮料,经陈酿后风味更加香醇。朗姆酒酒液微黄、呈褐色,口感细致、甜润,有芬芳馥郁的酒精香味,是蒸馏酒中最具香味的酒。在制作过程中,可对酒液调香,制成系列香味的成品酒。著名朗姆酒品牌有百家地金牌、牙买加摩根船长朗姆、奇峰朗姆、牙买加美亚士等。

百家地金牌　牙买加摩根船长朗姆　　奇峰朗姆　　牙买加美亚士

6. 利口酒

又称餐后甜酒,是以蒸馏酒(白兰地、威士忌、朗姆酒、金酒、伏特加)、食用酒精为基酒,配制各种调香物品,并经过甜化处理的酒精饮料。利口酒颜色娇美,气味芬芳独特,酒味甜蜜。根据制法分为特制、精制和普通利口酒三种,根据香料不同分为果实类、药草香草类、种子类和特殊类利口酒四种。著名利口酒品牌有芳津杏仁、君度、杜本内、奥得斯洛菠萝酒、迪塔等。

　芳津杏仁　　　君度　　　　杜本内　　奥得斯洛菠萝酒　　迪塔

名　车

汽车自 19 世纪末诞生以来,已经走过了风风雨雨的一百多年。卡尔·本茨造出的第一辆三轮汽车时速 18 公里,而现在,竟然诞生了百公里加速只需要 2 秒钟的超级跑车。汽车发展的速度是如此惊人!

中国汽车发展概况

约公元 700 年,张遂发明"激铜轮自转之法,加以火蒸汽运,名曰汽车"。张遂应是世界上设想汽车的第一人,比达·芬奇设想发明汽车要早 800 年。

1670 年,比利时传教士南怀仁在我国京都(今北京)制成一辆蒸汽汽车。车长 60 厘米,有四个车轮和一个导向轮,车身中央安装着一个煤炉,上置盛水的金属曲颈瓶。

1901 年,袁世凯为了讨好慈禧太后,从香港买进一台汽车,是在中国内地出现的第一辆汽车。

1953 年我国开始建设第一汽车厂,1956 年正式投产,生产出第一辆解放牌汽车。

从 1957 年开始,国家先后将南京、北京、济南、上海等地的几个骨干汽车修理厂或制配厂,扩建成汽车制造厂。

从 20 世纪 60 年代中期到 70 年代后期,为适应当时国防建设的需要,主要依靠自己力量,开展国内大协作,建成第二汽车制造厂和陕西汽车制造厂。在同一时期,部分引进国外技术建立了四川汽车制造厂。

20 世纪八九十年代,我国以一汽、东风汽车公司、上海为三大基地,生产奥迪、捷达、高尔夫、红旗、富康、神龙、桑塔纳、别克等品牌轿车。

我国的汽车工业相比其他汽车工业发达国家发展相对较晚。我国汽车工业是在中外企业合资中不断融合发展的,完成了从最初年产不足万辆到年产超过 1000 万辆、2000 万辆的飞跃。随着全球分工体系的确立和汽车制造产业

戴姆勒制作的四轮汽车

的转移,我国汽车工业现已成为全球汽车工业体系的重要组成部分。同时,国内汽车企业在与国外优秀企业的合作中不断得到历练,积累了强大的汽车生产能力与经验,逐步实现由汽车生产大国向汽车产业强国的转变,成为推动我国汽车产业发展的中坚力量。

国外汽车发展概况

1712年,英国人托马斯·纽科门发明了蒸汽机,用来驱动一台抽水机将矿井中的水抽出,被称为纽科门蒸汽机。瓦特改良蒸汽机在工业革命中推动了蒸汽机的广泛使用,使人类进入蒸汽时代。蒸汽动力的出现,使工厂摆脱了水力条件的限制,工业化速度加快,工业城市兴起。蒸汽动力的使用,带来了交通运输业的革命,铁路运输出现,铁路时代到来;汽轮问世,更是加强了洲际之间的联系。

1769年,法国炮兵工程师尼古拉斯·古诺经过6年苦心研究,成功地制造出世界上第一辆依靠自身动力行驶的蒸汽动力无轨车辆,准备用以牵引大炮。这辆车前部吊装一个锅炉,锅炉产生的蒸汽推动气缸中的活塞以驱动前轮。这是车轮第一次借助人力或畜力以外的动力行驶。

1770年,古诺制成第二辆蒸汽汽车。该车在拖着一门大炮试车时,由于转向盘过于笨重,致使操纵失灵,在般圣奴兵工厂附近下坡时,撞到兵工厂的墙上,弄得支离破碎、面目全非,这是世界上第一起机动车事故。1771年,古诺改进了蒸汽汽车,时速可达9.5千米,能牵引十四五吨的货物。

1831年,美国的哥德史沃奇·勒将一台蒸汽汽车投入运输,相距15公里的格斯特夏和切罗腾哈姆之间便出现了运输服务,这台运输车走完全程约需45分钟。

此后的3年内,伦敦街头出现了蒸汽驱动公共汽车。当这个笨重的"怪物"在英国城镇奔跑时,曾引起很大的骚动。这种车比现在筑路

古诺用蒸汽机牵引大炮

用的压道机还重,速度又慢,常常撞坏未经铺修的路面,引起各种事故。市民们当时曾呼吁取缔这种汽车。为此英国制订了所谓的《红旗法规》,具有讽刺意味的是,由于这条法规的实施,英国后来在制造汽车的起步上大大落后于其他工业

国家。蒸汽机的时代给后来者以极大的启发和激励,是古代交通运输(以人畜或帆为动力)与近代交通运输(动力机械驱动)的分水岭,具有划时代的意义。

1879年工程师卡尔·苯茨,初次试验成功一台二冲程试验性策动机。1883年10月,他创立了"苯茨公司和莱茵煤气策动机厂"。1885年他在曼海姆制成了第一辆苯茨专利灵活车。该车为三轮汽车,采用一台两冲程单缸0.9马力的汽油机。此车具备了现代汽车的一些根基特点,如火花焚烧、水冷轮回、钢管车架、钢板弹簧悬架、后轮驱动前向和制脱手把等。

1883年,与威廉·迈巴特合作制成了第一台高速汽油试验性策动机的戴姆勒在迈巴特的协助下,又于1886年设计制造出第一辆装汽油内燃机的四轮汽车,卡尔·本茨和戴姆勒因此被誉为世界汽车之父。1926年戴姆勒和卡尔·本茨的公司合并成戴姆勒—奔驰汽车公司,所生产的汽车全部命名为梅赛德斯—奔驰。

亨利·福特是世界上第一位使用流水线大批量生产汽车的人。他的生产方式使汽车成为一种大众产品,他不但革命了工业生产方式,而且对现代社会和文化产生了巨大的影响。美国学者麦克·哈特所著的《影响人类历史进程的100名人排行榜》一书中,亨利·福特是唯一上榜的企业家。

【相关链接】

两院院士——孟少农

孟少农(1915～1988),原名庆基,湖南桃源人,汽车工程专家,中国汽车工业技术的主要奠基人。1941年获美国麻省理工学院硕士学位,1946年在清华大学机械系任教,开创了汽车专业,1980年当选为中国科学院院士(学部委员)。孟少农毕生致力于汽车工业建设事业,成功地领导了中国第一汽车制造厂、陕西汽车制造厂和东风汽车公司几代产品的研制和开发,为培养中国汽车人才和中国汽车工业及汽车工程教育的发展作出了巨大贡献。

解　放

解放牌汽车,于1956年7月13日在长春第一汽车制造厂试制成功。解放牌汽车的问世,结束了我国不能生产汽车的历史。

初期的解放牌汽车有 CA10、CA10B、CA10C 等型号，CA10 型是以苏联莫斯科斯大林汽车厂（后改名为李哈乔夫汽车制造厂）出产的吉斯－150 型载重汽车为蓝本制造的。这种汽车具有发动机开动后均匀性好、刹车系统安全可靠、结构坚固、使用寿命长等特点，更适合我国大规模建设和原材料、燃料供应情况及公路、桥梁负荷等条件。还可以根据需要把它改装成各种用途的汽车，如公共汽车、加油汽车、运水汽车、倾卸汽车、起重汽车、工程汽车、冷藏汽车和闭式车厢载重汽车等。

2018 年 11 月 30 日，一辆白色解放 J7 驶下一汽解放卡车厂总装车间生产线，标志着我国自主研发的第 700 万辆解放卡车在长春正式下线。根据规划，解放将实现 2020 年销售 35 万辆、2023 年销售 43 万辆、2025 年销售 50 万辆的战略目标。

红　旗

1958 年，第一辆红旗牌轿车诞生，成为我国国家领导人和国家重大活动的国事用车。

1958 年 8 月～1959 年 5 月，红旗轿车定型样车被正式编号为 CA72，CA72 车身完全自行设计，极富民族特色：车身颀长，通体黑色，雍容华贵，庄重大方，具有元首用车的气派。车前格栅采用中国传统的扇子造型，后灯使用了大红宫灯，别具一格。发动机罩上方的标志是三面红旗，迎风飘扬，极富动感。内饰仪表板用福建大漆，周边镶以胡桃木条，座椅包裹了杭州名产织锦缎，民族气息十分浓郁。

对于中国人而言，红旗不仅是一个著名的汽车品牌，还是一种深深的情怀和神圣的记忆。对于一汽人而言，红旗更是一种强烈的责任和历史的使命。在 20 世纪六七十年代，红旗轿车是中国汽车工业的一面旗帜。改革开放后，"红旗"在继续承担"国车"重任的同时，开始了市场化进程。2018 年 4 月 25 日，红旗品牌历史上首次独立亮相北京车展，高端 B 级车红旗 H5 震撼上市。2019 年 2 月 4 日，红旗 HS5 在 2019 年央视春晚吉林长春（一汽）分会场首次正式亮相，并于

2019年5月26日在2019年长春国际马拉松赛事期间正式上市。2019年7月12日,红旗HS7长春国际汽车文化节暨首届红旗嘉年华在长春举行,红旗HS7也于嘉年华期间上市。

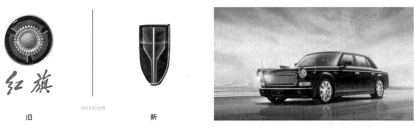

吉　利

吉利是我国民族汽车品牌的代表,由吉利汽车集团生产。吉利汽车集团总部在杭州,是一家大型民营企业集团,始建于1986年,最初生产摩托车,1997年进入汽车制造领域。

吉利汽车集团是我国汽车行业十强企业,2003年吉利生产出我国拥有自主知识产权的第一款跑车"美人豹",2004年在香港上市,2007年收购英国锰铜汽车公司,2009年收购澳大利亚自动变速器公司DSI,2010年收购沃尔沃公司。

吉利汽车集团利用收购品牌的技术优势提升了品牌价值和汽车质量,在占领国内市场的同时,也积极向国外扩张,连续多年出口销量名列前茅。

吉利汽车集团的核心是其8个整车工厂,现有帝豪EC7(A级轿车)、博瑞(B级轿车)、博越(SUV)、帝豪GS(跨界SUV)、远景系、金刚系等10多款整车产品及1.0L～3.5L全系列动力总成产品。

吉利熊猫、帝豪EC7、吉利GX7、吉利豪情SUV、吉利博瑞等先后获得C－NCAP五星安全评价;自主研发的1.3T涡轮增压发动机、1.8TD涡轮增压直喷发动机被评为"中国心"年度十佳发动机。吉利,被列为"中国企业知识产权自主创新十大品牌",是国家级"企业技术中心""博士后工作站""高新技术企业"。

奇　瑞

奇瑞是我国自主汽车品牌的先驱之一，由奇瑞汽车有限公司生产。奇瑞汽车有限公司总部在芜湖，成立于1997年。

奇瑞在全球有1000多家海外网点，进入80多个国家和地区，连续16年蝉联国产车出口销量冠军。

奇瑞的英文名称是"Chery"，来源于英语单词"Cheery"。"奇"在中文里有"特别的"之意，"瑞"有"吉祥如意"之意，合起来是"特别吉祥如意"的意思。

奇瑞汽车拥有风云、旗云、东方之子、奇瑞QQ、奇瑞瑞虎、奇瑞AⅠ、奇瑞A5、奇瑞A3、奇瑞E5等系列车型。

奇瑞具备年产90万辆整车、90万台套发动机及80万台变速箱的生产能力，建立了A00、A0、A、B、SUV五大乘用车产品平台，上市产品覆盖十一大系列共二十一款车型。以"安全、节能、环保"为产品发展目标，先后通过ISO9001、德国莱茵公司ISO/TS16949等国际质量体系认证。

在奇瑞看来，从用户的切实需求出发，才是开发一款车型的原点所在。所以奇瑞率先在国内运用"由市场到市场"的V字型正向开发流程，通过科学的流程设计引导产品预研究和规划，决定产品定位和品质定位，最终实现"同步、高品质、客户至上"的产品目标，从而打造客户需要的具有国际竞争力的产品。

劳斯莱斯（英国）

劳斯莱斯公司的创始人，当初也想不到凭着一列火车把两人联系在一起，并成了今天世界汽车工业最有名的高级轿车公司之一。90年前，经销法国汽车的商人查尔斯·劳斯（皇家贵族）与制造起重机和汽车的工程师亨利·莱斯在同乘一列火车时邂逅，并一见如故，他们便一同北上去了曼彻斯特。当天，在午餐中两人畅谈人生和事业，下午又一同驾驶汽车游览曼彻斯特，从而更加深了彼此之间的友谊。劳斯随即与莱斯达成协议，由莱斯负责生产汽车，劳斯负责营销，并给予莱斯制造的汽车在市场上的独家优惠。同时，他们给汽车起名为Rolls－Royce，曾译为罗尔斯－罗伊斯，后译为劳斯莱斯。

1906年劳斯莱斯在英国正式宣告成立，次年推出的Silver Ghost（银灵）轿车，不久便被誉为"世界上最好的汽车"。

劳斯莱斯的标志图案采用两个"R"重叠在一起，象征着你中有我、我中有你，体现了两人融洽及和谐的关系。

法拉利（意大利）

法拉利是世界著名的赛车和运动跑车品牌，创建于1929年，创始人是世界赛车冠军、划时代的汽车设计大师恩佐·法拉利。法拉利汽车大部分采用手工制造，因而产量很低，每年4000辆左右。

法拉利所使用的传奇标志有着非同寻常的起源。该标志起初是作为个人徽章，由备受重勋的意大利一战飞行员空军烈士弗朗西斯科·巴拉卡使用，他把徽章绘在了所驾驶飞机的机身上。1923年，恩佐·法拉利在一场赛车比赛中遇到了弗朗西斯科的母亲，这位母亲对自己儿子的英勇战绩非常自豪，她提出让恩佐·法拉利把他儿子战机上的跃马标志印在座驾上。除了熟悉的跃马，法拉利的盾牌还包含其他元素。黄色底色取自于摩德纳的金丝雀，以纪念恩佐·法拉利的故乡，而上方的绿、白、红三种颜色则代表意大利国旗。

凯迪拉克(美国)

凯迪拉克是美国通用汽车集团旗下一款豪华汽车品牌,1902年诞生于被誉为美国汽车之城的底特律。

一百多年来,凯迪拉克汽车在行业内创造了无数个第一,缔造了无数个豪华车的行业标准,可以说凯迪拉克的历史代表了美国豪华车的历史。在《韦氏(韦伯斯特)大词典》中,凯迪拉克被定义为"同类中最为出色、最具声望事物"的同义词;被一向以追求极致尊贵著称的伦敦皇家汽车俱乐部冠以"世界标准"的美誉。凯迪拉克融汇了百年历史精华和一代代设计师的智慧才智,成为汽车工业的领导性品牌。

路虎(英国)

路虎又叫兰德罗孚,自1948年诞生之日起始终致力于打造能够卓越应对各种路况的全地形汽车。经过70多年的发展历程,路虎已经成长为拥有全系车型、备受全球尊崇的奢华SUV领导者,其轻松驾驭各种路况的强大、全面性能卓尔不群、享誉业界,销售屡屡刷新历史纪录。作为世界上唯一专门生产顶级全地形汽车的奢华SUV品牌,路虎积极倡导尊贵、奢华的现代生活方式。

罗孚(Rover)是北欧的一个民族,由于罗孚民族是一个勇敢善战的海盗民族,所以罗孚汽车商标采用了一艘海盗船,张开红帆象征着公司乘风破浪、所向披靡的大无畏精神。